增訂三版

易經與人生

蔡憲昌著

文史哲出版社印行

增訂三版

易經與人生

蔡憲昌著

文史哲出版社印行

國家圖書館出版品預行編目資料

易經與人生 / 蔡憲昌著 -- 增訂三版 -- 臺
北市：文史哲，民 98.02
頁； 公分
參考書目：面
ISBN 978-957-549-804-7 (平裝)

1.易占 2. 術數

292.1 98001995

易 經 與 人 生

著　　者：蔡　　憲　　昌
出 版 者：文　史　哲　出　版　社
http:// www.lapen.com.tw
e-mail：lapen@ms74.hinet.net
登記證字號：行政院新聞局版臺業字五三三七號
發 行 人：彭　　正　　雄
發 行 所：文　史　哲　出　版　社
印 刷 者：文　史　哲　出　版　社
臺北市羅斯福路一段七十二巷四號
郵政劃撥帳號：一六一八〇一七五
電話886-2-23511028・傳真886-2-23965656

實價新臺幣六〇〇元

中華民國九十二年（2003）十二月初版
中華民國九十八年(2009)二月增訂三版

ISBN 978-957-549-804-7 12025

易經與人生　目錄

格言

古人云
不學《易》
「不可爲將相」
良相佐國
名將護國
今人曰
不學《易》
「不可爲老闆」
君子知幾
達人識命
順乎天理

應乎人情
知福惜福
利益衆生

—編著者—

積善之家
必有餘慶
積不善之家
必有餘殃
樂天知命
故不憂
君子所居

而安者
易之序也

《易　經》

天視自我民視
天聽自我民聽

《書　經》

天道無親
常與善人
富貴而驕
自遺其咎

功成
名遂
身退
天之道也

飄風不終朝
驟雨不終日

—老　子—

不知命無
以爲君子

—孔　子—

雖有智慧
不如乘勢
雖有鎡基
不如待時

——孟子——

一命
二運
三風水
四積陰功
五讀書

——俗諺——

一牽成
二好運
三才情

——台諺——

馬有千里之程
非人無以自往
人有沖天之志
無運不能自通

——宋：呂蒙正〈感嘆賦〉——

命好
不如運好

運好
不如流年好
流年好
不如氣好
氣好
不如心好

山不轉
路轉
路不轉
人轉
人不轉
氣轉
氣不轉
心轉（存好心）

—林　雲—

覺宇宙之無窮
識盈虛之有數
君子見機
達人知命
老當益壯
寧移白首之心
窮且益堅
不墜青雲之志

—唐　王勃〈滕王閣序〉—

·9· 格言

爲善無不報
而遲速有時
此理之常也
惟我祖考
積善成德
宜享其隆
雖不克有於其躬
而賜爵受封
顯榮褒大
實有三朝之錫命
是足以表見於後世
而庇賴其子孫矣

——宋 歐陽修〈瀧岡阡表〉——

註：三朝爲仁宗、英宗、神宗，於歐陽修之父、祖、曾祖均有所封贈，此即命理學上所謂的「官封三代」，歐陽修四歲失怙，母守節撫孤，刻苦力學，進士及第，爲官清廉，公忠體國，著有聲譽，爲一代文宗，而其子孫亦均顯達，惟名氣不如歐陽修之大爾。

敬天地
蔭子孫
惜五穀
年年春

——台諺——

盡人事
聽天命

順天則昌
逆天則亡
算不過天

——俗諺——

君子愛財
取之有道
不義之財
一介不取

花無常開
月無常圓
因因果果
萬法隨緣

——佛偈——

大其心容天下之物
虛其心受天下之善
平其心論天下之事
潛其心觀天下之理
定其心應天下之變

——俗諺——

拗不過命
巧不過運
能不過錢

富以能施爲德
貧以無求爲德
貴以下人爲德
賤以忘勢爲德

知其不可爲
而遂安之者
達人志士之見也
知其不可爲
而猶極力以圖之者
忠臣孝子之心也

——明 呂坤《呻吟語》——

但求無愧我心
豈能盡如人意
是非審之於理
得失安之於數

強摘的水果不會甜
強求的姻緣不會圓

——俗 諺——

心好命微亦重壽
心毒命厚亦夭亡

——斗數骨髓賦——

禮不可棄
恩不可忘
義不可背
信不可爽
勢不可使
富不可誇
貴不可恃
賤不可凌

——古　諺——

寵辱不驚
看花開花落
去留隨意
任雲捲雲舒

——淨空法師——

對上以敬
對下以慈
對人以和
對事以眞

——佛　偈——

心淨國土淨
心安衆生安
心平天下平

——佛　偈——

孝養父母
奉事師長
慈心不殺
修十善業

——淨空法師講《地藏菩薩本願經》精華——

善有善報
惡有惡報
不是不報
時辰未到
做惡必滅
做惡不滅

祖先餘德
德盡必滅
爲善必昌
爲善不昌
祖德餘殃
殃盡必昌

傳家有道惟存厚
處事無奇但率眞
爲人行善須積德
門第自然居一流

——古諺——

善惡無門人自招
正心誠意獲禎祥

——古諺——

忠孝之人得長在
不忠不孝命早完
行惡之人有大難
行善之家得保全
助人爲樂多行善
去掉貪心做奉獻
貪心裹取是禍根
施捨奉獻是福源
福田聚五路財富
德行增卅年壽算

《觀世音菩薩警示訓文》

若問前世因
今生受者是
若問後世果
今生作者是
萬般自作還自受
遠在兒孫近在身
前世修來今生受
今生修積後世人

《三世因果經》

福門由此開，有德必有福
德業常修持，求福先求德

——景美福德宮門聯——

福不可享盡
勢不可使盡

身在公門好修行
爾俸爾祿民脂膏

腹有詩書氣自華
心無所求品自高

——古 諺——

積金以遺子孫
子孫未必能守
積書以遺子孫
子孫未必能讀
不如積陰德於冥冥之中
以爲子孫長久之計

——宋 范仲淹——

不辭辛苦走正路，勤儉富
買賣公平多主顧，忠厚富
聽得雞鳴離床鋪，當心富
手腳不停理家務，終久富
當防火盜管門戶，謹愼富
不去爲非犯法度，守分富

合家大小相幫助，同心富
妻兒賢慧無欺妬，幫家富
教訓子孫立門戶，後代富
存心積德天加護，爲善富

——古諺——

人善人欺天不欺
人惡人怕天不怕
爲人莫作虧心事
舉頭三尺有神明

——俗諺——

許好願

做好事
轉好轉

——聖嚴法師——

勤勞樸實
長在我心

——王永慶——

命裡有時終須有
命裡無時莫強求

——俗諺——

命中有帶仍得修
命中無帶難追求

——台諺——

註：人之福報有一定，與前世因果及祖德有關，該你的逃不掉，不該你的，即使以不當手段巧取豪奪，縱能得意於一時，終必付出代價，輕則失財傷身，重則家破人亡，天理昭彰，報應不爽。

余序

恭喜蔡憲昌教授完成了《易經與人生》這本新著！

蔡教授在國立嘉義大學開授《易經與人生》通識課程，頗受學生歡迎，如今他將相關講義彙整成書，相信也會廣受喜愛。過去無緣選修這門課的同學，可藉此書彌補一點遺憾，而修過此課的同學也可從閱讀此書當中溫故而知新，對於一般有興趣的社會人士而言，此書之問世當然也是一則好消息。

蔡教授當年就讀台灣師大公民訓育系時是我「大一英文」課的學生，而今他不僅是我在嘉大的同事，而且在「易經」、「宗教」、「憲法」等諸多領域也成爲我的老師，正如許多其他我曾教過的學生個個都可以說已變成我的老師一樣，這是令我深深感到欣慰的事情。「聞道有先後，術業有專攻」，誠哉斯言！雖然我是「易經」的門外漢，但經常聽到蔡教授提起易經與人生的話題，總覺得並不陌生，因此，當他邀我爲《易經與人生》寫序時，我自然毫不遲疑地答應下來，同時當面向他表達誠摯的賀忱！

作爲一門通識課程，蔡教授所開「易經與人生」之所以能引起學生濃厚的興趣，是不難理解的。一方面，易經本身包羅萬象，深奧迷人，影響極爲深遠，遂成爲「群經之首，中國哲學之本源」，故欲探究中華文化之博大精深，先從易經切入，是非常恰當的作法。另一方面，蔡教授除對易經不斷鑽研外，還兼治「紫微斗數」、「子平八字」、「陽宅」、「奇門遁甲」、「姓名學」、「測字學」等應用的領域，因此，他對「易經陰陽卦爻之變」與「五行之生剋制化」等學理，自有較爲深刻有趣的體會與闡釋，像他這樣兼具兩者研究心得的學者，在大專學府中恐怕是相當少見的，也正由於這個緣故，我認爲他能將相關的心得寫出來，乃是十分難能可貴的一樁好事！

通識課程的一大特色在於能夠運用科際整合的方法，跨越特定學術領域的藩籬，進而擴展學子的視野與器識。無疑地，「易經與人生」便是深具這種特色的一門課。蔡教授指出：透過易經，可以認識中華文化的精髓，他說：「就中國之學術發展來看，舉凡諸子百家之流，如儒家之致中和，道家之窮變化，名家之別同異，縱橫家之論長短，兵家之論奇正，法家之守法則，乃至陰陽家之二氣五行，無不是根據易經之思想演繹而來。」這句話充分顯示出易經可以引領吾人跨入諸子百家的堂奧，進而對中華文化的源流與趨勢，獲得通盤的初步認識。修習這門課—或者說閱讀這本書—即可享有這麼豐碩的收穫，眞是不亦樂乎！

蔡教授把講授「易經與人生」這門課的心得撰寫成書，帶給我另一靈感—就是如果每位教師，包括我在內，都能仿照他的做法，將至少一門課的教學心得整理成書，公諸於世，則勢將在各校匯爲一股出書熱潮，於公於私都將是非常可喜可賀的美事一樁！

國立嘉義大學行政副校長暨人文藝術學院院長余玉照

中華民國九十二年十二月於國立嘉義大學民雄校區

余玉照副校長已於民國九十三年八月一日榮退，現爲國立嘉義大學名譽教授。

李序

蔡憲昌教授為國立台灣師範大學政治研究所（原名為三民主義研究所）之法學博士，專長在法政，然興趣廣泛，雅好讀書，研究範圍橫跨文、史、哲、宗教、玄學，尤好五術，舉凡姓名學、手相、面相、八字、紫微斗數、陽宅、陰宅、梅花易數、奇門遁甲、測字等，無不涉獵，由於博學多才，思路縝密，觀察入微，兼通天文、地理，足智多謀，常為教職員工同仁及學生指點迷津，在本校素有「小諸葛」之稱。

易經為群經之首，中國哲學之本原，中華文化之活水源頭，國內研究易經者，學院派之大學教授，重義理而輕象數，民間之數術家，則重象數而輕義理，各有所偏，蔡教授則兩者並重，其博士論文《周易與孫中山先生人生哲學之比較研究》乃屬義理之作，而於風水、占卜、命理等亦不偏廢，學術與實務兼顧，兼通佛教、道教，且有豐富之靈異經驗，因此在本校大學部講授「宗教與人生」、「易經與人生」

二門通識課程，甚爲熱門，選修學生甚多，「師者，所以傳道、授業、解惑」，蔡教授可當之無愧，除本行專長外，尚能以本身之宗教靈異體驗，與風水、命理之知識，爲學生指點迷津，使年青一代的大學生，於輕鬆幽默的上課氣氛中，了解中華文化之博大精深，五術之奧妙，及「風水輪流轉，善惡終有報」之天理，以爲將來出社會立身行事之準則，誠屬難得。

余與蔡教授乃二十多年之同事與好友，知之甚詳，其人「以儒入世」、「以佛修心」、「以道養生」、以發揚中華文化爲職志，以服務衆生爲目的，爰將「易經與人生」授課議義整理出版，請予爲序，乃慨然應允，以資推薦，並祈「宗教與人生」之著作能早日問世，是所至盼。

國立嘉義大學學術副校長　李明仁　謹誌

中華民國九十二年十二月於嘉義蘭潭嘉義大學

李明仁副校長已於二〇〇五年二月一日正式接任國立嘉義大學第三任校長，二〇〇八年二月一日續任校長。

自序

余自幼即喜探索有關宗教、哲學、玄學、命理、靈異等之情事，小學時每遇父執輩會看手、面相者，即央求爲余看相，並請其傳授，民國五十七年就讀台灣師大公民訓育系，由於興趣所在，課餘乃自行研習姓名學、手相、面相，民國六十四年就讀台灣師大三民主義研究所（現改名爲政治研究所）碩士班，繼續研讀子平八字、紫微斗數、易經，民國六十八年任職於救國團台北市團委會時，跟隨辛盧先生、張耀文先生學習子平八字，並請韋千里先生爲余批八字，當面請益，民國六十九年任教於國立嘉義農專（民國八十六年升格爲嘉義技術學院，民國八十九年二月與嘉義師範學院合併爲嘉義大學，乃全國首先且唯一由兩校合併而成之國立大學，首任校長爲曾任教育部政務次長的楊國賜博士）時，從李科儒老師學習子平八字、陽宅、陰宅、梅花易數、奇門遁甲等。

民國七十八年就讀台灣師大三民主義研究所博士班，因感於易經之博大精深，爲群經之首，中國哲學之本源，其旨在研究宇宙根本原理與現象，闡明宇宙人生變化之法則與運用之方法，進而教導吾人如何修身養性之一切學問，亦即由人事而明天道，更由天道而通人道，將宇宙造化之理則，引申運用至社會現象，以達究天人之際，通古今之變，形成一套能法相天地之內聖外王之學，進而可以掌握人生之奧秘，有「皓首窮經」之價值，因此即定博士論文爲《周易與孫中山先生人生哲學之比較研究》，繼續研讀易經。

易經賅括萬有，天文、地理、人道盡在其中，乃內聖外王之帝王學，易道貫穿群經，旁及子史，綜其所言，自天道以迄人事，鉅細精粗，靡不畢具，雖歷經三千餘年，人類文明日新月異，然人性之本然，人道之秩序，縱已千百世下，亦莫之能易，故易道不僅有得於學術，更有甚者，爲其有功於世宇人心是也。

易經自古以來即被譽爲天下第一奇書，其理「範圍天地而不過，曲成萬物而不遺」，包羅萬象，彌綸六合，三千年來，中國人上自達官貴人，下至販夫走卒，大自哲學思考，小至日常人倫，無不深受易經之影響，如不了解易經陰陽卦爻之變，及五行之生剋制化，則不能了解中華文化之精髓，就中國之學術發展來看，舉凡諸子百家之流，如儒家之致中和，道家之窮變化，名家之別同異，縱橫家之論長短，

兵家之論奇正，法家之守法則，乃至陰陽家之二氣五行，無不是根據易經之思想所演繹而來

二十餘年來，在大專院校教學之餘，除繼續研究易經外，旁及姓名學、手相、面相、子平八字、紫微斗數、奇門遁甲、梅花易數、測字、讖緯學、宗教靈異等，課餘常義務為學生論命、測字，以指導學生有關學業、感情之問題，甚獲學生歡迎，民國九十年於國立嘉義大學開設「宗教與人生」、「易經與人生」二門通識課程，及在私立中國技術學院進修學院部，講授「易經與人生」，學生反應熱烈，乃將上課講義付梓，理論與實務兼顧，除供上課之用外，俾有益於世道人心。

本書之出版，多承國立嘉義大學行政副校長兼人文藝術學院院長余玉照老師（余副校長為筆者就讀台灣師大之授業恩師兼貴人，對筆者之教導與提攜良多）及學術副校長李明仁教授（李副校長與筆者為二十多年之同事兼好友，對筆者照顧有加）之鼓勵，並慨允為序，謹致由衷之謝忱。

筆者為一業餘五術研究者，職業為教授，偶而為人算命、看相、測字、命名、改名、合婚均不收費，純為興趣而當學術研究，研究之目的有三：一為了解自己與親人之命運，以「知命」「掌運」，趨吉避凶，二為發揚中華傳統文化，三為服務

衆生。由於筆者才疏學淺，兼且業餘研究，疏漏之處，在所難免，尚祈諸方賢達大德，前輩先進，不吝斧正賜教為禱。

中華民國九十二年十二月蔡憲昌序於台北木柵竹苞齋

附記

筆者書房取名為「竹苞齋」，乃寓有深意焉，竹有「節」，中通外直，歲寒三友之一，寓知識分子，當有氣節風骨，堅守原則，不能見利忘義，隨波逐流，譁衆媚俗；再者，「竹報平安」，取意為人當「知足常樂」，不作非份之想，「命裡有時終須有，命裡無時莫強求」、「平安即幸福」、「健康即財富」。苞者，花將開未開之謂，所謂「含苞待放」是也，意為學問永無止境，不能自滿，當精益求精；再者，不追求「完滿」之人生，花開即花謝之時，月圓即月缺之時，易經六十四卦，「既濟」接續「未濟」而終於「未濟」，寓物極必反，盛極必衰，天道循環之理，無人能長保富貴，永遠得勢，該捨則捨，「功成、名遂、身退、天之道也」、「天地不全」乃自然之理，人生總有缺憾，正因有缺憾，才顯得人生之可愛，蓋人之慾望無窮，欲追求「完滿」人生，將永無達成之日，則將永遠陷於痛苦，「貪、瞋、痴」乃三毒，「求不得苦」，乃貪之果，如能清心寡慾，自能「知足常樂」、「永保安康」。

再者，依據「生肖姓名學」，馬主「節」，牛主「義」，狗主「忠」，羊主「孝」，而「竹」有「節」，是以「竹」字暗藏「馬」字，馬在十二地支為「午」，「苞」字有草，有巳，筆者生於己丑年（民國三十八年），生肖屬牛，「苞」字有草，牛得草而食，乃得地，巳與丑三合，再者，筆者八字日主為「癸」水，身旺，喜木、火、土，巳、午屬火，為日主癸水之喜神，巳又為癸之天乙貴人，筆者內人生肖屬巳（癸巳年），犬子生肖為午（庚午年），即內人、犬子均為筆者之「貴人」、「福星」（請恕不公開筆者之生辰八字），身旺劫財重，是以晚婚（三十九歲結婚），土、金、水、木連環相生（乙卯時），獨缺火，內人生肖為巳屬火，補筆者八字之不足（夫妻八字五行須互補，乃合婚之要件），成土、金、水、木、火連環相生，五行氣勢流通，是以筆者自認識內人之日起，人生道路即步上坦途，筆者與內人於民國七十七年（戊辰年）二月認識，其時筆者僅五十一公斤，面黃肌瘦，氣色黯淡，事業不順（升等副教授不成，乃被當時之校長刻意打壓，只因筆者不拍其馬屁，那些學歷比筆者低，年資比筆者淺，研究論文比筆者少者，只因拍校長馬屁，或有特殊關係，就比筆者早升副教授，甚或只有大學畢業者可升教授，（從助教到教授只有三篇論文）而有博士學位者，只因不拍馬屁，卻連副教授也不讓其升等，共有三位，乃因當時校評會委員均受校長掌控，拍校長馬屁，後被人檢舉，遭監察院糾正。），學業亦不順（考博士班落榜），自認識內人後，氣色逐漸好轉，每月胖一公斤，七月訂婚時五十六公斤，十月結婚時五十九公斤，現為七十二公斤，七十七年（戊辰）雙喜臨門，升副教授、結婚，七十八年（己巳），考上台灣師大三民主義研究所博士班（第一屆），七十九年（庚午）生兒子，八十年（辛未）升教授，八十四年（乙亥）博士班畢業（第一個畢業），八五年（丙子）買現住房子（嘉義市「嘉農新村」已有一棟房子），妻、財、子、祿俱全，妻賢子孝，人生至此，夫復何求！

家父小學畢業，勞工階級，家母文盲，為人幫傭，先祖父幼年而孤失學，由堂曾祖撫養成人，十歲即當童工，為人牽牛車，及長務農，三代貧寒，人丁單薄（先祖父、曾祖、高祖三代單傳），雖窮而安份，不作虧心事，敬天祀祖，愼終追遠。家父（家父雖是日據時期小學畢業，然也讀了幾年私塾，因此於中國之格言、諺語均能琅琅上口）於筆者幼時即常耳提面命：「窮人想翻身，只有靠讀書」、「萬般皆下品，惟有讀書高」、「書中自有黃金屋，書中自有顏如玉，書中自有千鍾粟」、「十年寒窗無人問，一舉成名天下知」、「人心曲曲灣灣水，世事重重疊疊山」、「人情似紙張張薄，世事如棋局局新」、「貧在鬧市無人識，富在深山有遠親」、「求人像吞三寸劍，靠人如上九重天」、「貧人莫去求富親，富親見我是別人，不信但見筵中席，杯杯盞盞敬有錢」、「貧窮說話牙無力，富貴驕人鼻有聲」、「有錢講話就大聲，無錢講話無人聽」（台語）、「有錢王八坐上席，落難鳳凰不如雞」，強調吾家已落魄三代（吾家祖上曾風光榮顯，得有功名，祖宗牌位上之第一代、第二代祖先均爲「進士」，第三代祖先爲「舉人」，筆者爲第八代，遠祖則爲北宋仁宗朝狀元、端明殿大學士蔡襄，先曾祖爲人忠厚老實，重情重義，爲友人「作保」受累，將十幾甲田地變賣代友償債，一夕破產，不僅愧對祖先，且貧病交迫，抑鬱寡歡，是以英年早逝，導致吾家三代貧寒，俗云：「人情義理做甲夠，無鼎也無灶」（台語），誠不虛言。）俗諺：「富不過三代，貧不過三代」，吾家既已落魄三代，必須到此爲止，不能再落魄下去，要筆者「窮且益堅，不墜青雲之志」，務必考上公立大學（私立大學學費貴，家貧讀不起），再度「興家」，且以「台灣師大」爲第一目標，因此筆者自幼即立志讀「台灣師大」，一者名校，二者公費讀書不須學費，三者畢業政府有分發至中學任教成爲「老師」，不愁失業，且是鐵飯碗，也不必送「紅包」（筆者於民國六十一年六月自台灣師大畢業分發至國中任教，當時月薪僅「一千二百元」，彼時若非台灣師大、高雄師大（當時尚爲師範學院）公費學校畢業學生，欲當國中老師，「紅包」行情是「二萬元」，由「校長」「獨吞」，這幾年的「紅包」行情，據媒體報導是「六十萬元」，由「校長」與「教評會委員」「分贓」，難怪不少「流浪教師」從北至南「考透透」，疲於奔命，考了十幾所學校，花了不少報名費、食宿交通費，連續幾年都「摃龜」，對人心之險惡，社會之黑暗，甚感憤慨，現改由各縣市「聯合甄選」，方較公平，如欲眞正公平，且免「流浪教師」南北奔波，勞民傷財，最好比照公務人員高普考，由考試院「統一考試分發」。）並能從「勞工階級」晉升爲「知識份子」，擺脫貧苦、屢遭鄙夷之困境，更發誓一定要讀到「博士」，當到「教授」，以恢復吾家祖上「進士」之榮顯。

筆者能於困境中一路讀到博士，當到教授，除本身努力外，乃得力於先祖父「風水」之庇蔭，先祖父陰宅得「文筆」（辛方有塔），葬於雲林縣北港鎮公墓，黃土一坏，連墓碑都無，竟能得「文筆」，庇蔭子孫，是有「天機」在，先祖父四十歲時先祖母往生（年僅三十三歲，時家父七歲，先祖母爲一典型中國傳統婦女，俱一切美德，勤儉持家，積勞成疾，是以英年早逝），先祖父中年喪偶，傷痛之餘，兼感念先祖母爲蔡家犧牲奉獻之恩義，遂發誓不近其他女色，長期吃齋、唸經、禮佛，皈依「齋教」「龍華派」，嚴守五戒（不殺生、不偷盜、不淫邪、不飲酒、不妄語），苦修十八年（五十八歲往生），往生前賜坐「蓮花座」（蓮台，有果位），時值民國三十四年，抗戰末期，美軍機天天來轟炸，是以沒造墓碑（無人敢做），出殯前，美軍密集轟炸，家人甚爲憂心，出殯時辰到，奇蹟式的，美軍竟停止轟炸，乃順利入土爲安，其時晴空萬里，西線無戰事，剛回到家，美軍又開始轟炸，是巧合？是福報？其中自有玄機在，先祖父往生不久，堂姊即夢見先祖父穿一襲大紅袍走進一間廟宇（是否已封神？）。

筆者八字日主癸水，乙卯時，身旺，以食神洩秀爲用，食神自坐祿，卯爲癸之長生，書云：「食神坐長生，乃福集之地」，又爲癸之天乙貴人、文昌貴人、學堂，日干得天德貴人，月干得月德貴人，又生於「十靈日」，此筆者除本行法政專業知識外，又雅好文、史、哲、宗教、玄學、五術之原因所在。

紫微斗數則天同守命坐巳宮，天梁化科守身在遷移亥宮，天機巨門在官祿酉宮，財帛宮無主星，夫妻宮無主星，福德宮太陽、太陰、文昌、文曲坐守於未宮，格成「玉袖添香」、「機月同梁」、「陽梁昌科」（化祿、祿存不入三方四正，故不成「陽梁昌祿」格，然天梁化科於遷移，又爲身宮，故成「陽梁昌科」，亦有「陽梁昌祿」之功能，如以「身宮」爲另一太極點論命，則成「陽梁昌祿」格），書云：「孟子，天機、天梁會善談兵」，筆者喜讀《三國演義》、《孫子兵法》、《國際組織與政治》、《地緣政治學》、《形勢分析》、《戰略論》、《戰爭論》等有關軍事、戰略、策略之書籍，乃「天機、天梁會」，文曲、文昌於福德宮（興趣嗜好宮），故喜中國古典文學（詩、詞、歌、賦），太陰會文昌、文曲於福德宮（祖父宮），故喜宗教、玄學、五術，第六感靈敏，福德宮宮干辛巨門化祿於官祿，太陽自化權，文曲自化科，對宮財帛無主星，以借宮論，則太陽化權，文曲化科於財帛，是福德宮之化祿、化權、化科均入於三方四正，從紫微斗數看，筆者與先祖父之因緣極深，有今日之小成就，乃得力先祖父之庇蔭，風水、命理之說，信有徵也，是爲記。

中華民國九十二年十二月初稿
中華民國九十五年一月增訂再版補述

先父已於中華民國九十五年二月十六日（農曆元月十九日）子時於安詳中往生佛國淨土，享嵩壽八十七歲，骨灰安奉於桃園縣大溪鎮美華里金面山「聖德寶塔」，該處環境清幽，風水甚佳，乃「將軍點兵穴」（詳見張清淵、彭鐘華合著《天下第一風水地理書》二〇〇六，台北，知青頻道）

增訂再版序言

《易經與人生》初版一千册已售罄，在筆者教學經驗中，學生最有興趣者，首推姓名學，其次手相、面相，再其次陽宅，至於子平八字、紫微斗數、梅花易數，因非短時期能學成，學生較無興趣，卻很喜歡筆者爲其算命，而學生中，進修部學生較日間部學生認眞，進修部中，又以二技部學生較大學部學生用心，乃因二技部（包含假日班）之學生均是已出社會，年齡大多在三十歲以上，甚或有五、六十歲者，以其有社會經驗、人生閱歷，因此較能體會《易經》之哲理與五術乃中華文化之瓌寶，中國人祖先智慧之結晶而珍惜之，上課所請教之問題亦較多，日間部學生所關心者不外感情與學業，至於家運等其他問題則較少。

有鑑於學生對「姓名學」較有興趣（實用亦容易學），因此再版時詳細介紹「五格姓名學」與「生肖姓名學」之學理，子平八字與紫微斗數則增列馬英九先生、林志玲小姐、王靜瑩小姐、蕭薔小姐、林青霞小姐、鄧麗君小姐、倪敏然先生等之命盤，以供教學與研究。並增列古今名人之「哲言、格言、俗諺」，「推背圖解說」，「中國山川大勢簡述」及「六十四卦釋義」，俾《易經》之「義理」與「象數」及中國傳統之「讖緯學」均能兼容並蓄，以增加可讀性，除有學理基礎學術價值外亦有其實用價值。

本書乃筆者於本身法政專長外之著述，之後將陸續出版《易經人生哲學》、《宗教與人生》、《易經與中國兵學思學》、《文化、哲學與戰略》等書，俾於博大精深之中華文化能有所發揚及有益於世道人心，虔祈諸天神佛能庇祐筆者順利完成，並盼海內外專家學者不吝指正。

中華民國九十五年一月蔡憲昌序於台北木柵竹苞齋

增訂三版序言

《易經與人生》增訂二版一千册已售罄（其中一百多册是贈送各界專家學者，如「通識講座」、「創意、創業講座」、「國防與國家安全講座」之專家學者，及師長、親朋好友、同事等），增訂三版中，增訂部份有：馬總統英九之子平八字與紫微斗數，古今名人之「哲言、格言、俗諺」、「呂蒙正感嘆賦」、「般若波羅密多心經註解」、「梅花易數」、「嘉義大學蘭花節緣由」、陽宅部分亦有增列，尤其是增列「子年八字神煞星之吉凶及其涵義」，乃因子平八字比紫微斗數應用較廣泛，如欲看懂《農民曆》（農民曆古稱《皇曆》，乃因封建時代只有皇帝才能頒佈曆法，民間不能私自印製，每年由皇帝頒佈後，民間才根據皇帝所頒佈之曆法以印製，故稱《皇曆》，又稱《農民曆》，乃因中國自古以農立國，此曆法乃根據黃河流域之二十四節氣編製以作爲農業社會日常生活之依據，故又稱《農民曆》，民國成立後，即將《皇曆》改稱《黃曆》，通稱《農民曆》，版本甚多，內容亦增加不少，如血型、西洋星座、陽宅、手、面相、急救常識、常用賀詞等，乃華人世界最暢銷之書，幾乎每家必備，甚或有二、三種版本者。）必須了解天干地支刑沖會合與神煞星之吉凶及其代表之意義。

筆者於民國九十三年八月一日接任國立嘉義大學通識教育中心主任，其間並規劃「國防與國家安全研究所」，奉教育部核准於民國九十六年八月一日正式成立，筆者兼任所長，因兼任二種行政職務，時間、精神、體力均不堪負荷，乃於民國九十七年二月一日辭卸通識中心主任，專任國防與國家安全研究所所長，並於民國九十六年十一月與「國防大學」簽訂「策略聯盟」，九十七年本校榮獲全國「推行全民國防教育傑出貢獻團體獎」第三名（共有十五名，在全國一百六十多所大學校院中，僅嘉義大學與元智大學得此殊榮，其餘均為國防部所屬單位），民國九十七年九月三日慶祝「軍人節」中，承蒙馬總統英九親自於台北市「國軍英雄館」頒獎與勉勵，由本校李校長明仁代表受獎。

筆者於「國防與國家安全研究所」開設「易經與中國兵學思想」，「文化、哲學與戰略」兩門課程，由於教學所需，乃撰述《易經與中國兵學思想》一文（約六萬多字，刊登於民國九十六年九月出版的《嘉義大學通識學報第五期》及（文化、哲學與戰略）一文（約五萬多字，刊登於民國九十七年十一月出版的《嘉義大學通識學報第六期》），並計劃將此二篇論文擴充至十萬字以上，於二年內出版，之後將陸續出版《宗教與人生》及《易經人生哲學》二本書，俾於博大精深中華文化之發揚與世道人心之啓迪，能貢獻綿薄之力，以「光前裕後」（光宗耀祖，垂裕後世，筆者之遠祖爲北宋仁宗朝狀元端明殿大學士蔡襄，祖宗牌位上之第一代、第二代祖先均爲「進士」，第三代祖先爲「舉人」，筆者爲第八代），而此亦爲筆者與生俱來所負之「天命」而必須努力完成者。

中華民國九十八年二月蔡憲昌序於台北木柵竹包齋

第一章 易經基礎篇

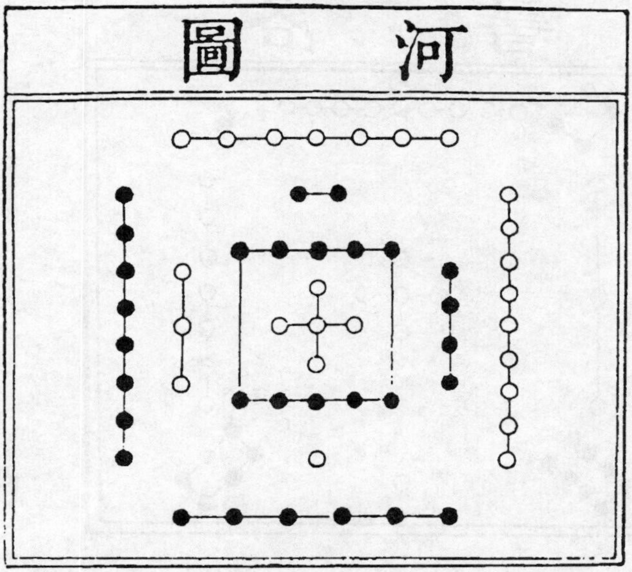

一、河圖

一六共宗—水居北
二七同道—火居南
三八為朋—木居東
四九為友—金居西
五十同途—土居中央

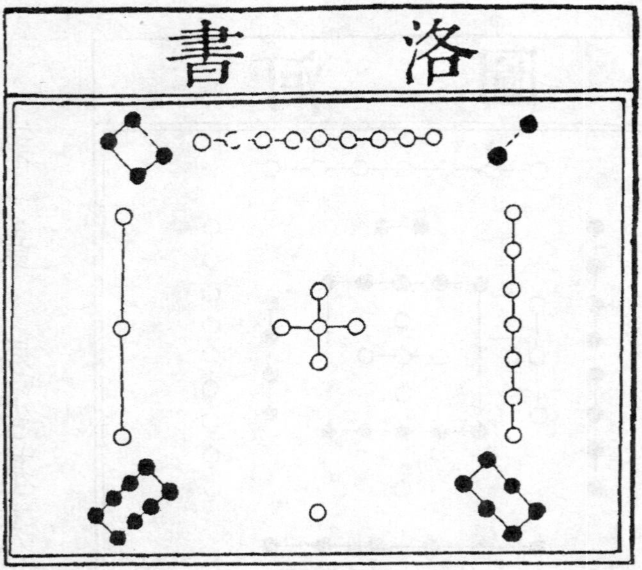

二、洛書

戴九履一，左三右七，二四為肩，六八為足，中五立極，臨制八方。

九南一北，二西南四東南，六西北八東北，五守中宮。

應用於相待流行，

一九合十，二八合十，三七合十，四六合十，五十合十五。

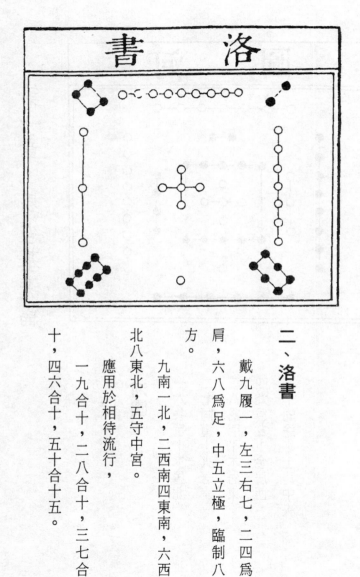

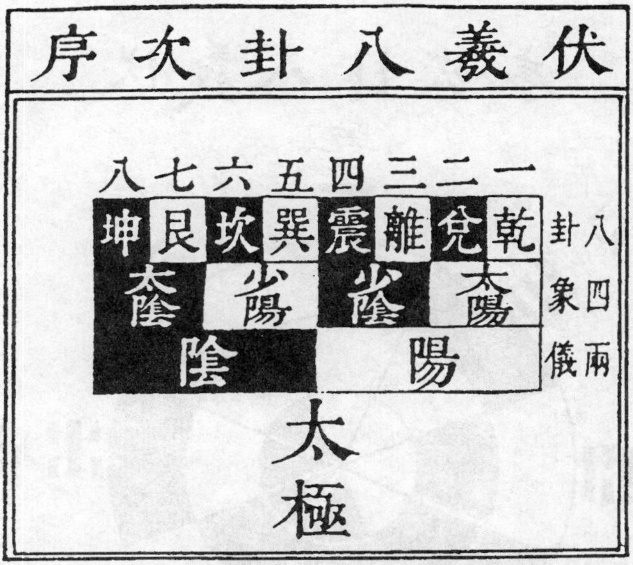

三、伏羲八卦次序

繫辭曰：「易有太極，是生兩儀，兩儀生四象，四象生八卦。」

邵子曰：「乾一，兌二，離三，震四，巽五，坎六，艮七，坤八。」

太陽配合太陰爲西四宅（乾坤艮兌）

少陽配合少陰爲東四宅（離坎震巽）

四、伏羲八卦次序

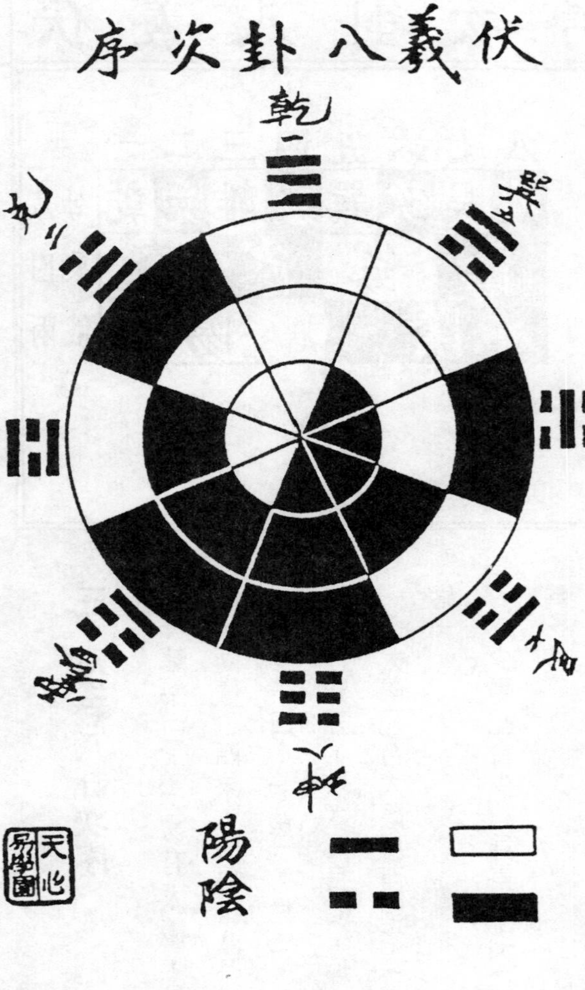

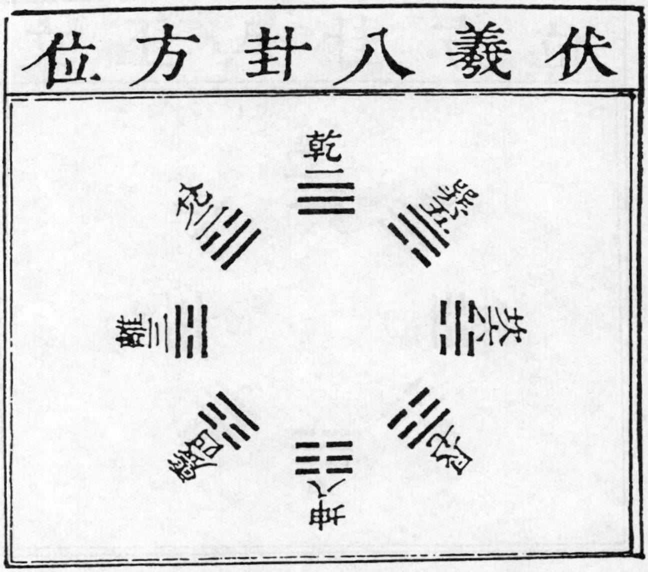

五、伏羲八卦方位

說卦曰：「天地定位，山澤通氣，雷風相薄，水火不相射，八卦相錯，數往者順，知來者逆。」

郡子曰：「乾南坤北，離東坎西，震東北，兌東南，巽西南，艮西北。」

自乾兌離震（逆）巽坎艮坤（順）。

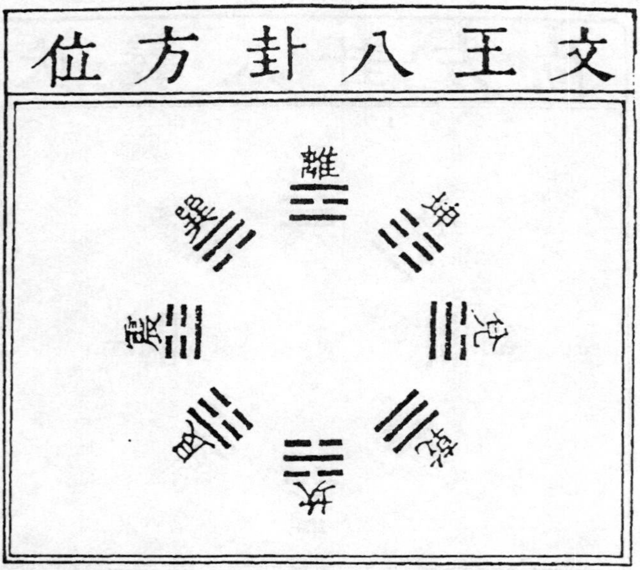

六、文王八卦方位

邵子曰：「此文王八卦，乃入用之位，後天之學也。」

先天卦（伏羲卦）爲體，後天卦（文王卦）爲用。

離南坎北，震東兌西，乾西北巽東南，坤西南艮東北。

說卦曰：「帝出乎震，齊乎巽，相見乎離，致役乎坤，說言乎兌，戰乎乾，勞乎坎，成言乎艮。」

七、周易本義卦歌

周易本義卦歌

八卦取象歌

☰乾三連　☷坤六斷

☳震仰盂　☶艮覆盌

☲離中虛　☵坎中滿

☱兌上缺　☴巽下斷

分宮卦象次序 乾坎艮震爲陽四宮。巽離坤兌爲陰四宮。每宮陰陽八卦。

乾爲天　天風姤　天山遯　天地否

風地觀　山地剝　火地晉　火天大有

坎爲水　水澤節　水雷屯　水火既濟

澤火革　雷火豐　地火明夷　地水師

周易

艮爲山	山火賁	山天大畜	山澤損
火澤睽	天澤履	風澤中孚	風山漸
震爲雷	雷地豫	雷水解	雷風恆
地風升	水風井	澤風大過	澤雷隨
巽爲風	風天小畜	風火家人	風雷益
天雷无妄	火雷噬嗑	山雷頤	山風蠱
離爲火	火山旅	火風鼎	火水未濟
山水蒙	風水渙	天水訟	天火同人
坤爲地	地雷復	地澤臨	地天泰
雷天大壯	澤天夬	水天需	水地比
兌爲澤	澤水困	澤地萃	澤山咸

水山蹇　地山謙　雷山小過　雷澤歸妹

上下經卦名次序歌

乾坤屯蒙需訟師　比小畜兮履泰否
同人大有謙豫隨　蠱臨觀兮噬嗑賁
剝復无妄大畜頤　大過坎離三十備
咸恒遯兮及大壯　晉與明夷家人睽
蹇解損益夬姤萃　升困井革鼎震繼
艮漸歸妹豐旅巽　兌渙節兮中孚至
小過既濟兼未濟　是爲下經三十四

上下經卦變歌

訟自遯變泰歸妹　否從漸來隨三位

首困噬嗑未濟兼　蠱三變賁井既濟

噬嗑六五本益生　賁原於損既濟會

无妄訟來大畜需　咸旅恒豐皆疑似

晉從觀更睽有三　離與中孚家人繫

蹇利西南小過來　解升二卦相爲贅

鼎由巽變漸渙旅　渙自漸來終於是

八、六十四卦卦名（明查表）

上卦＼下卦	一 乾 天	二 兌 澤	三 離 火	四 震 雷	五 巽 風	六 坎 水	七 艮 山	八 坤 地
天	乾爲天	澤天夬	火天大有	雷天大壯	風天小畜	水天需	山天大畜	地天泰
澤	天澤履	兌爲澤	火澤睽	雷澤歸妹	風澤中孚	水澤節	山澤損	地澤臨
火	天火同人	澤火革	離爲火	雷火豐	風火家人	水火既濟	山火賁	地火明夷
雷	天雷无妄	澤雷隨	火雷噬嗑	震爲雷	風雷益	水雷屯	山雷頤	地雷復
風	天風姤	澤風大過	火風鼎	雷風恆	巽爲風	水風井	山風蠱	地風升
水	天水訟	澤水困	火水未濟	雷水解	風水渙	坎爲水	山水蒙	地水師
山	天山遯	澤山咸	火山旅	雷山小過	風山漸	水山蹇	艮爲山	地山謙
地	天地否	澤地萃	火地晉	雷地豫	風地觀	水地比	山地剝	坤爲地

九、五行之數理變通應用圖例

八卦	震巽	離	艮坤	乾兌	坎
天干	甲乙	丙丁	戊己	庚辛	壬癸
陰陽	陽陰	陽陰	陽陰	陽陰	陽陰
地支	寅卯	午巳	辰戌丑未	申酉	子亥
五行	木	火	土	金	水
方位	東	南	中央	西	北
節氣	春	夏	四季	秋	冬
五常	仁	禮	信	義	智
五味	酸	苦	甘	辛	鹹
五形	直	尖	方	圓	曲
五性	曲直	炎上	稼穡	從革	潤下
五情	↑↖↗↙↘	↑	⟵ ⟶	↓↘↙↗↖	↓
五志	怒	喜	思	憂	恐
五色	青	赤	黃	白	黑
九星	三碧 四綠	九紫	八白 五黃 二黑	六白 七赤	一白
五臟	肝	心	胃脾	肺	腎
五宮	眼	舌	唇	鼻	耳
五氣	風	熱	濕	燥	寒

十、五行旺相休囚絕

旺衰＼節	春	夏	秋	冬	四季
旺	木	火	金	水	土
相	火	土	水	木	金
休	水	木	土	金	火
囚	金	水	火	土	木
絕	土	金	木	火	水

1. 五行與節氣（比和）爲旺—大吉
2. 節氣生五行（生我）爲相—吉
3. 五行生節氣（我生）爲休—半凶
4. 五行剋節氣（我剋）爲囚—凶
5. 節氣剋五行（剋我）爲絕—大凶

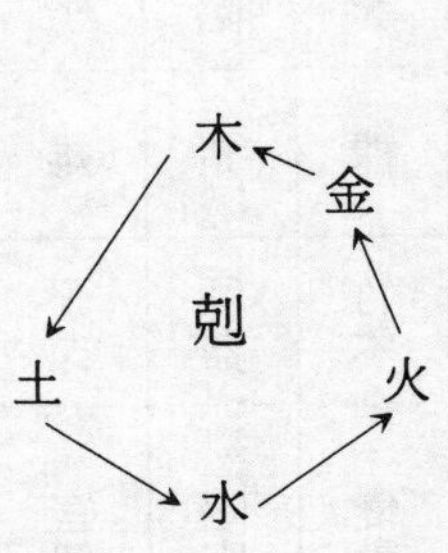

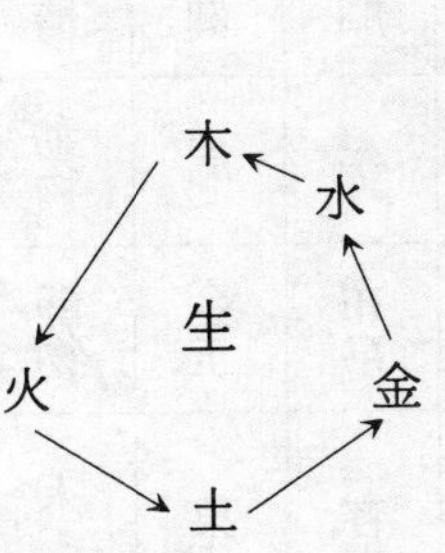

十一、八卦數量變通應用圖例

卦名	乾	坤	艮	兌	離	坎	震	巽
卦象	☰	☷	☶	☱	☲	☵	☳	☴
配數	六	二	八	七	九	一	三	四
五行	金	土	土	金	火	水	木	木
方位	西北	西南	東北	西	南	北	東	東南
人倫	父	母	少男	少女	中女	中男	長男	長女
身體	頭	腹	手指	口舌	目	耳	足	股
臟腑	肺	脾胃	脾胃	肺	心	腎	肝	肝
性情	剛健	柔順	止住	悅	麗	險陷	動	入
動物	馬	牛	狗	羊	雉	豬	龍	雞
靜物	金玉	布帛	土石	缺口	干戈	酒器	竹木	繩索
人事	果決、富貴	吝嗇、祖先	阻止、風水	飲食、議論	官司、火災	陷害、水災	變動、虛驚	進退、風災

十二、天干地支陰陽五行刑沖會合基本認識

*1.*五行相生

木生火，火生土，土生金，金生水，水生木。

*2.*五行相剋

木剋土，土剋水，水剋火，火剋金，金剋木。

*3.*五行比和（比助）

木比和木，火比和火，土比和土，金比和金，水比和水。

*4.*十天干

甲、乙、丙、丁、戊、己、庚、辛、壬、癸。

*5.*十二地支

子、丑、寅、卯、辰、巳、午、未、申、酉、戌、亥。

*6.*天干陰陽五行

甲陽木，乙陰木，丙陽火，丁陰火，戊陽土，己陰土，庚陽金，辛陰金，壬陽水，癸陰水。

7.地支陰陽五行

寅陽木，卯陰木，巳陽火，午陰火，辰戌陽土，丑未陰土，申陽金，酉陰金，亥陽水，子陰水。

8.天干方位與四季

東方甲乙木春，南方丙丁火夏，中央戊己土，西方庚辛金秋，北方壬癸水冬。

9.地支方位與四季

東方寅卯木春（一、二月），南方巳午火夏（四、五月），西方申酉金秋（七、八月），北方亥子水冬（十、十一月），辰、未、戌、丑爲土（三、六、九、十二月）。

10.地支所屬生肖

子鼠，丑牛，寅虎，卯兔，辰龍，巳蛇，午馬，未羊，申猴，酉雞，戌狗，亥豬。

11.天干合化

甲己合土，乙庚合金，丙辛合水，丁壬合木，戊癸合火。

12.天干相沖

甲庚相沖，乙辛相沖，丙壬相沖，丁癸相沖，戊己居中無沖。

13.地支三合

亥卯未合木，寅午戌合火，巳酉丑合金，申子辰合水。

14.地支三會

寅卯辰會東方木，巳午未會南方火，申酉戌會西方金，亥子丑會北方水。

15.地支六合

子丑合土，寅亥合木，卯戌合火，辰酉合金，巳申合水，午未合火。

16.地支六沖

子午相沖，丑未相沖，寅申相沖，卯酉相沖，辰戌相沖，巳亥相沖。

17.地支相刑

寅巳申—無恩之刑

丑戌未—恃勢之刑

子午卯—無禮之刑

辰辰、午午、酉酉、亥亥—自刑

18.地支相害(相穿)

子未害—羊鼠相逢一旦休。

丑午害——自古白馬怕青牛。

寅巳害——蛇遇猛虎如刀戮。

卯辰害——玉兔見龍雲裡去。

申亥害——豬遇猿猴似箭投。

酉戌害——金雞遇犬淚相流。

19. 地支相破

子酉破，寅亥破，辰丑破，午卯破，巳申破，戌未破。

20. 五行四時之旺相休囚死

甲乙寅卯木，旺於春季（立春之後）。

丙丁巳午火，旺於夏季（立夏之後）。

庚辛申酉金，旺於秋季（立秋之後）。

壬癸亥子水，旺於冬季（立冬之後）。

戊己辰戌丑未土，旺四季（三、六、九、十二月，立春、立夏、立秋、立冬前十八日爲旺期）。

春季：木旺、火相、水休、金囚、土死。

夏季：火旺、土相、木休、水囚、金死。

秋季：金旺、水相、土休、火囚、木死。

冬季：水旺、木相、金休、土囚、火死。

四季：土旺、金相、火休、木囚、水死。

21. 十二月建二十四節氣

正月建寅月—立春到雨水。二月建卯月—驚蟄到春分。

三月建辰月—清明到穀雨。四月建巳月—立夏到小滿。

五月建午月—芒種到夏至。六月建未月—小暑到大暑。

七月建申月—立秋到處暑。八月建酉月—白露到秋分。

九月建戌月—寒露到霜降。十月建亥月—立冬到小雪。

十一月建子月—大雪到冬至。十二月建丑月—小寒到大寒。

22. 六十甲子（十天干配十二地支）　　空亡

甲子、乙丑、丙寅、丁卯、戊辰、己巳、庚午、辛未、壬申、癸酉。戌亥

甲戌、乙亥、丙子、丁丑、戊寅、己卯、庚辰、辛巳、壬午、癸未。申酉

甲申、乙酉、丙戌、丁亥、戊子、己丑、庚寅、辛卯，壬辰，癸巳。午午

甲午、乙未、丙申、丁酉、戊戌、己亥、庚子、辛丑、壬寅、癸卯。辰巳

甲辰、乙巳、丙午、丁未、戊申、己酉、庚戌、辛亥、壬子、癸丑。寅卯

甲寅、乙卯、丙辰、丁巳、戊午、己未、庚申、辛酉、壬戌、癸亥。子丑

23. 六十甲子納音

甲子乙丑海中金，丙寅丁卯爐中火，戊辰己巳大林木，庚午辛未路傍土，壬申癸酉劍鋒金。

甲戌乙亥山頭火，丙子丁丑澗下水，戊寅己卯城頭土，庚辰辛巳白臘金，壬午癸未楊柳木。

甲申乙酉泉中水，丙戌丁亥屋上土，戊子己丑霹靂火，庚寅辛卯松柏木，壬辰癸巳長流水。

甲午乙未沙中金，丙申丁酉山下火，戊戌己亥平地木，庚子辛丑壁上土，壬寅癸卯金箔金。

甲辰乙巳覆燈火，丙午丁未天河水，戊申己酉大驛土，庚戌辛亥釵釧金，壬子癸丑桑柘木。

甲寅乙卯大溪水，丙辰丁巳沙中土，戊午己未天上火，庚申辛酉石榴木，壬戌癸亥大海水。

十三、神煞星吉凶及其涵義

1. 魁罡：出生日爲庚辰、壬辰、庚戌、戊戌四日方稱命帶魁罡。其人性格聰明、文章振發，臨事果斷，秉權好殺。日元強不見財、官、殺，行運生扶日元得高名，福貴異常。日元弱見財、官、殺，復遇刑、沖，則一生貧窮。

2. 三奇貴人：天上三奇甲、戊、庚；地下三奇乙、丙、丁；人中三奇壬、癸、辛。亦即四柱日干甲、月干戊、年干庚，順排爲天上三奇。日干乙、月干丙、年干丁爲地下三奇。日干壬、月干癸、年干辛爲人中三奇。非上面三種排法皆非三奇僅能以逆三奇或跳三奇論之，其力量較正三奇爲差。命帶三奇之人精神異常，胸襟卓越，好奇尙大、博學多能。再加上喜用配合得宜，則勳業超群，國家柱石，名揚世界，如喜用配合不好，則成爲孤獨雲遊客。

3. 三台貴人：地支有寅辰申、卯巳午、亥子酉爲三台貴人，蓋寅藏甲，辰藏戊，申藏庚，如天上三奇甲戊庚；卯藏乙，巳藏丙，午藏丁，如地下三奇乙丙丁；亥藏壬，子藏癸，酉藏辛，如人中三奇壬癸辛，命中有三台貴人，如有三奇貴人者，主精神異常，襟懷卓越，好奇尙大，博學多能，命格不違則能高官掌權。

4. 孤辰：以年柱地支三會為準。如亥、子、丑北方會，前進一位見寅為孤辰，男女命中有此星不利父親，男命且會剋妻，孤辰以日柱、時柱為重，有孤辰者最好過房。

5. 寡宿：以年柱地支三會為準。如亥、子、丑北方會，退後一位見戌為寡宿。男女命中有此星不利於母親，女命且會剋夫，寡宿以日柱、時柱為重，宜晚婚。

6. 隔角：日支與時支相隔一字，如子日寅時，易犯牢獄之災。

7. 元辰：元辰亦稱大耗，以年柱地支見、月、日、時地支為主，亦即地支相沖之前後一位。如子年生子沖午，陽男陰女見未，陰男陽女見巳，主是與六親常分離或不合。

8. 將星：以日柱地支為主，見年、月、日、時、地支三合之中字。如寅午戌見午，亥卯未見卯，申子辰見子、巳酉丑見酉，稱作將星。命帶將星，易出名掌權柄，將星如藏財星得用，則主掌財權或會賺錢，藏官星得用則成有聲望之大官，藏七殺則成功勳名將，藏羊刃，主掌生殺之權。

9. 華蓋：以日柱地支為主，見年、月、日、時三合中之辰、戌、丑、未。如寅午戌見戌，亥卯未見未，巳酉丑見丑，申子辰見辰，稱為華蓋。命有此星，才華蓋頂故稱華蓋，個性孤獨，清新寡慾，曠達神清，會空亡會出家為僧道尼姑，支藏正官得用易有成就地位，支藏正印、偏印得用，翰苑之才，與神佛有緣，喜研究玄學、宗教、哲學、心理學，有出世之心，富美術、音樂、文藝之天才。

10. 驛馬：以日柱地支為主，見三合中第一個相沖地支。寅午戌見申，巳酉丑見亥，申子辰見寅，亥卯未見巳，稱為驛馬，主人一生遷動頻繁，行運逢之主旅遊、出國、遷居、換工作等驛動。支藏正財偏財得用為商賈之命。日主強見驛馬，宜在交通界服務，日主弱見驛馬，則主奔波勞碌。

11. 劫煞：以日柱地支為主，見三合局絕處。如寅午戌火局，火絕於亥，亥為劫煞。申子辰水局，水絕於巳，巳為劫煞。巳酉丑金局，金絕於寅，寅為劫煞。亥卯未木局，木絕於申，申為劫煞。其在命中為吉，會官、殺主執兵權，不怒而威。與空亡、元辰會合為忌，易成盜賊。會羊刃、七殺為吉，易成鐵匠、屠夫、捕獵、喜養寵物。劫煞忌者，易發生車禍，被動物咬傷、破相剋妻刑子，災害橫禍難免。

12. 亡神：以日柱地支為主，見三合局之臨官。如申子辰會水局，水之臨官為亥，巳酉丑會金局，金之臨官在申，亥卯未會木局，木之臨官在寅，寅午戌會火局，火之臨官在巳。日元旺臨官為忌神，則成訟棍、官府獄訟、酒色風流、設計害人、刑妻剋子。吉神則爲法官、律師、檢察官、獄官（如典獄長）。

13.桃花：以日柱地支爲主，見三合局之沐浴。如寅午戌火局，沐浴在卯，卯爲桃花，命帶桃花爲吉神，則俊俏美麗，有人緣。忌神會因色惹禍，男命處處留情，女命遇人不淑，紅顏薄命。

14.日德：甲寅、丙辰、戊辰、庚辰、壬戌日生者，主心慈性善，福氣豐厚，貴人扶持，逢凶得解。

15.日貴：丁酉、丁亥、癸卯、癸巳日生者，主性善仁德，俊秀美麗，如有正印、正財，食神相助，則福貴雙全。

16.十靈日：甲辰、乙卯、丙辰、丁酉、戊午、、庚戌、庚寅、辛亥、壬寅、癸未日生者，主聰明靈敏，與神佛有緣，可研究哲學、玄學、心理學、宗教、五術等。

16.六秀日：丙午、丁未、戊子、戊午、己丑、己未日生者，六秀日生者，主聰明秀氣，博學多聞，多才多藝，易功成名就。

17.天赦：春（寅卯辰月）戊寅日生者，夏（巳午未月）甲午日生者。秋（申酉戌月）戊申日生者。冬（亥子丑月）甲子日生者。天赦日生者，一生吉祥如意，貴人扶持，可得高官權貴。

18.福星貴：甲寅、乙丑、乙亥、丙子、丙戌、丁酉、戊申、己未、庚午、辛巳、壬辰、癸卯日生者，福星入命，主一生福祿，貴人扶持，博學多聞，爲人寬厚，衆人欽仰，爲福厚顯達之命。

19.金輿：命帶金輿，男女均可得良緣配偶，柔和親切，人際關係好，會幫親人。

20.祿神：命帶祿神，爲人積極率性，喜逢驛馬，爲祿馬交馳，主財源廣進。

21.流霞：命帶此星，男命多口舌是非、車禍、女命主有產危，易流產，宜剖腹生產。

22.喪門：命帶此星，磁場較特殊，平常盡量避免送葬、探病、以免因沖犯煞氣導致生病而轉爲壞運。宜常祈福三官大帝，觀世音菩薩，自可平安順利。

23.墓庫：命帶此星，個性較固執，才華身藏不露，體質較弱。

24.月將：以每月中氣後爲主，見四柱地支。如正月雨水後在亥。命帶月將吉星者，一生逢凶化吉，有制服桃花、紅顏煞、空亡之作用，且易得女性長輩愛護。

25.天乙玉堂貴人：以年柱、日柱天干爲主，見四柱地支。如古歌訣：甲戊庚牛羊（丑未），乙己鼠猴鄉（子申），丙丁豬雞位（亥酉），壬癸兔蛇藏（卯巳），六辛逢馬虎（午寅），此是貴方人。亦即年干或日干甲見地支丑、未，則未爲天乙貴人，丑爲玉堂貴人，白天爲天乙，晚上爲玉堂。命帶貴人爲吉星，主聰明智慧，外緣美厚，會出名，出入近貴，易獲貴人提拔衆人擁戴。若忌星則易被當人頭或喜攀援富貴。

26.文昌貴人：以日柱天干爲主，會臨官前三位。如甲木臨官在寅前三位爲巳，巳是文昌貴人。乙木臨官在卯前三位爲午，午是文昌貴人。癸水臨官在子前三位爲卯（即日元食神之祿）。命帶文昌，聰明過人，萬事逢凶化吉，文筆佳，有內涵、氣質溫文儒雅。

27.學堂：命帶此星，聰明俊秀，才華出衆，讀書有成，適合教職或公職。

28.羊刃：以日柱或天干爲主，見地支十二運帝旺，如甲木見卯，乙木見寅。命帶羊刃爲人性急，不論貴賤多冗雜勞迫，少得安逸，且易身帶殘障。命帶刀刃、七殺兼旺，更有印綬通關，是爲殺印相生，羊刃助威，無不貴顯。

29.紅豔煞：以日干或年干爲主，見地支。如古歌訣：「多情多慾少人知，六丙逢寅辛見雞，癸臨申上丁見未，眉開眼笑樂嘻嘻，甲乙見午庚見戌，世間只是衆人妻，戊己怕辰壬怕子，祿馬相逢做妓，任是世家官宦女，花前月下也偷情。」亦即命中日干年干甲、乙見午，丙見寅，丁見未戊己見辰，庚見戌，辛見酉，壬見子，癸見申。命帶紅豔煞爲男俊秀女美麗，具浪漫氣質。豔煞爲吉神生扶，大多衝動結婚。無吉神生扶，大運流年會上易有婚外情，未婚者有同居現象。

30.天德：為福德之星，慈善安慶，以月柱地支見四柱天干或地支。如古歌訣：「正丁二坤（申）中，三壬四辛同，五乾（亥）六甲上，七癸八艮（寅）逢，九丙十居乙，子巽（巳）酉庚中」。命帶天德貴人，主有貴人提拔愛護，常能絕處逢生，一生逢凶化吉，祖德餘蔭庇祐，與神佛有緣，為人仁慈，樂善好施。

31.月德：亦為福壽之星，慈善安慶，以月柱地支為主，見天干。如寅午戌月見丙，亥卯未月見甲，申子辰月見壬，巳酉丑月見庚等是為月德。命帶月德為人仁慈敏惠，祖德餘蔭庇祐，大多有良母照顧，一生溫飽，福壽兩全。女命多為賢妻良母，貴人之妻，此星能解諸惡煞，與神佛有緣。

32.天德合：與天德同，一生吉祥，性善心慈，逢凶化吉，好善樂施，祖德庇佑，與神佛有緣。

33.月德合：與月德同，心慈性善，逢凶化吉，一生吉祥，樂善好施，女命多為賢妻良母，且為貴人之妻，祖德庇佑，與神佛有緣。

33.金匱：命帶此星，易成各行各業之傑出人才，善理財。

35.福德：命帶此星，諸事大吉，易發財，宜常祈福財寶天王，福德正神，自可平安順利。

36.龍德：命帶此星，一生平順，逢凶化吉。

37.天喜：命帶此星，一生可逢凶化吉，男相貌堂堂，女清秀美麗，多桃花。

38.解神：命帶此星，可逢凶化吉。

39.天醫：以月支見日支，天醫入命，有機會成良醫，有醫術天份，主適合習哲學、心理學、玄學、五術等學科。

一、以日柱為柱

魁罡	庚辰	壬辰	庚戌	戊戌

二、由日、月、年天干順排為三奇，不順排為逆三奇或跳三奇，力量減弱。

天上三奇	人中三奇	地下三奇
甲戊庚	乙丙丁	壬癸辛

三、

三台貴人			
地支	寅辰申	卯巳午	亥子酉

四、孤辰、寡宿、元辰（大耗）速查表：

年柱地支		子	丑	寅	卯	辰	巳	午	未	申	酉	戌	亥
孤辰		寅	寅	巳	巳	巳	申	申	申	亥	亥	亥	寅
寡宿		戌	戌	丑	丑	丑	辰	辰	辰	未	未	未	戌
元	陽男陰女	未	申	酉	戌	亥	子	丑	寅	卯	辰	巳	午
辰	陰男陽女	巳	午	未	申	酉	戌	亥	子	丑	寅	卯	辰

五、以日柱地支爲主，見年、月、日，時地支：

日柱地支	將星	華蓋	驛馬	劫煞	亡神	桃花
子	子	辰	寅	巳	亥	酉
丑	酉	丑	亥	寅	申	午
寅	午	戌	申	亥	巳	卯
卯	卯	未	巳	申	寅	子
辰	子	辰	寅	巳	亥	酉
巳	酉	丑	亥	寅	申	午
午	午	戌	申	亥	巳	卯
未	卯	未	巳	申	寅	子
申	子	辰	寅	巳	亥	酉
酉	酉	丑	亥	寅	申	午
戌	午	戌	申	亥	巳	卯
亥	卯	未	巳	申	寅	子

六、以日柱天干為主，見年、月、日、時地支：

日柱天干	甲	乙	丙	丁	戊	己	庚	辛	壬	癸
天乙貴人	丑未	子申	亥酉	亥酉	丑未	子申	丑未	午寅	巳卯	巳卯
文昌	巳	午	申	酉	申	酉	亥	子	寅	卯
羊刃	卯	辰（寅）	午	未（巳）	午	未（巳）	酉	戌（申）	子	丑（亥）
十干祿	寅	卯	巳	午	巳	午	申	酉	亥	子
紅豔煞	午	午	寅	未	辰	辰	戌	酉	子	申
學堂	亥	午	寅	酉	寅	酉	巳	子	申	卯

七、以日干對照地支

日柱天干	甲	乙	丙	丁	戊	己	庚	辛	壬	癸
金輿	辰	巳	未	申	未	申	戌	亥	丑	寅
墓庫	未	戌	戌	丑	戌	丑	丑	辰	辰	未
流霞	酉	戌	未	申	巳	午	辰	卯	寅	亥

八、以月支見日支

月支	天醫
寅	丑
卯	寅
辰	卯
巳	辰
午	巳
未	午
申	未
酉	申
戌	酉
亥	戌
子	亥
丑	子

九、以月令節氣見地支：

月令節氣	月將
雨水後	亥
春分後	戌
穀雨後	酉
小滿後	申
夏至後	未
大暑後	午
處暑後	巳
秋分後	辰
霜降後	卯
小雪後	寅
冬至後	丑
大寒後	子

十、以月柱地支爲主，見日干或日支：

月柱地支	天德	月德	天德合	月德合
子	巳	壬	申	丁
丑	庚	庚	乙	乙
寅	丁	丙	壬	辛
卯	申	甲	巳	己
辰	壬	壬	丁	丁
巳	辛	庚	丙	乙
午	亥	丙	寅	辛
未	甲	甲	己	己
申	癸	壬	戊	丁
酉	寅	庚	亥	乙
戌	丙	丙	辛	辛
亥	乙	甲	庚	己

十一、以年支對照月日時支

年支	金匱	天喜	龍德	福德	喪門	解神
子	子	酉	未	酉	寅	戌
丑	酉	申	申	戌	卯	酉
寅	午	未	酉	亥	辰	申
卯	卯	午	戌	子	巳	未
辰	子	巳	亥	丑	午	午
巳	酉	辰	子	寅	未	巳
午	午	卯	丑	卯	申	辰
未	卯	寅	寅	辰	酉	卯
申	子	丑	卯	巳	戌	寅
酉	酉	子	辰	午	亥	丑
戌	午	亥	巳	未	子	子
亥	卯	戌	午	申	丑	亥

十二、以日支對時支

隔角	
子	寅
丑	卯
寅	辰
卯	巳
辰	午
巳	未
午	申
未	酉
申	戌
酉	亥
戌	子
亥	丑

十三、地支藏天干

子—癸，丑—己、辛、癸，寅—甲、丙、戊，卯—乙，辰—乙、戊、癸，巳—丙、戊、庚，午—丁、己，未—乙、丁、己，申—戊、庚、壬，酉—辛，戌—丁、戊、辛，亥—壬、甲。

辰—水庫，戌—火庫，丑—金庫，未—木庫。

第二章 易經學理篇

一、前言

中國歷史悠久，垂五千載，中華文化博大，源遠流長，中華民族，含容寬厚，富人文精神，中華文化之特質，以人爲本，在「尊人」、「重生」以實現人之意義與價值，而由《易經》「生命哲學」開其原。揚子雲曾謂六經之大莫如《易》，班孟堅亦云六藝之文《易》爲之原，是以治《易》實爲研經之本，治學之極。《漢書》〈藝文志〉謂《易》之作乃：「人更三聖，世歷三古」（註一），因革損益，通先聖後聖之憂而成，從八卦、六十四卦至十翼之完成，經傳之年代，縱貫整個先秦時代，自孔子贊《易》後，其人文之精神之自覺與發展，遂蔚爲中華文化之主流，三千年來之文化，要皆不離其規範，其含弘光大，影響之鉅，由此可知。

《易經》非僅爲卜筮之書，乃有其精義在，孔穎達《周易正義》曰「聖人作易本以垂教」（註二），《易緯乾鑿度》更云：「伏羲乃仰觀象於天，俯觀法於地，中觀萬物之宜，始作八卦，以通神明之德，以類萬物之情，故易者，所以經天地、理人倫而明王道，是故八卦以建，五氣以立，五常以之行，象法乾坤，順陰陽，以正君臣、父子、夫婦之義，度時制宜，作網罟，以畋以漁，以贍人用，於是人民乃治，君親以尊，臣子以順，群生和洽，各安其性。」（註三）

《易經》賅括萬有，天文、地理、人道盡在其中，乃內聖外王帝王學，《四庫全書經部易類敘文》嘗謂《易經》有「兩派六宗」，兩派即象數派與非象數派（義理派），自漢以來，解《易經》者，可謂汗牛充棟，易道貫穿群經，旁及子史，綜其所言，自天道以迄人事，鉅細精粗，靡不畢具，鑑往察來，雖歷經兩千餘年，人類文明日新月異，然人性之本然，人道之秩序，縱已千百世下，亦莫之能易，故易道不僅有得於學術，更有甚者，為其有功於世宇人心是也。（註四）作《易》者旨在推天道以明人事，然既推天道，則不得不言象數，既明人事，則不得不言義理，言象數者，所以明義理，言義理者，依於象數，此易道也。（註五）

《易經》為中國哲學之本原，方東美教授曰：「易經這一部偉大的著作，它是中國哲學思想的源頭。」（註六）羅光教授亦曰：「易經哲學為中國生命哲學的基礎，易經哲學的特點，在於探討宇宙生命之奧秘，以能『知周乎萬物而道濟天下』。」（註七）乃以中國文化有一終極人文關懷的精神貫穿其間，中國的哲學思想，是以人爲本，以人爲主，從人的基礎，層層拓大關懷的視野，從人到物，到天人之際種種關係探討，這種活動的精神，即稱人文的精神（註八）。而由《易經》的「生命哲學」開其端。

二、易經之起源

史載之易經有三：即連山、歸藏與周易，連山、歸藏早已失傳，今人所稱之易經乃專指《周易》而言，《周禮》：「太卜掌三易之法，一曰連山，二曰歸藏，三曰周易，其經卦皆八，其別皆六十有四。」（註九）鄭玄〈易贊〉及〈易論〉云：「夏曰連山，殷曰歸藏，周曰周易，連山者，象山之出雲，連連不絕；歸藏者，萬物莫不歸藏於其中；周易者，言易道周普，無所不備。」（註十）

《周易》之「周」，其義有二：㈠周到普遍之意，即鄭玄所稱的「易道周普，無所不備」。㈡朝代之代表，孔穎達《周易正義》引《易緯》說：「因代以題周」，以爲文王演易之時，正被拘於羑里，彼時尙是「商」代，觀此二說，應以後者爲是，因夏、商、周三代皆有易，然三者無論在內容與應用方式，均有不同，題明周易，即在表示其與夏商二代之易有所區別，案世普等群書神農一曰連山氏，亦曰列山氏，黃帝一曰歸藏氏，既連山，歸藏通爲代號，則《周易》稱「周」，是取歧陽地名應無疑義（註十一）。

易經乃集體創作，非一時代一人之產物，《漢書》〈藝文志〉云：「易曰：宓戲氏仰觀象於天，俯察法於地，觀鳥獸之文與地之宜，近取諸身，遠取諸物，於是始作八卦，以通神明之德，以類萬之情。至於殷周，紂在上位，逆天暴物，文王以諸侯順命而行天道，天人之占，可得而效，於是重易六爻，作上下篇，孔子爲之彖、象、繫辭、文言、序卦之屬十篇，故曰易道深矣，人更三聖，世歷三古。」（註十二）。孟康注云：「易繫辭曰：『易之興其於中古乎？』然則伏羲爲上古，文王爲中古，孔子爲下古。」孟康之言卓有見地，實則「易」之演變由伏羲畫卦，經神農、黃帝、堯、舜，是爲「易」之上古前期「圖式時代」；夏、商、周各用六十四卦，夏成「連山易」、殷成「歸藏易」，周成「周易」，是爲「易」之中古中期「筮用時代」；孔子贊易，作彖、象、文言、繫辭等各篇，是爲「易之下古後期「哲學時代」（註十三）。

考究〈繫辭傳〉言伏羲畫卦之目的在「通神明之德，類萬物之情」，並歷言伏羲、神農、黃帝、堯、舜各各取象於易卦，而製作有益於生民的器具、制度、風俗。好像在上古前期的「易」是一部「百科全書」，而這個「百科全書」的內容只是六十四卦，古代聖人根據這些卦所提供基型理念（archetypal ideas），創造發明種種文化「事」、「物」，領導人民走向文明的途徑（賁卦象曰：「文明以正，人文也」）。而從文化心理學來看，〈繫辭傳〉所言古代聖人從事文化「事」、「物」的製作，應屬於「先乎歷史」（pre-history）、「先乎邏輯」（pre-logic），及「先乎科學」（pre-science）的時代，他們無歷史因襲可憑藉，純然根據他們與生俱來的「宗教神明的」、「道德人倫的」、「美感實用的」情操，經由「仰觀」、「俯察」、「近取」、「遠取」及「觸類旁通」的想像，不單單爲了「求生存」，並且爲了滿足上舉的情操（fulfillment）及光昌人性（glorification），於是因物施功，製作文物，因情表達，創立制度（註十四）。

伏羲畫卦，得自河圖、洛書的啓示，〈繫辭〉曰：「河出圖，洛出書，聖人則之。」（上傳第十一章）《尚書》〈顧命篇〉謂「大玉、夷玉、天球、河圖在東序。」（註十五）陳立夫先生據此認爲，河圖既經與大玉、夷玉、天球（按天球亦係玉之一種，其色如天，刻製像天體之球形，並佈日月星辰於上，以供測算之用。）同列於東序，當然，河圖也是玉石器之一種，不過這種玉石器，上面刻有圖形，隱涵氣數至理，而且外形像條龍馬，故曰龍馬負圖。何以《尚書》〈顧命篇〉僅舉河圖，而不及於洛書？這是以圖統書，舉重而言，雖僅言圖，書已在內。河圖、洛書固然是刻有圖形的玉石器，但是誰刻的，究竟從那而來？這個問題，只有在《皇極經世》裡才可找出合理的答案，依《皇極經世》演算，地球運行，每至十二萬九千六百年爲一元，一元之中，分爲十二會，每會爲一萬零八百年，而以十二地支分別紀其數，即子會一萬零八百年，丑會一萬零八百年，寅會一萬零八百年，直至亥會一萬零八百年，而一元屆滿，地球可以化育萬物期間，是起自寅會，迄至申會，過此以往，如一交進酉會，地球化育功能，即漸漸萎縮，經亥子丑三會，其化育功能因氣候寒冷達於極點幾告停頓，然一經輪至寅會，地球又恢復化育功能，而重生萬物，如是運行，週而復始。按《經世圖載》：「以元統會，會統運，運統世，猶之以年統月，月統日，日統時也，十二時爲一日，三十日爲一月，十二月爲一年，三十年爲一世，十二世爲三百六十年爲一運，三十運計一萬零八百年爲一會，十二會計十二萬九千六百年爲一元。」是則元會運世，縮小來看，就是年月日時，地面上生物，每到了秋後交冬，便漸漸凋落，但到第二年春天，又再發生，同樣理由地球運行，每一元至酉會以後，其化育功能，幾陷於全部停頓，到達第二元寅會，又復重新化育萬物，地球既然是這樣的一元一元延續下去，那麼，所謂河圖洛書，很可能是前一會或前數會的研究之精華，製成圖形，刻於玉石之上，以謀垂久，後來經過一元屆滿時期的地殼變化，這種刻有圖形的玉石器，遂遭埋沒，到了這一元，地球功能恢復以後，由於洪水衝擊，而又出土，按〈繫辭〉上的記載，圖書是出現在河水洛水之間，其與洪水衝擊，當然有關，包羲氏發現了這種玉石器上的圖形，加以仰觀俯察的各種體會，因而作成八卦，更由八卦演成六十四卦，要不然，以八卦六十四卦之方陣變化，包羅萬有，神奇莫測，雖有天縱之資，亦非一個人在短短的一生中所能創造成功。（註十六）

河圖洛書爲數之宗也，數之所起，一陰一陽而已，陽數奇屬天而象圓，陰數偶屬地而象方。

河圖之內容爲：一和六在北方，二和七在南方，三和八在東方，四和九在西方，五和十在中央，亦即是一六共宗，二七同道，三八爲朋，四九爲友，五十同途，此種配置，寓有深意，乃易經之理，奇數爲陽，偶數爲陰，一、三、五、七、九爲奇，代表陽，二、四、六、八、十爲偶，代表陰，河圖之每一方位，均是一奇一偶，即所謂「陰陽相配」，宇宙萬物之存在，均是陰陽相配，方能滋生繁殖，化育變化，易經最深奧之理乃在說明萬物生生不已之變化。

〈繫辭〉曰：「天一、地二、天三、地四、天五、地六、天七、地八、天九、地十。天數五、地數五，五位相得而各有和，天數二十有五，地數三十，凡天地之數，五十有五，此所以成變化而行鬼神也。」（上傳第九章）此五十五之數，與河圖、洛書之數，皆相合相應。

此說明天地之數，一生一成，從一至五是數之始生，從六至十是數之終成，此亦說明一與六爲水，共居於北方，所謂一六共宗，二與七爲火，共居於南方，所謂二七同道，三與八爲木，共居於東方，所謂三八爲朋，四與九爲金，共居於西方，所謂四九爲友，五與十爲土，相守於中央，所謂五十同途，均是以同類相隨，猶如兄弟之相處，亦均是以陰陽相配，猶如夫婦之相合。

洛書數字之排列爲「戴九履一，左三右七，二四爲肩，六八爲足，五守中央而統四隅。」九在正南，一在正北，三在正東，七在正西，二在西南，四在東南，六在西北，八在東北，五居中央。

從上面九個數之位置來看，一、三、五、七、九這五個奇數都在四正和中央，二、四、六、八這四個偶數都在四偶，奇數代表陽，偶數代表陰，是陽數統領陰數各居其所，所以爲「數之用」。

而河圖生成之數，一、三、五、七、九，五個陽數統領二、四、六、八、十，五陰數同在一旁，此爲「數之體」。

洛書「戴九履一」，九爲先天乾之成數，爲天，一爲先天坤之生數，爲地，所以乾天坤地相對於南北；「左三右七」，三數爲先天離之生數，爲火，七數爲先天坎之成數，爲水，所以離火坎水相對於東西；「二四爲肩」，二數爲先天巽之生數，爲風，四爲先天兌之生數，爲澤，所以巽風在西南，兌澤在東南；「六八爲足」，六數爲先天艮之成數，爲山，八數爲先天震之成數，爲雷，所以艮山在西北，震雷在東北。

由生成之數所規成的先天八卦，乾九，兌四，離三，震八，巽二，坎七，艮六，坤一，加上中央之五，即成洛書九宮，所以先天八卦已具有洛書之特性，此即先天八卦不只法則河圖，亦有法則於洛書之道理。

三、易經之內容

易經的內容包括二經與十翼，二經即上下二經（六十四卦、卦辭、爻辭），所占全書份量，不過十之一、二，十翼即所謂傳的部分，占全書的份量十之八、九，易經之被稱爲六經之首，大多得力於〈易傳〉的內容，〈易傳〉包括彖上下、象上下、繫辭上下、文言、說卦、序卦、雜卦。茲分㈠卦，㈡卦辭，㈢爻辭，㈣彖傳，㈤象傳，㈥繫辭，㈦文言，㈧說卦，㈨序卦，㈩雜卦，幾項略事說明其涵義，以明《易經》全書之概要：

㈠**卦**：《易緯》云：「卦者掛也，掛萬物視而見之」（註十七），〈繫辭〉曰：「聖人設卦觀象」（上傳第二章），是說聖人設畫其卦之時，莫不瞻觀物象，法其物象，心有所得，然後設之成卦。卦有伏羲的先天八卦與文王的後天八卦，所謂「先天」即宇宙萬物尚未形成之前，所謂「後天」即宇宙萬物形成之後。伏羲仰觀俯察，見萬物均有單雙（文言爲奇偶），便悟出單數爲陽，雙數爲陰，遂畫一「—」代表陽，畫一「- -」代表陰，但二畫之體，雖象陰陽之氣，未成萬物之象，未得爲卦，必三畫以象「三才」，寫天、地、水、火、風、雷、山、澤之象，乃謂之卦，故〈繫辭〉云：「八卦成列，象在其中矣」（下傳第一章）。但初有三畫，雖有萬物之象，於萬物變通之理，猶有未盡，故更重之而有六畫，成六十四卦，以備萬物之形象，窮天下之能事，其時雖象外無字，然陰陽變化，消息盈虛，剛柔動靜，尊卑貴賤，均寓其中而有跡可尋，後經文王、周公、孔子各繫以辭，遂成一部「究極天人」之大經書。

㈡卦辭：相傳文王被囚於羑（ㄧㄡˇ）里時所作，當時文王觀玩卦象，逐卦具有精義，便逐卦各繫以辭，名曰卦辭，以定全卦之意義，每卦首節便是，如乾：「元、亨、利、貞」。並以伏羲次序方位，純屬自然相對，偏而不全，遂精思深索，重定八卦的次序方位，將八卦所屬的五行木、火、土、金、水，分播於春、夏、秋、冬四時，東震爲首，次東南巽，均屬木，爲春，次南離，屬火，爲夏，次西南坤，屬土，爲伏日，次西兌，次西北乾，均屬金，爲秋，次北坎，屬水，爲冬，次東北艮，屬土，爲臘日，艮爲成終成始的一卦，至此一歲告終，而震又開始，五行相生，四時流行，寒暑往來，無有窮盡，由天道以明人事，是爲後天八卦。

㈢爻辭：相傳爲周公東征時所，周公玩索卦象及卦辭，見綱領雖具，若非逐爻發揮，恐後人難以領略，於是逐爻繫辭，切實示人以「時止則止，時行則行」之法則，名曰爻辭，六爻之次序，第一爻爲初，向上挨次爲二、三、四、五，至第六爻稱爲上，陽爻都稱九，陰爻都稱六，如乾卦，初九「潛龍，勿用」；九二「見龍在田，利見大人」；九三「君子終日乾乾，夕惕若，厲，无咎」；九四「或躍在淵，无咎」；九五「飛龍在天，利見大人」；上九「亢龍，有悔」。〈繫辭〉曰：「爻者，言乎變者也」；「易之爲書也，廣大悉備，有天道焉，有人道焉，有地道焉，兼三才而兩之，故六，六者，非他也，三才之道也，道有變動，故曰爻」；「聖人有以見天下之動，而觀其會通，以行其典要，繫辭焉以斷其吉凶，是故爲之爻。」《周易正義》曰：「爻也者，效天下之動者，謂每卦六爻皆仿效天下諸物而發動也。」（註十八）王夫之曰：「爻，效也，著於動而呈其占也，卦者，事物之定理，爻者，其一時一物之機也。」（註十九）

〈繫辭〉曰：「八卦成列，象在其中矣，因而重之，爻在其中矣。」韓康伯注曰：「夫八卦備天下之理而未極其度，故因而重之以象功用，擬諸形容以明治亂之宜，觀其所應以著適時之功，則八卦之義，所存各異，故爻在其中矣。」（註二十）「爻者，交也」言宇宙萬事萬物，時時交流變動（註二十一）。爻變，卦即變，讀卦之時，須先了解每爻之義，因每爻所含之義不同，即同屬一卦，如九二吉，九三可能屬凶是也。

㈣**彖傳**：系解釋文王之卦辭，〈繫辭〉：「彖者，材也。」韓康伯曰：「材，才德也，彖言成卦之材，以統卦義也。」（註二十二）即彖辭乃在統論一卦之義，或一卦之德，如乾卦彖曰：「大哉乾元，萬物資始，乃統天。」坤卦彖曰：「至哉坤元，萬物資生，乃順承天。」便是，並依上下兩經，分爲上下兩傳。

㈤**象傳**：亦曰象辭，象辭有兩種，其總論一卦之象者，稱爲「大象」，專論一爻之象者，稱爲「小象」，如乾卦中「象曰：天行健，君子以自強不息。」是爲「大象」。又如初九「潛龍勿用，陽在下也。」上九：「亢龍有悔，盈不可九也。」是爲「小象」。無論大象或小象均是以卦或爻所示之象來推論人事，俾便得以求出人生立世出、處、語、默、進、退適當行爲的準則。

㈥**繫辭**：亦名繫辭傳或易大傳，乃泛論易之一般原理，大致追述「易」義的起源，權論「易學」的作用，或解釋卦義以補充〈彖辭〉、〈象辭〉，分上下兩篇。〈繫辭〉曰：「聖人設卦觀象，繫辭焉以明吉凶。」因爲卦象爻象有吉有凶，若不加以繫辭，對其含義未能明顯，故繫辭屬吉凶之文於卦爻之下，而顯明此卦爻之吉凶也。

㈦**文言**：專用以解釋乾坤兩卦的，因乾坤兩卦爲易之門，其餘各卦均由乾坤而出，是以孔子特作文言，以資說明其義理，因係注釋兩卦之義理，故名「文言」，文言數百字，幾於字字用韻，且多用偶，故字名曰「文」（辭之飾者，乃得謂文）。乾文言前半重在釋卦爻辭的意義，後半重在就卦爻辭的意義，引申到人事修養方面上，坤文言較乾文言爲簡，但其旨在以人事發揮卦爻辭的意義則相同。

㈧**說卦**：是推演卦象的，用以說明八卦的由來及所代表人、物、方位之意義的。如「昔者，聖人之作易也，將以順性命之理，是以立天之道，曰陰與陽，立地之道，曰柔與剛，立人之道，曰仁與義，兼三才而兩之，故易六畫而成卦，分陰分陽，迭用剛柔，故易六位而成。」又「乾，健也；坤，順也，震，動也；巽，入也；坎，陷也；離，麗也；艮，止也；兌，說也。」均其例也。

㈨**序卦**：說明六十四卦排列先後的道理，以連環相生法而構成一整體概念，以表現天道盈虛、人事成敗的現象，分上下兩篇，從「有天地然後萬物生焉……」到「物不可窮也，故受以未濟終焉。」上篇言天地生萬物，以氣而流形，故始於乾坤，終於坎離，是氣化的本根；下篇言萬物各相生，以形而傳氣，故始於咸恆，終於既濟未濟，是夫婦的作用。天地爲萬物本，夫婦爲人倫本，相提並論，秩序嚴謹。

㈩雜卦：用以比較各卦意義的異同，雜揉衆卦以爲言而論其秩序，將相同者歸納成類，相異者互相取證，貫穿易經縱切面與橫切面。

四、易經之基本原理

十翼中雖多次論及「易」字之哲學意涵，但並非有系統的論述，有系統的論述，首見於《易緯乾坤鑿度》，該書爲易緯八種之一，分上下兩卷，作者佚名，約成書於西漢元、成帝之後，有鄭康成註。何謂「乾鑿度」？「乾鑿度，聖人頤乾道浩大，以天門爲名也，乾者，天也……乾訓健，壯健不息，日行一度，鑿者，開也，聖人開作，度者，度路之道，聖人鑿開天路，顯彰化源。」（註二十三）乾鑿度者，即聖人所開作，以闡明天道，而彰顯創化之根源。

《易緯乾鑿度》開宗明義即提出易有三義：「孔子曰：易者，易也，變易也，不易也，管三成爲道德包籥。」（註二十四）鄭康成注云：「管，統也，德者，得也，道者，理也，籥者，要也。言易道統此三事，故能成天下之道德，故云包道之要籥也。」（註二十五）

鄭康成在其所作《易贊、易論》中云：「易之爲名也，一言而含三義：易簡一也，變易二也，不易三也。」（註二十六）唐朝孔穎達著《周易正義》，於〈序〉中提出〈八論〉，第一論爲「易之三名」，氏云：「夫易者變化之總名，改換之殊稱……易者謂生生之德，有易簡之義；不易者言天地定位，不可相易；變易者謂生生之道，變而相續。」（註二十七）清朝毛奇齡於其所著《仲氏易》中云：「易有五義，一曰變易，謂陽變陰，陰變陽也；一曰交易，謂陰交乎陽，陽交乎陰；一曰反易，謂相其順逆，審其相背也而反見之；一曰對易，謂比其陰陽，絜其剛揉，而對觀之；一曰移易，謂審其分聚，計其往來，而推移上下之。」（註二十八）

綜上所述，易之涵義有五：「創易（易）」、「變易」、「交易」、「不易」、「簡易（易簡）」。

㈠**創易**：此乃「易」之總義，即宇宙乃一創化歷程，在此歷程，林林總總，生生不已，化育不息，所謂「生生之謂易」即是，宇宙乃一充滿生命統體相關的「有機體系」之大化流衍，能生生所生，所生又生能生，生而又生，由無而有，由簡而繁，踵事增華，變本加厲，不斷的化孕生機，不斷的生長綿延，不斷的推陳出新，創進不已，化生不停，承先啓後，綿延賡續的「開展運動」。（註二十九）

㈡**變易**：乃易之用，亦即創化之用。宇宙萬物，無時不動，動則變，故亦無時不變，在創化歷程中，萬物變動不居，唯變所適，易經陰陽六爻時位之變，即代表萬事萬物之變，此變易包括「換代」（replacement and alteration），「更新革命」（renewal and revolution），「意外突變」（accident and emergence）（註三十）等等。易經乃以爻位的陰陽、動靜、剛柔的變化莫測，來說明宇宙人生隨時變化改易的道理，由對立而生變化，〈繫辭〉曰：「在天成象，在地成形，變化見矣。」「變化者，進退之象也。」「動者觀其變。」「爻者，言乎變者也。」「變通配四時。」「擬議以成其變化。」「剛柔相推，變在其中矣。」「剛柔者，立者本也，變通者，趣時者也。」「功業見乎變。」「道有變動，故曰爻。」「是故變化云爲，吉事有祥。」「變動以言利。」「參伍以變，錯綜其數，通其變，遂成天下之文，極其數，遂定天下之象，非天下之至變，其孰能於此。」「易之爲書也不可遠，爲道也屢遷，變動不居，周流六虛，上下無常，剛柔相易，不可爲典要，爲變所適。」卦有卦變，爻有爻變，由太極而兩儀，而四象，而八卦，而重卦六十四卦，每卦有六爻，而三百八十四爻，爻爻有變，而三千零七十二策，卦中爻，爻中卦，變易無窮，陰中陽，陽中陰，無窮無盡，所謂「易，窮則變，變則通，通則久。」即此之謂。

㈢交易：此亦易之用，交易者，即宇宙萬物均由陰陽二氣彼此感應、交替、配合而成。宇宙生氣而有天地，天地相配而成陰陽，陰陽表現爲四時，四時作用生萬物。〈繫辭〉曰：「天地絪縕，萬物化醇，男女構精，萬物化生。」天地萬物，生於陰陽，人之大倫，始於夫婦，孤陰不生，獨陽不長，天地萬物均在陰陽二氣（功能）相對、相應、相輔、相成作用中生生不息：陰陽相輔，則風調雨順，陰陽失調，則天旱水潦，自然界如此，人事亦如此，陽氣輕清上升，陰氣重濁下降，故天地爲否，蓋陰陽不相交，地天爲泰，陰陽相交也（天氣下降，地氣上升，是爲交泰）。冬季金寒水冷，喜太陽溫暄，夏季火炎土燥，喜雨水滋潤，此即陰陽交泰（交易），則萬物生機盎然，欣欣向榮。此「天地交配」（hierogamy）（陰陽交泰）即心理學上所稱的「創化比擬」（creativity metaphor）（註三十一）在易經中處處可見，如咸彖傳：「天地感而萬物化生」，「天地相應以相與」；泰彖傳：「天地交而萬物通也」；姤彖傳：「天地相遇品物咸章也」；繫辭傳：「天地相應，乃得化醇」；「男女構精，乃得化生」；歸妹彖傳：「天地不交而萬物不興」；否彖傳：「天地不交而萬物不通。」天地相交，陰陽調和，則萬物咸章化生；天地不交，陰陽失調，則萬物不興，世界不寧。

㈣不易：乃易之體，亦即創化之體。不易者，即言不因時間、意願而有所改變的觀念、理想、原理、原則、價值、意義（註三十二）。亦即宇宙萬物無時無刻無處不在變，然在變中有其不變之自然法則與人倫意義、社會價值。〈繫辭〉云：「天地之道，貞觀者也；日月之道，貞明者也；天下之動，貞夫一者也。」一即道，亦即易之本體，道不變，故本體亦不變，如日月星辰之運轉，春夏秋冬之代序，周而復始，循環不已；春花秋實，生長不減其貌，夏榮冬枯，四時不變其序，足證天道自有其軌。積善之家，必有餘慶，積不善之家，必有餘殃；物極必反，亢龍有悔；否極泰來，剝極反復；乾道成男，坤道成女；陽剛、陰柔；父慈、子孝、兄友、弟恭；因果相報應，風水輪流轉；滿招損、謙受益等等，均是不因時地不同而異之人倫準則。

㈤**簡易（易簡）**：易者，容易，簡者，簡單也，此義有二：一為研究宇宙人生萬象之變化法則與根本原則，應從簡單與容易處著手；二為了解易經之原理，即能執簡以御繁，掌握宇宙人生之奧秘，亦即最高之道理即為最平凡之道理（註三十三）。〈繫辭〉曰：「乾知太始，坤作成物，乾以易知，坤以簡能，易則易知，簡則易從，易知則有親，易從則有功，有親則可久，有功則可大，可久則賢人之德，可大則賢人之業，易簡而天下之理得矣，天下之理得，而成位乎其中矣。」此乃推原於乾坤健順之德性，闡明它之所以能起萬化而統貫易經之道理。〈繫辭〉又曰：「夫乾，確然示人易矣，夫坤，隤然示人簡矣。」「夫乾，天下之至健也，德行恆易以知險；夫坤，天下之至順也，，德行恆簡以知阻。」乾之「確然」乃言時間之功效（pinpoint at a time），坤之「隤然」是言空間之功效，「隤然」者，「塊然」（spatiality）也（註三十四）。乾健而動爲始生萬物之機，坤順應乾道而開物成務，吾人如能順天道則能明人事，蓋天道無往不復，消息盈虛，知其以往，則可測其將來，以趨吉避凶，遇時宜者順之，逢時否者逆之。「天下之理」在「成位乎其中」，所謂「成位」即「人生之本位」或「人的生命之價值」（註三十五）。生命之法則與生命之意義，均可在易簡之理中得之。

五、易經之人生哲學

人生哲學爲「關懷人類整體生命，以實現生命的意義與價值之思想哲理」，易經之人生哲學可歸納爲㈠生存進化哲學，㈡因時乘變哲學，㈢互助和諧哲學，㈣中正平和哲學，㈤自強力行哲學，㈥憂患經世哲學六要點，茲分述之。

㈠生存進化哲學：；宇宙乃一充滿生命，洋溢生機，生生不已，新新不停，普遍生命流衍的創化歷程，此「萬有含生論」乃易經哲學之要旨。中國儒家形上學具有兩大特色：第一、肯定天道之創造力，充塞宇宙，流衍變化，萬物由之而生。（乾彖曰：「大哉乾元，萬物資始，乃統天」）。第二、強調人性之內在價值，翕含闢弘，發揚光大，妙與宇宙秩序，合德無間。（乾文言：「夫大人者，與天地合其德，與日月合其明，與四時合其序，與鬼神合其吉凶，先天而天弗違，後天而奉天時。」簡言之，是謂「天人合德」）。此兩大特色構成全部儒家思想體系之骨幹，自上古以迄今日，先後遞承，脈絡綿延，始終一貫，表現這種思想最重要者莫過於易經（註三十六）。

方東美先生認爲：「中國哲學家處處要以價值的根源來說明宇宙的秩序，本質上，中國的宇宙觀乃是以價值爲中心的哲學」（註三十七）。因此，中國的宇宙論具有三大特色：⑴是普遍生命創造不息的大化流行。⑵是一個將有限形體點化成無窮空靈妙用的系統。⑶是一個盎然大有的價值領域，足以透過人生的各種努力加以發揚光大（註三十八）。而要眞正了解這些特色，則必須透過易經哲學的一系列原理。

人生觀植基於宇宙觀，因此，欲了解易經的人生哲學，則須從易經哲學的形上學探索起，方東美先生歸納易經哲學體系的六大原理爲：⑴生之理；⑵愛之理；⑶

化育之理；⑷原始統會之理；⑸中和之理；⑹旁通之理（註三十九）。晚年則在其巨著《中國哲學之精神及其發展》中簡化為四大原理：⑴生之理；⑵旁通之理；⑶化育之理；⑷生命歷程即價值實現之理（註四十）。簡言之，即「創生化育」之理。

易經認為宇宙萬物時時在變，刻刻在遷，生生不已，創化不息而以乾坤兩卦象徵萬物化生之根源，推衍至六十四卦，均是象徵生命的變化與發展，〈序卦〉傳即以生生之思想以解釋六十四卦之次序：「有天地，然後萬物生焉，盈天地之間者唯萬物，故受之以屯，屯者，盈也，屯者，物之始生也；物生必蒙，故受之以蒙，蒙者，蒙也，物之稚也；物不可不養也，故受之以需……。」整部易經皆以生命相貫通，以闡明宇宙萬物之生存與發展，可謂易經乃是一部講述生存進化哲學的書，其本體論是以「價值為中心的動態本體論」（註四十一）。其宇宙論則為「萬有含生論」，它的要義為：「宇宙是一個包羅萬象的廣大生機，是一個普遍瀰漫的生命活力，無一刻不在發育創造，無一處不在流動貫通。」（註四十二）「視全自然界為宇宙生命之洪流所瀰漫貫注，一脈周流，自然本身即是大生機，其蓬勃生氣，盎然充滿，創造前進，生生不已，宇宙萬有，秉性而生，復又參贊化育，適以圓成性體之大體。」（註四十三）「天為大生，萬物資始，地為廣生，萬物咸享，合此天地生生大德遂成宇宙。其中生氣盎然充滿，旁通統貫，毫無罣礙。」（註四十四）要而言之，「生生之謂易」，「天地之大德曰生」乃易經生存進化哲學之核心。

易經乃以六十四卦示宇宙萬物之生成發展與進化，由前卦生後卦，周流往復不息，天道之相生如咸象傳所言：「天地感而萬物化生」，又如〈繫辭下傳〉所云：「日月相推而明生焉。」人事亦然，〈繫辭下傳〉曰：「愛惡相攻而吉凶生，遠近相取而悔吝生，情僞相感而利害生。」〈序卦傳〉以因果關係明卦變之序，上經三十卦以其因果、剛柔相推而成其系列，下經三十四卦亦然，而系列則成其變化，是以干寶曰：「上經始於乾坤，有生之本也，下經始於咸恆，人道之首也。」（註四十五）事務之生化，即如此之生生不已，王弼〈周易略例〉云：「卦者，時也。」（註四十六）歷史之發展，社會之進化，文化之遞嬗，人事之更迭，乃至宇宙萬有，無時無刻不在創新，故上下經六十四卦之旋律動，成盛衰興亡終始治亂之循環發展，三極之道，尊卑貴賤，盈虛消息，往來屈伸，要皆脈絡一貫，旁通統貫，其演進如螺旋式的發展，既有周而復始的循環，又有向前向上的發展，其圓道周流，非循舊有軌道機械式的循環，而是向上進化爲另一個循環。

㈡因時乘變哲學：宇宙萬象，雜然紛陳，於時間永恆之流中，無時無刻不在變化遷異，於是聖人仰觀天象，俯察地理，中觀物宜，體悟出「易」理，於是制作八卦，藉以通神明之德，類萬物之情，使人之行使法度能應天德，順時而行。在人之生命歷程中，「時」乃象徵人事之變遷，順天地之變則爲適時，逆其變而行則爲逆時，順其所向則吉，乖其所趨則凶，於是聖人乃將人之內在價值意識，與天地變易聯繫起來而成三極之道，在生生之德的形上共理中，以參贊天地化育之仁心宏願，實踐天人合一之終極價值理想，易言之，作易之聖人，蹤身於大化時間之流中，體悟出生生之中道原理，亦即由時變裡，契合與實現「中」之常道常理。清儒惠棟嘗云：「時中者，易之大要也。」（註四十七）程頤亦云：「易，變易也，隨時變易以從道也。」（註四十八）「變易」，乃大化流衍於時間歷程中所展現之無窮變化，「道」則爲宇宙萬有所共同遵循之最高形上原理，「時」與「中」乃易理之核心。

宇宙萬有於時空中流轉運行生生不已，易經乃以時位象徵宇宙萬有之變化，位是爻於卦象中所顯示之位置，即空間，爻位變，卦象即變，爻位之變化，又象徵時間之變化，故王弼云：「卦者，時者，爻者，適時之變者也。」（註四十九）易經六十四卦乃象徵宇宙萬有創化之歷程，周而復始，每卦之六爻則象徵事物發展之六個階段，其初爻爲始，二、三、四、五爻爲中，六爻爲終，故〈繫辭下傳〉曰：「易之爲書也，原始要終以爲質也。六爻相雜，唯其時物也。其初難知，其上易知，本末也。初辭擬之，卒成之終。若夫雜物撰德，辨是與非，則非其中爻不備。」此乃在說明事物演變之終始狀態，亦即時間持續發展之歷程，卦中各爻，皆代表行事之「時」宜，「時」爲運之度，動之序，而變易有遞承，持續有先後，因而有時間，過去、現在、未來綿延不息，易理乃聖人透過仰觀俯察，明宇宙變化之理則，藉以通古今之變，而測知未來事象之吉凶悔吝，以趨吉避凶，故易要人「六位時成」，各依時變以成就日新，然此時變之事象，在位則以中正爲主，在時則以適時、趨時爲要。〈繫辭下傳〉又云：「易之爲書也不可遠，爲道也屢遷，變動不居，周流不虛，上下无常，剛柔相易，不可爲典要，爲變所適。」

易之要乃在趨時、適時之變，蓋宇宙萬有之變化，有漸變者，有突變者，其變革更易是無定法，「一舉一廢一簡一繁之間，因乎時而不可執也。」（註五十）「時者，情之順也。」故時變乃「相乘之和」（註五十一）。是「古今殊異者，時之順也。」（註五十二）孟子曰：「爲高必因丘陵，爲下必因川澤。」（離婁篇上）又曰：「雖有智慧，不如乘勢；雖有鎡基，不如待時。」（公孫丑篇上）

能上順天時，下應地利，中得人心，乘勢順時，時地兩宜，則能「與天地合其德，與日月合其明，與四時合其序，與鬼神合其吉凶，先天而天弗違，後天而奉天時。」（乾文言）時可、位得、才足，奉天承運，順應時代潮流，乘勢而起，為天地立心，為生民立命，則革命維新，興邦建國，無不成也。

㈢**互助和諧哲學**：「一陰一陽之謂道」（繫辭上傳）乃易經之基本原理，陰陽相反又相成，對立又統一，宇宙萬象莫不如此，如天地、日月、寒暑、卑高、貴賤、動靜、剛柔、吉凶、得失、存亡、進退、翕闢、伸屈、上下、前後、左右等等，蓋以陰陽相對，始生變化，有變化始能發展，故曰「生生之謂易」（繫辭上傳），又曰：「陰陽合德而剛柔有體，以體天地之撰，以通神明之德。」（繫辭下傳），此即言陰陽交易，既相反又相成，既相生又相剋，即陰中有陽，陽中有陰。朱子曰：「陰陽有個流行底，有個定位底，一動一靜，互為其根，便是流行底，寒暑往來是也。分陰分陽，兩儀立焉，便是定位底，天地上下四方是也。易有兩義，一是變易，便是流行底；一是交易，便是對待底。」（註五十三）宇宙萬有均在陰陽剛柔交互作用中形成與發展，此在易經中多處論及，如咸卦彖傳：「咸，感也，柔上而剛下，二氣感應以相與……天地感而萬物化生，聖人感人心而天下和平，觀其所感，則天地之情可見矣。」泰卦彖傳：「泰，小往大來，吉，亨，則是天地交而萬物也，上下交而其志同也。」又象曰：「天地交，泰，以財成天地之道，輔相天地之宜，以左右民。」否卦彖傳：「否之匪人，不利，君子貞，大往小來，則是天地不交萬物不通也，上下不交而天下無邦也。」益卦彖傳：「天施地生，其益无方，凡益之道，與時偕行。」姤卦彖傳：「天地相遇，品物咸章也，剛遇中正，天下大行也，姤之時義大矣哉。」歸妹卦彖傳：「歸妹，天地之大義也，天地不變交，而萬物不興，歸妹，人之終始也。」此六卦均言陰陽剛柔上下相交，「咸」意為「交感」，陰柔往上而陽剛來下，兩相親和，天地交感而萬物化育生長，聖人感化人心而致天下和平昌順，觀察「交感」現象，天地萬物之性情即可明白。泰卦坤上乾下，表示天氣下降，地氣上騰，上下交通，陰陽應合，所以萬物通泰順暢。

宇宙萬物無不由陰陽兩性相輔而成，相待而進，出乎本性自然地相吸相引，即陰陽交感乃宇宙萬有生化不已之動因，由卦爻之排列秩序以觀察，吾人可發現陰陽間對待往來之形式乃一「旁通統貫」之理則，此處所謂之「旁通」係指六十四卦可排成兩兩相對待、相往來之三十二組形式，此三十二組自初至上依序之六爻均是陰陽相對待，此卦為陽爻，彼卦則為陰爻，而兩卦十二爻之總和均為六陽六陰，於此「對立統一」、「相反相成」之原理彰顯無遺。

陰陽為宇宙大全之兩大勢能，由此兩大勢能之交感交錯，相摩相盪，相吸相引，相輔相進，而成萬事萬物之繁華燦然，機趣洋溢，新新不停，生生不已，即宇宙萬象均是物物對待，事事交感，往來變通，旁通統貫而綿延恆久，亦即陰陽兩大勢能乃對立而統一，相反而相成，相輔為用，相待而進。

㈣中正平和哲學：易經之要旨在「時中」，二字，時言「乘時」、「因時」、「隨時」、「奉時」、「趨時」、「及時」等，中則言「中正」、「正中」、「得中」、「剛中」、「中行」、「中道」、「大中」、「中節」等，蓋易經為「因時乘變」哲學，在「變通以趨（同趨）時」，因時乘變之目的則在能「得中」，以行「中道」而得「中正」，故「時」與「中」常並稱為「時中」。清惠棟於《周易述》中曰：「時中者，易之大要也，孔子於彖傳言時者二十四卦，言中者三十六卦，於象傳中言中者三十九卦，言時者六卦，蓋時者舉一卦所取之義而言之，中者，舉一爻所適之位而言之也，時無定而位有定，故象多言中，少言時。子思作中庸述夫子之義曰君子而時中，時中之義深矣，故文言中用九之義曰，知進退存亡而不失其正者，其惟聖人乎，是時中之義也。」（註五十四）

鄭康成《三禮目錄》曰：「名曰中庸者，以其記中和之用也也，庸，用也。」

（註五十五）程伊川曰：「不偏之爲中，不易之謂庸，中者，天下之正道，庸者，天下之定理。」（註五十六）朱熹《中庸章句集註》曰：「中庸者，不偏不倚，無過不及而平常之理，乃天命所當然，精微之極徵也。」（註五十七）

「中」之概念就時代演進可分爲三：

⑴政治時期：執兩用中之「中」（堯、舜、禹時代—見《論語》〈堯曰篇〉，《尚書》〈洪範篇〉之「建用皇極」，《周禮》天、地、春、夏、秋官卷首開宗明義言「惟王建國，辨正方位，體國經野，設官分職，以爲民極之「以爲民極」」。

⑵倫理哲學時期：無過無不及之「中」。（孔子時代—見《論語》〈雍也篇〉）。

⑶形上哲學時期：喜怒哀樂之未發之「中」。（《中庸》作者時代—見《中庸》第一章。）

吾人研易之目的在極深研幾，探賾（ㄗㄜˊ）索隱，微顯闡幽，彰往察來之外，尚有原始要終與順性命之理，因此須理解「時」、「位」、「中」、「正」之意涵，以從事「順天應人」之實踐。

宇宙爲「時空」之合一體，《淮南子》曰：「往古來今謂之宙，四方上下謂之宇。」（註五十八）易經不言「時空」，而言「時位」，「位」乃指「空間」之落於人間物質界。「時」與「位」是物質世界變化流通兩大條件，萬物之現形，有同「時」而無同「位」，以無同位故，物物有其立場，以物物有其立場故，物物有其生存活動之道，由此可知「位」之重要。萬物欲各適其性，各安其道，必須顧及「位」之當與不當，即立場之是否正確，是以「位」即「正」或「不正」，「時」言「得中」或「失中」；「位」言「當位」或「不當位」，「時」言「對時」或「失時」；「位」言「正位」，「時」言「時中」，總之，一切必需求「時」與「空」之相互配合。時、位、中、正，一如幾何學上之垂直線與面之「交點」，或如物理學上引力之「重心」，能得「位」，得「中」，又不失其「正」，即爲「時成」。（註五十九）

易經中卦爻象之言位，類別有三：即陰陽之位，尊卑之位，三才之位。⑴陰陽之位：陰陽之位爲占卜術最普遍通用者，即以初、三、五爻爲陽位，以二、四、上爻爲陰位，以「九」代表陽，以「六」代表陰，陽稱剛，陰稱柔，凡陽爻居陽位，陰爻居陰位，稱爲當位、得位、正位、位正當；凡陽爻居陰位，陰爻居陽位，稱爲不當位、位不當、失位、非其位、未得位。⑵尊卑之位：〈繫辭下傳〉曰：「天尊地卑，乾坤定矣，卑高以陳，貴賤位矣。」又曰：「列貴賤者存乎位。」即以位之高下象徵人之尊重貴賤，其最明顯者又以第五爻之象徵人君，如比卦九五爻辭：「王用三驅。」西漢易學家京房更以初爻當元士，二爻爲大夫，三爻爲三公，四爻爲諸侯，五爻爲國君，上爻爲宗廟以解易。⑶三才之位：三才者，天地人，即天道，地道與人道，又稱三極之道。〈繫辭下傳〉曰：「易之爲書也，廣大悉備，有天道焉，有人道焉，有地道焉，兼三才而兩之，故六，六者非他也，三極之道也。」〈說卦〉曰：「昔者聖人之作易也，將以順性命之理，是以立天之道曰陰與陽，立地之道曰柔與剛，立人之道曰仁與義，兼三才而兩之，故易六畫而成卦，分陰分陽，迭用剛柔，故易六位而成章。」以六爻當三才，即初、二爻在下，爲地位，三、四爻在中，爲人位，五上爻在上，爲天位。

「當位」（正）未必皆吉，既「中」且「正」者則無有不吉，凡「九」居「五」，「六」居「二」者爲既「中」且「正」，〈彖〉、〈象〉傳中均稱「中正」或「正中」。凡「九」居「二」，「六」居「五」者，僅言「中」而不言「正」。

「中」之大用——「建中立極」，「中」之思想始於《尚書》〈大禹謨〉：「允執厥中」，〈洪範〉九疇之五更提出「建用皇極」之「大中」思想。陸象山解曰：「皇，大也，極，中也，洪範九籌五居其中故謂之極，是極之大，充塞宇宙，天地以此而立，萬物以此而育，古聖先王，皇建其極，故能參天地贊化育，凡民保之以作懿行息惡」（註六十）「剛中」之正位雖在「五」爻位，但可下行而致其用，「柔中」之正位雖在「二」爻位，但可上行而致其用，「九五」是陽之「極」，「六二」是陰之「極」，陰陽上下而致其用，即「中」字一豎畫貫通上下之義，亦即易經乃一套天地人一脈周流「三極一貫」之哲學系統。

「中」之活用—執中用權，邵雍曰：「權，所以平物之輕重，聖人行權，酌其輕重而行之，合其宜而已。」（註六十一）是以「執中用權」乃權衡事物之輕重、利弊、得失、可否，求其適當、合宜。即執中用權非執一而不變，乃與時俱進，因時、因地、因人、因事、因物而制宜，使之能「中肯」「適當」「合宜」「平允」「無過不及」與「恰到好處」。

㈤**自強力行哲學**：原始儒家乃最重歷史變遷之發展與歷史之統一性，歷史之承續性，即一面在時間上注重永恆，注重歷史傳統，一面注重時間在生滅變化中之創造過程，其思想來源前者為《尚書》，後者為《易經》（註六十二）。《尚書》之中心思想爲「大中」（great center）（註六十三），爲「永恆之哲學」（philosophy of eternity），《易經》則爲「變易之哲學」（philosophy of change）（註六十四）。易經爲「變易之哲學」，萬物流轉，生生不已，然在變中有其「不易」之理，此「不易」即「永恆」即「大中」。「變易」在時間生滅過程中表現，在乾元大生，坤元廣生中表現，在「天行健」、「地勢坤」中表現，故曰：「生生之謂易」，「天地之大德曰生」（繫辭下傳），此「生生不息」之理，乃萬物共通之理。

易經的宇宙觀不僅是動態的宇宙觀，亦是洋溢生命大流之生態宇宙觀，一切的變化流行係爲了促成生命，實現各個生命的內在價值，這是以實現生命爲目標的目的論之宇宙觀（註六十五）。

易經之恆卦係由風雷二卦所組成，而風雷二卦則是象徵宇宙自然之變，此卦是積風雷雙重之變而形成不變之恆，此與黑格爾（g・w・f・hegel 1770-1831）哲學由不斷的演進而發展爲絕對精神，完全相通。此外，易經開始於「天行健，君子以自強不息」之「乾」，而終於宇宙生命無限之「未濟」（註六十六）。更是彰顯宇宙乃是充滿生命，洋溢生機，生生不已，健行奮進之創化歷程。

易經以陰陽爻變之循環無端，週而復始以示生命之創進不已，而生命之創進，其營育成化，前後交奏，其進退得喪，更迭相酬，其動靜闢翕，輾轉比合，其蕤痿盛衰，錯綜互變，皆有周期，協然中律，正若循環，窮則返本，生命之創進，源於乾元之大生「創始原理」，與坤元廣生之「順成原理」，陰陽交涵，生生不已，賡續不絕，綿延久大，人居天地之中而為萬物之最靈者，兼天地之創造性與順成性，自應深切體會此種精神，從而於整體宇宙生命，創進不息，生生不已之持續過程中，厥盡參贊化育之天職，自強不息，力行不懈，以立德、立功、立言。

㈥憂患經世哲學：中華民族乃一歷經憂患之民族，中國歷史亦為一部憂患之歷史，蓋中華民族乃以漢族為中心，不斷融和邊疆民族而成，自古以來，歷代邊患不斷，中原民族在與邊疆民族爭戰過程中，養成憂患之意識，此憂患之意識建立了中國人文精神之道德性格。

中國人之憂患意識起於殷周之際，此在《易經》表現至為明顯，〈繫辭下傳〉曰：「易之興也，其於中古乎？作易者，其有憂患乎？」又曰：「易之興也，其當殷之末世，周之盛德邪？當文王與紂之時邪？是故其辭危，危者使平，易者使傾，其道甚大，百物不廢，懼以終始，其要無咎，此之謂易之道也。」易經強調人生之危難困境，是以「其辭危」，人如能始終保持警惕戒懼，即可「無咎」。

〈繫辭下傳〉又曰：「易之爲書也不可遠，爲道也屢遷，變動不居，周流六虛，上下無常，剛柔相易，不可爲典要，唯變所適，其出入以度，外內使知懼，又明於憂患與故，无有師保，如臨父母。」宇宙變動無常，君子必須勤修德行，明於憂患險阻，時時戒懼以因應變化，是以又曰：「是故君子安而不忘危，存而不忘亡，治而不忘亂，是以身安而國家可保也。」明於憂患之故，雖無師保之教訓，而有如臨父母之戒懼，此種心存危亡，戒愼恐懼之態度，安不忘危，朝乾夕惕之精神，即爲憂患意識之表現，亦即所謂之「殷憂啓聖」、「多難興邦」之意。王夫之曰：「中古，殷之末周之初也，憂患者，文王欲弔伐，則恐失君臣之義，欲服事則憂民之毒苦，以健順行乎時位者難，故憂之。」（註六十七）

文王處此進退兩難之際，其心境之苦，幽遠難盡，欲出民於水火之苦，故必操心之，必憂患之，然後因情生理，援事設教，鈎深致遠，闡微顯幽，諄諄告誡，欲使人能自省洞察，於吉凶禍福之微，因果得失之機，顯隱取捨之際，揚幽飛潛之間，毫釐不失，絲微不忒，是以聖人憂患之深，乃切盼人人能盡性知命，於有憂之限域，而成就無憂之德命，以經世而濟民。

易經是一本充滿憂患意識的書，也是一部經世致用的書，憂患意識爲動力，經世致用爲實踐，由進德修業而崇德廣業，由開物成務而福國利民，由內聖而外王，由正德利用而厚生，治國之道首在重民，以民爲本，行養、教、管、衛（保）之事，四者皆備，則天下自能長治久安矣。

六、六十四卦釋義

史上易經有三，夏曰「連山」，殷曰「歸藏」，周曰「周易」，其經卦皆八，其別皆六十有四。茲將卦名及六十四之義略述於後。

一、先天八卦：即伏羲八卦，乾南坤北，離東坎西，震東北，兌東南，巽西南，艮西北。

二、後天八卦：即文王八卦，離南坎北，震東兌西，乾西北，巽東南，坤西南，艮東北。

以先天爲體，後天爲用，即以後八卦代入洛書九宮爲用。

三、上卦：即外卦，如䷊地天泰之☷坤卦。

四、下卦：即內卦，如䷊地天泰之☰乾卦。

五、錯卦：即對卦，亦稱旁通卦，即二卦之六爻均陰陽互易，如䷫天風姤卦之錯卦爲䷗地雷復卦，錯卦爲陰陽交錯之意，錯卦之理，乃是立場相同、目標一致，惟看問題之角度不同，故所見亦不同。

六、綜卦：亦稱反卦，即將卦倒過來看，則初爻變爲上爻，上爻變爲初爻，如䷫天風姤卦之綜卦爲䷪澤天夬卦，綜卦乃相對的，綜卦是象，其理則在示人萬事要客觀，因立場不同，觀念即相異。

錯卦是正對，綜卦爲反對或相對，以易經之理觀人生，則一舉一動，均是相對、正反、交錯，有得意即有失意，有人贊成，即有人反對，萬事萬物均是如此，不離此宇宙之大原則，故曰：「錯綜複雜」。

七、交互卦：即以每卦之二、三、四爻爲下卦，三、四、五爻爲上卦，另成一卦，稱「交互卦」，如䷔火雷噬嗑，以二、三、四爻成爲☶代表山之艮卦，爲噬嗑卦之「互卦」，再以三、四、五爻成爲☵代表水之坎卦，爲噬嗑卦之「交卦」，再將噬嗑卦的「交卦」與「互卦」重疊成䷦水山蹇卦，則蹇卦即爲噬嗑卦之「交互卦」（註六十八）。

易學有「二派六宗」，二派即「象數」派與「義理」派，六宗爲㈠占卜，㈡災祥，㈢讖緯，㈣老莊，㈤儒理，㈥史事。

一、象數派：以漢易爲主，其著者如焦延壽之《易林》，京房之《易傳》，北宋邵康節之《皇極經世》，及其後之《河洛理數》，明代之《太乙數統宗》。

二、義理派：即宋易，由晉朝王弼（輔嗣）開其端，專以「儒理」來說易，大盛於南北宋時期，如司馬光之《潛虛》，周敦頤之《太極圖說》，程頤之《易傳》，朱熹之《易本義》等。

「占卜」、「災祥」、「讖緯」等三宗易學，其實均不脫「象數」之範圍，以「老莊」來說易者，開始於魏晉之初，由阮籍、王弼等開其先聲，繼之而起者，有北魏以後之道教，套用東漢魏伯陽著《參同契》之觀念，彼此挹注，雜相運用「易」與「老莊」道理。「史事」一系，亦由宋儒開始，楊萬里爲其著者。

除以上六宗外，尚有(七)醫藥，(八)丹道，(九)堪輿，(十)星相等四宗，共十宗，惟此四宗亦偏於「象數」。至於以「佛理」解易者，其著名者有明末清初蕅益和尚之《周易禪解》，道盛和尚之《金剛大易衍義》，均從唐末曹洞宗爻象思想所開發，雖有其獨到會心之處，但終究不能列入易學之正宗（註六十九）。

六十四卦均有其「卦辭」與「爻辭」，「卦辭」爲每一卦（每一種情況）之總述，「爻辭」則爲每一卦（每一種情況）之具體變化（每種情況中之多種情態），總述加上六種情態之分述，便是卦辭與六個爻辭，六十四卦，計有六十四條卦辭與三百八十四條爻辭，總計四百四十八條，文王以爲「乾」、「坤」在整個「易」之體系中具有舉足輕重之地位，且是「天道」、「人道」之根本，因此又在乾卦六爻後面加上「用九」（即綜觀乾卦之六個陽爻），在坤卦六爻後面加上「用六」（即綜觀坤卦之陰爻），如此，易經格言、語錄式之卦辭與爻辭，共四百五十條。

六十四卦之每一卦，均由六個相同或不同之陽爻、陰爻組成，每一個爻之位置稱爲「位」，由下向上數，即：初、二、三、四、五、上，陽爻以「九」爲代表，稱「九」（九爲陽數之極）；陰爻以「六」爲代表，稱「六」（六爲老陰）。每卦中每一爻，均有其自身之名稱，此名稱由此爻所處之位置與性質（陰或陽）所定，如：

乾卦（乾爲天）

上九 ━━
九五 ━━
九四 ━━
九三 ━━
九二 ━━
初九 ━━

坤卦（坤為地）

⚋ 上六
⚋ 六五
⚋ 六四
⚋ 六三
⚋ 六二
⚋ 初六

屯卦（水雷屯）

⚋ 上六
⚊ 九五
⚋ 六四
⚋ 六三
⚋ 六二
⚊ 初九

蒙卦（山水蒙）

⚊ 上九
⚋ 六五
⚋ 六四
⚋ 六三
⚊ 九二
⚋ 初六

泰卦（地天泰）

上六 ⚋
六五 ⚋
六四 ⚋
九三 ⚊
九二 ⚊
初九 ⚊

既濟卦（水火既濟）

上六 ⚋
九五 ⚊
六四 ⚋
九三 ⚊
六二 ⚋
初九 ⚊

一、☰乾為天：乾，元、亨、利、貞。

元，始也；亨，通也；利，和也；貞，正也，操守清正且堅定不移。健而無息謂之乾，元者，萬物之始；亨者，萬物之長；利者，萬物之遂；貞者，萬物之成。

彖曰：「大哉乾元，萬物資始，乃統天，雲行雨施，品物流行，大明終始，六位時成，時乘六龍以御天，乾道變化，各正性命，保合大和，乃利貞，首出庶物，萬國成寧。」

偉大乾陽元始之氣，爲天地萬物之本元，天地萬物因之而有生命，它統領大自然，雲之運行聚散不定，雨之普遍施予萬物，流變而成萬有品類之形質，皆是其功能。徹底明曉天道之終而復始，即可領悟六爻亦依時由潛伏、顯現、成長、躍動、飛騰至滿盈（初九：潛龍勿用；九二：見龍在田，利見大人；九三：君子終日乾乾，夕惕若，厲，无咎；九四：或躍在淵，无咎；九五：飛龍在天，利見大人；上九：亢龍有悔）完成六個不同階段之變化，形成宇宙時間之作用，猶如六龍（潛龍、見龍、惕龍、躍龍、飛龍、亢龍）駕御天體運行之規律，乾道變化，生育萬物，洪纖高下，各以其類，而得眞正性命。

天道始生萬物，天道運行，生育萬物，天道保有契合陰陽會合沖和之氣，因此能大利且貞固，天爲萬物之祖，王爲萬邦之宗，乾道首出庶物而萬彙亨，君道尊臨天位而四海從，王者體天之道，則萬國咸寧，天下太平。

象曰：「天行健，君子以自強不息。」

乾卦如天道永恆運行不休，君子應效法乾道，自強不息。

本卦言大志者之人生策略，胸懷大志者，應以天下爲己任，法天行健，自強不息。

二、☷坤爲地：坤，元亨，利牝馬之貞。君子有攸往，先迷後得，主利，西南得朋，東北喪朋。安貞，吉。

此卦言爲人處事之準則，宜以柔克剛。坤爲地，大地爲萬物之母，涵容萬物，牝（音ㄆㄧㄣˋ）爲雌性，坤卦具有根元、亨通，有利於像母馬貞順之德性，君子所行柔順，故利有所往，占得本卦，先迷失後得利，往西南（坤卦）以柔順處世，則得朋友，往東北（艮卦）陽剛處世則失朋友，安於貞吉，方能吉慶。

彖曰：「至哉坤元，萬物資生，乃順承天，坤厚載物，德合無疆，含弘光大，品物咸亨，牝馬地類，行地无疆，柔順利貞，君子攸行，先迷失道，後順得常，西南得朋，乃與類行，東北喪朋，乃終有慶，安貞之吉，應地無疆」。

萬物均由大地所生，地道順承天道，陰陽交合，坤道深厚載育萬物，與廣大無窮之天道合德，含藏有弘博、光明、遠大之功能，使萬物各種品類，均能亨通成長。即如柔順母馬，亦能在無盡地面奔馳，柔順利於守正，君子法之而行，縱使先迷失方針，終能得常理，以柔處世可得朋友，以剛強處世，則失朋友，與同類合群共行，終歸有吉慶，如大地廣大安詳貞正德行而得吉祥。

象曰：「地勢坤，君子以厚德載物。」

地勢寬厚，君子觀坤厚之象，以深厚之德，容載萬物。

本卦言爲人處世要效法「地勢坤，君子以厚德載物。」即俗云：「宰相肚裡可撐船」、「泰山不辭土壤，故能成其高；河海不擇細流，故能成其大」、及《老子》所云「江海之所以爲百谷王者，以其善下也」。

三、☵☳水雷屯：屯，元亨利貞，勿用，有攸往，利建侯。

上坎下震，坎爲險，震爲動，「屯」象草木剛萌芽冒出地面之困難，引申爲事物草創階段之困難。言在艱難時期，不宜輕舉妄動，宜謀定而後動，則能廣結善緣，廣資輔助。即在艱難時期，宜守不宜攻，遇強則要防，休養生息，蓄集力量，堅守正道，以待時機，則能爲未來建功立業打下基礎。

彖曰：「屯，剛柔始交而難生，動乎險中，大亨貞，雷雨之動滿盈，天造草昧，宜建侯而不寧。」

屯卦，象徵由剛而柔開始相交未能通暢而艱難初生，陽動在重險包圍險象之中（坎爲險），欲大亨通則須堅守正道，如雷雨交加，滿盈於天地之間，生物仍遂，如天地創造以後草昧時期，適宜建立侯王而治，但須憂勤兢畏，尚不能高枕無憂。

象曰：「雲雷，屯，君子以經綸。」

本卦象徵雲雷交臨現象，君子觀屯之象，須有突破艱難之意志勇氣，以此經營治理天下。此卦言在憂患之經綸（規劃謀略）。

四、䷃山水蒙：蒙，亨。匪我求童蒙，童蒙求我。初筮告，再三瀆，瀆則不吉，利貞。

蒙爲草本萌芽初苗之現象，藉爲童蒙未開之狀態，艮爲山爲止，坎爲水爲險，山下有險，遇險而止，莫知所之，蒙（蒙昧幼稚）之象也。以山下出泉，能滋潤養育萬物，比擬人文教化思想之開始，故曰「啓蒙」，此卦具有教養以正道之作用，爲聖人教化之功德，故又云：「蒙以養正」（啓發蒙昧，培養正道，北宋狀元、名相呂蒙正之名，即從本卦來）。卦辭者，承受教化，即能通達順利，非我求教於無知幼童，而是無知幼童求教於我，承受教化須虔誠，不能反覆無常，就如占卜，初來眞誠求占會靈驗，如再三煩瑣，便是褻瀆神靈，求占便不驗，承受教化須堅定心意方能受益。

彖曰：「蒙，山下有險，險而止，蒙。蒙亨，以亨行時中也，匪我求童蒙，童蒙求我，志應也，初筮吉，以剛中也，再三瀆，瀆則不吉，瀆蒙也。蒙以養正，聖功也。」

蒙卦，象徵山下有險，內險不可處，外止莫能進，未知所為，故為昏蒙之義。蒙卦卦辭中之亨通，乃從行動之合時與適中而來。非我求童蒙，乃童蒙求教於我，以彼此去趣相互感應（二、五相應），就如初次占卜，眞誠求教，當以剛中之道，告而開發之，如再三煩數（ㄕㄨㄛˋ），則瀆慢神靈，不當告也，因褻瀆啓蒙之理，啓發蒙昧，培養正道，乃聖人教化之功德。

象曰：「山下出泉，蒙，君子以果行育德。」

山上出泉，出而遇險，未有所之，蒙之象也，若人蒙稚，未知所適（往）也，君子觀蒙之象，以果決行動來培育品德，此卦言教化之道。

五、䷄水天需：需，有孚，光亨，貞吉，利涉大川。

需，須也，即須要之意，引申為等待，等待時機需誠信（孚），當誠信得以發揚光大之時即會通達、順利（光亨），堅守正道、講究誠信則吉利，可以涉過大江大河，闖渡難關。

象曰：「需，須也，險在前也，剛健而不陷，其義不困窮矣。需，有孚，光亨，貞吉，位乎天位，以正中也。利涉大川，往有功也。」

需，須要也，以險在於前，未可遽進，故需待而行也，以乾之剛健中正，而能需待不輕動，故不陷於險（乾爲剛爲健，坎爲陷爲險），則不致遭遇困窮。需卦具有誠信、光明而亨通，貞正然後可吉之德性，此言五以剛實居中，以乾剛而至誠，故其德光明而能亨通，所以能然者，以居天位（九五）而得正中（既中且正也），故能冒險犯難而成大功。

象曰：「雲上於天，需；君子以飲食宴樂。」

雲氣蒸而上升於天，必待陰陽和洽，然後成雨，雲方上於天，未成雨也，故爲須待之義。陰陽之氣，交感而未成雨澤。猶君子畜其才德，而未施於用也。君子觀雲上於天，需而爲雨之象，懷其道德，安以待時，飲食以養其氣體，宴樂以和其心志，所謂居易以俟也。

本卦言「待時而動」、「居易以俟命」（守著常道來順待天命），如諸葛亮隱居隆中，待得劉備三顧茅盧，禮聘爲軍師，方能發揮其「經天緯地」之才，助劉備成大業，「三分天下」。

六、䷅天水訟：訟，有孚，窒。惕，中吉。

終凶。利見大人，不利涉大川。

訟，爭也，天在上，水在下，互相違背，引申爲爭訟。打官司或爭辯是非須講信用（孚），彼此不信任（窒—阻塞不通）才打官司，須謹愼小心（惕），且不宜拖得太長，雖然中間也有小吉，但結果終是凶。如能得權威人士從中調解，得以公允解決，雙方都有好處，不宜冒險，否則不利，此理古今相通。

彖曰：「訟，上剛下險，險而健，訟。訟有孚窒惕中吉，剛來而得中也，終凶，訟不可成也，利見大人，尙中正也，不利涉大川，入于淵也。」

訟卦之現象，上陽剛，下陰險，陰險又健壯，故爲爭訟，處訟之時，雖有孚信亦必艱阻窒塞，因此須警惕方能吉祥，乃以九二秉陽剛之德性，又處中正之位，訟非善事，不得已也，因此勿造成爭訟之事，訟者求辯其是非也，利於見大人，以大人（九五）崇尙中正，能以中正來裁決爭訟，不利於渡涉大河，乃因會陷入深淵，喻訟非善事，不宜久施。

象曰：「天與水違行，訟；君子以作事謀始」。

天體在上，坎水在下，日月西旋，江水東流，相違而行，象徵人情乖違，致生訟端，君子觀訟，知人情有爭訟之道，故凡作事，必謀其始，絕訟端於事之始。此言作事之成敗，首重在開始之謀略，爭訟宜謹愼行事，久訟必凶。

七、䷆地水師：師，師貞，丈人，吉無咎。

師，兵衆也，古稱軍旅爲師；貞，正也；丈人，聖人也，大人也，老成持重，練達時務者。此卦言，堅持正道，師出有名，又有受人尊敬之大將軍統兵作戰，便吉祥而無災禍。

彖曰：「師，衆也。貞，正也。能以衆正，可以王矣。剛中而應，行險而順。以此毒天下，而民從之，吉又何咎矣？」

師，聚集群衆；貞，公正；能順天應人，以正道率領群衆，則可以王天下。九二以陽剛處中，剛而得中道，上應六五之君，雖行於險道，然合天理與人情，因此以治（毒，治理也）天下之凶殘邪惡，自能衆心悅服，吉祥無災咎。

象曰：「地中有水，師；君子以容民畜衆」。

水在地下，大地容蓄大量地下水，君子應效法其德，容納人民而畜養群衆（民爲貴）。本卦言能以正道率領群衆，便可王天下，師出要有名，統御要有威。

八、䷇水地比：比，吉。原筮元永貞，無咎。不寧方來，後夫凶。

比，密也，親輔也，親密依從之意，人與人相輔相親乃吉祥的，以卜筮與原兆互相比較，均具有元始、永固、堅貞之德性，因此無災咎。然因自身不安全才來之士夫們則凶。

彖曰：「比，吉也，比，輔也，下順從也。原筮元永貞，无咎，以剛中也，不寧方來，上下應也，後夫凶，其道窮也。」

比者，吉之道，物相親比，乃吉道也；比者相親輔也，九五以陽居尊位，群下順從以親輔之。以陽剛當尊位爲君德，元也；居中得正，能永久而貞正也，是以無災咎，乃因九五以剛處中正是也。本卦具有上下互相交應之象（六二上應九五），比之道，由兩志相求，兩志不相求則睽矣，君懷撫其下，下親附於上，不順服之諸侯前來歸順，以君臣能相比附，然對遲緩而來者。則凶，乃因其已至窮途末路才來比附。

象曰：「地上有水，比。先王以建萬國，親諸侯。」

子夏曰：「地得水而柔，水得地而流，比之象也。夫凶者，生平乖爭，今既親比，故云比吉。」本卦有上下互相交應之象徵（六二與九五對應），先輩之聖王們，以比卦之精神而建立萬國，親臨諸侯，此言須以道義相交友，友誼才能永固，即俗云：「禮尚往來」，及孟子曰：「君使臣以禮，臣事君以忠。」之相對待關係。

九、☴☰風天小畜：小畜，亨。密雲不雨，自我西郊。

一點一點之積聚力量，亦能順利，積聚之力量不足，如同天上烏雲密布，卻不下雨，仍是無所作爲，未能恩澤西方。「自我西郊」言西伯（文王）領地在商之西方，慨嘆自己（文王）只能在遠離商都之西郊（岐山），做點「布雲」卻下不了雨之事情，未能大展長才，大志難伸。

彖曰：「小畜，柔得位而上下應之，曰小畜。健而巽，剛中而志行，乃亨。密雲不雨，尙往也；自我西郊，施未行也。」

小爲陰，大爲陽，小畜乃言以陰畜陽，以小畜大之意。小畜卦象，有陰柔得位（六四）而五陽應之，一陰畜五陽，故曰小畜，它有強健如順風而行之象，但須中心具有陽剛志氣以行動，方能亨通。陰陽二氣不和，陽氣尙在往上發展，陰畜止之仍未足，故未成雨。小畜不能成大，猶西郊之雲不能成雨，乃因交和之功，始施而未能暢行。

象曰：「風行天上。小畜，君子以懿文德。」

風在天上行，乃小畜之現象，君子所蘊畜者，大則道德經綸之業，小則文章才藝，本卦有陰柔得位（六四）而上（六四）下（初九）互相響應之象徵，它有強健如順風而行之現象，此言力量不足時，不宜輕舉妄動，宜等待時機，並效法乾健之精神，奉天承運，開展美化（懿）人文德業之大志。曾國藩曰：「君子之德風，小人之德草，草上之風必偃。」即此之謂。

十、☰☱天澤履：履虎尾，不咥（ㄉㄜˊ）人，亨。

踩到老虎尾巴，而不被咬傷之人，能夠通達順利。履，禮也，禮，人之所履也，引申為行為履踐立身之道，上下之分，尊卑之義，理之當也，禮之本也，常履之道也，故為履，履，踐也，踏也。

彖曰：「履，柔履剛也，說而應乎乾，是以履虎尾，不咥人，亨。剛中正，履帝位而不疚，光明也。」

履，兌以悅順應乎乾剛而履藉之，下順乎上，陰承乎陽，天下之正理也，所履如此，至順至當，雖履虎尾，亦不見傷害，所謂亨通，乃以至剛至中自處，尊履帝位（九五）而不內疚，以其盛德而輝光，光明而正大。

象曰：「上天下澤。履，君子以辯（同辨）上下，定民志。」

履，禮也，人之所履也，乾為天為健、為剛在上，澤為兌、為悅在下，天在上，澤居下，天下之正理也，君子觀履之象，以辨別上下尊卑之禮，以安定民心，使尊卑有序也。夫上下尊卑之禮分明，而後民志有定，民志定，然後可以言治。上下之分，尊卑之義，理之當也，禮之本也，常履之道也，禮之用和爲貴，先王之道，斯爲美，小大由之，以和悅處之，故能履險如夷也。履（䷉）卦與謙（䷎）卦旁通（相錯），與小畜（䷈）相綜，乃言「臣道」之履踐，要與「君道」之乾剛互相感應而喜悅，方達到上悅下行，安定民志之德業。本卦言爲人處世能遵守禮法，謹愼小心，自能通達順利。

十一、䷊地天泰：泰，小往大來，吉亨。

小謂陰，大謂陽，往，之於外也，來，居於內也，本卦言乾天本在上，現居於內（下），坤地本在下，現之於外（上），故謂「小往大來」，此言天氣（陽氣）下降，地氣（陰氣）上升，象徵陰陽交合，萬物通泰，故有吉亨之象。

彖曰：「泰，小往大來，吉亨。則是天地交而萬物通也，上下交而其志同也。內陽而外陰，內健而外順，內君子而外小人，君子道長，小人道消也。」

泰卦乃象徵陽氣下降，陰氣上交，天地陰陽之氣相交和暢，而萬物得遂其通泰。以人事言，大則君上，小則臣下，君推誠以任下，臣盡誠以事君，上下之志通，朝廷之泰也。陽爲君子，陰爲小人，君子來處於內，小人往處於外，是君子得位，小人在下，天下之泰也。陽來居內，陰往居外，陽進而陰退也；乾健在內，坤順在外，為內健而外順，君子之道也。君子在內，小人在外，是君子道長，小人道消，所以為泰也。

象曰：「天地交，泰；后以財成天地之道，輔相天地之宜，以佐佑民。」后，上古指發號施令之君主，後世則稱女主為后，「財」通「裁」，相，助也，「左右」同「佐佑」，助也。本卦言人君當體天地交泰之道，裁制成其施為之方，而為法制，使民順天時、因地利，輔助化育之功，春耕、夏耘、秋收、冬藏，輔佐百姓成其豐盛之利。天地交，萬物通，乾三陽，故曰：「三陽開泰」，推之人事，大則君上，小則臣下，君使臣以禮，臣事君以忠，上下之志通，朝廷之泰也；長官與部屬之間，溝通順暢，上能察納雅言，下情能上達，則萬事通泰，並應持盈保泰，居安思危。

十二、☷☰天地否：否，之匪人，不利君子，貞，大往小來。

否，閉塞不通；之，卦爻變為另一現象叫卦之或爻之。否卦為乾上坤下，天氣上升，地氣下降，天地之氣不交，則萬物不長，上下之義不交，則邦國不治。匪人，非人也，由泰變否，非由人為，乃天運（天命運會）之自然。大往小來，陽往而陰來也，小人道長，君子道消之象，故曰否，不利君子，故須貞正自守。

彖曰：「否之匪人，不利君子貞，大往小來，則是天地不交，而萬物不通也，上下不交，而天下无邦也。內陰而外陽，內柔而外剛，內小人而外君子，小人道長，君子道消也。」

否塞之時，乃非人道之時，以人乃萬物之最靈，故以人統萬物而言人道，天地交而萬物生於中，然後三才備，人爲最靈，故爲萬物之首，凡生天地之中者，皆人道也，天地不交，則不生萬物，是無人道，故曰匪人（非人），謂非人道也。夫天地之氣不交，則萬物無生成之理；上下之義不交，則天下無邦國之道，建邦國所以爲治也，上施政以治民，民戴君而從命，上下相交，所以治安也。今上下不交，是天下無邦國之道（無泰平之邦國）也，陰柔在內，陽剛在外，君子往居於外，小人來處於內，小人道長，君子道消之時。

象曰：「天地不交，否；君子以儉德辟難，不可榮以祿。」

辟，避也。本卦言，天地不相交感，否塞之時，乃君子道消，小人得志之時，不利君子，是以君子須貞正自守，以德行約守自己以避免災難，不可妄自要求榮耀之祿位，否則禍患必及其身。誠如孔子所言：「邦有道則仕，邦無道則隱。」及李白詩云：「含光混世貴無名，何用孤高比雲月」（〈行路難〉）。本卦示吾人逆境時小人當道，君子宜求自保，須有耐心與信心，以待天運好轉，定其心以應天下之變。

十三、☰☲天火同人：同人于野。亨，利涉大川，利君子貞。

同，和會也，親也，「與人和同」之義，天在上，火性炎上，與天同也，故曰同人。本卦言有如太陽之光熱自地平線上昇，普照天下之曠野，乃亨通的，象徵利於度涉大川，有利於貞正之君子。

彖曰：「同人，柔得位得中而應乎乾，曰同人。同人曰：同人于野，亨，利涉大川，乾行也。文明以健，中正而應，君子正也。唯君子爲能通天下之志。」

六二與九五俱中且正，五剛健中正，而二以柔順中正應之，各得其正，其德同也，故爲同人。同人之意爲能合於天之所行剛健無私，則能同衆人處於牧野，且利於涉渡大川，克服困難。在上之乾道有文明之德而剛健，下有坤柔居中得正與其相應（九五、六二相應），乃正人君子可以施行其道之象徵，天下之志萬殊，理則一也，君子法天而行，至誠無私，故唯君子能會通天下人心。

象曰：「天與火，同人；君子以類族辨物。」

天在上，火性炎上，火與天同，故爲同人，君子觀同人之象，區別族類，審辨事物，以審異而致和同，即俗云：「去異存同」，君子法天而行，至誠無私，故能會通天下之人心（彖：「唯君子爲能通天下之志」），言君子處世，計利當計天下利，追求最多數人之最大幸福。

十四、䷍火天大有：大有，元亨。

大有，盛大富有，具有根元，亨通之德性。火在天上，太陽高掛，其明及遠，普照萬物，爲大有之象。又本卦一陰居尊，衆陽應之，如君王大得天下，大有民心。《周易正義》曰：「柔處尊位，群陽並應，大能所有，故稱大有」。惟本卦之宗旨，非以大獲所有而相慶，乃言如何安保大有之道。

彖曰：「大有，柔得尊位大中，而上下應之，曰大有。其德剛健而文明，應乎天而時行，是以元亨。」

本卦象徵盛大富有，乃因五以陰柔之厚德居君位，博大而中正，爲諸陽所宗，上下皆與其相應，故曰大有，夫居尊執柔，固衆之所歸也，居王者之尊位，用柔順之道，所以有以貴下賤，萬衆歸心之象。卦之德，內剛健而外文明，順應上天之規律，依時序而行動，是以能大吉亨通。誠如《老子》所言：「江海所以爲百谷王者，以其善下也。」本卦闡示「以柔克剛」之義。

象曰：「火在天上，大有；君子以遏惡揚善，順天休命。」

太陽（火）高掛天上，普照萬物，是爲大有，君子觀大有之象，以遏止邪惡，弘揚善行，順應休美之天命；天命即自然之理，以其純善無邪，故稱休命。

十五、䷎地山謙：謙，亨，君子有終。

山高大，地卑下，山高大之物，而居地之下，謙之象也。以崇高之德，而處卑之下，謙之義也。能謙讓處世，則能亨通，而得善終。謙，有亨之道也，有其德而不居謂之謙，人以謙巽自處，何往有不亨乎？故能得善終。

彖曰：「謙，亨，天道下濟而光明，地道卑而上行。天道虧盈而益謙，地道變盈而流謙，鬼神害盈而福謙，人道惡盈而好謙，謙尊而光，卑而不可踰，君子之終也。」

謙卦之理乃亨通，象徵天道之德光明普照，周濟萬物，又如地道之德卑厚容物，地氣上昇與天氣相交而長養萬物生生不息。天道之規律，乃虧損盈滿而增益謙虛者；地道之規律，必然傾圮侵蝕高突而流注於卑下；鬼神之道，乃損害滿盈而福祐謙讓者；人之心理，乃厭惡滿盈而喜好謙退者。是以謙之德，乃尊貴者道德越光明，卑踐者道德崇高而難以超越，此乃君子進德修業而能善始善終之成果。

象曰：「地中有山，謙；君子以裒（ㄆㄡˊ，取也，減少也）多益寡，稱（ㄔㄥˋ，權衡）物平施。」

地體卑下，山之高大而在地中，外卑下而內蘊高大之象，故爲謙，「謙謙君子，卑以自牧」，君子以謙卑之道自我修養處世，君子觀謙之象，損有餘而補不足，稱量事物之均衡而作平等之施予。本卦言「滿招損，謙受益」之義，「天道忌盈」，驕者必敗，無人能常保富貴，永遠得勢，風水輪流轉，善惡終有報，有權勢者，勿仗勢欺人，應多獎掖後進，否則一旦失勢，必遭天譴。

十六、䷏雷地豫：豫，利建侯行師。

豫，安和悅樂，震上坤下，震爲雷、爲動，坤爲地、爲順，順動之象，動而和順，是以豫也。九四爲群陰所應，剛得衆應也，順理而動，得萬民順服，是以利於建立王侯，興兵討逆（師出有名），使人民安居樂業。

彖曰：「豫，剛應而志行，順以動，豫。豫順以動，故天地如之，而況建侯行師乎？天地之順動，故日月不過，而四時不忒（ㄊㄜˋ），聖人以順動，則刑罰清而民服，豫之時義大矣哉。」

預之卦象爲九四爲群陰所應，動而上下順從，其志得行也，震動而坤順，爲動而順理，順理而動，又爲動而衆順，所以豫也。豫爲順時而動，天地之造化運行亦是如此，何況建立王侯行師興兵之事，天地之道，萬物之理，唯至順而已，天地運行以其順動，故日月之度不違失，四時之行不差錯，聖人順天道而行，則刑罰清明而萬民信服，豫卦所言順時之義乃至爲重大。

象曰：「雷出地奮，豫，先王以作樂崇德，殷薦之上帝，以配祖考。」奮，震動飛揚；殷，豐盛；薦，進獻。雷者，陽氣奮發，陰陽相薄而成聲也，陽始潛閉地中，及其動，則出地奮震也，始閉鬱，及奮發則通暢和豫，坤順震，和順積中而發於聲，樂之象也，先王觀雷出地而奮，和暢發於聲之象，效法它喜動悠揚之精神，製作典雅之音樂，以褒崇功德，以豐盛之祭禮，進獻於上帝，同時配享歷代之祖先。小象：「初六鳴豫，志窮凶也。」自鳴得意是凶的，志得意滿（窮謂滿極）必驕肆而致凶。六二：「介于石，不終日，貞吉。」操守耿介有如堅石，不整日沈溺於豫樂，貞正則吉。本卦言，順理而動，方能致豫，亦利於建侯行師，並以耽於豫樂爲戒，即孟子所言「生於憂患，死於安樂」（〈告子〉），及「志不可滿，樂不可極」（《禮記，曲禮》）之理，如能氣節風骨耿介如石，中正自處，則能大吉，其志得大行。

十七、䷐澤雷隨：隨，元，亨，利，貞，無咎。

兌上震下，兌為悅，震為動，動而悅，皆隨之意；隨，從也，隨卦，具有根元的，亨通的、利益的、貞正的四種德性，沒有災咎。

彖曰：「隨，剛來而下柔，動而說，隨，大亨貞，无咎，而天下隨時，隨時之義大矣哉。」

謂乾之上九，來居坤之下，坤之初六，往居乾之上，以陽剛（震為陽卦，動為剛）來下於陰。柔（兌為陰卦，悅為柔）是以上下下，以貴下賤，如此動而可悅，則可大亨而得正，能大亨而得正，則無咎，隨卦有秉陽剛而謙下於陰柔、動中含悅之象，天下之人事物理，均應隨時而動，從宜適變，知幾能權，隨時之義乃至廣大。

象曰：「澤中有雷，隨，君子以嚮晦入宴息。」

嚮，向也，面對也；晦，昏暗、入夜也；宴，安也；本卦以三陰三陽交錯作用，陽包陰中，而構成「澤中有雷」之大象，☳震為雷，以一陽初發，自下而上，位居東方之象徵，代表日出東方，春分節序；☱兌為澤，以二陽潛藏於一陰之下，位居西方之象徵，代表日落西方，秋分節序。君子觀隨象，隨時而動，「日出而作，日入而息。」晝則自強不息，及向昏晦（入夜），則入居於內，休息以安其身。本卦之義在教人順時而動、順時而止之道理，如乾卦文言所云：「知進退存亡而不失其正者，其唯聖人乎！」故知動而動，知止而止，動便得元亨、利、貞而無咎之妙用；止便得大、亨、貞而無咎之宴息。此言元運氣數有利於己，經世致用，則可大展長才，元運氣數不利於己，則宜急流勇退，如雷隱於澤中（陽在陰下），沈潛韜晦，明哲保身。

十八、䷑山風蠱：蠱，元，亨，利涉大川，先甲三日，後甲三日。

《左傳》：「於文皿蟲爲蠱」，故蠱義爲蟲，物腐生蟲，引申爲敗壞之意，既敗壞則須加以整治，是以「蠱」雖爲敗壞，於本卦則有治亂除弊之義。蠱之義，壞亂也、多事也，〈序卦〉：「又飭也」，即整治也。風在山下，遇山而回則散亂，是爲蠱象；又巽，長女也，艮，少男也，以長女下於少男，亂其情也。風遇山而回，物皆撓（通橈，散也）亂，是爲有事之象。本卦代表人類社會之歷史，由太平步入亂世之現象，自古治必因亂，亂則開治，理自然也，濟時之艱難險阻，則能致元亨。《子夏易傳》：「先甲三日者，辛、壬、癸也；後甲三日者，乙、丙、丁也。」艮，土地，巽，順也，陽剛在上（艮爲陽卦）而陰柔在下（巽爲陰卦），順而止之也。

彖曰：「蠱，剛上而柔下，巽而止蠱。蠱，元亨，而天下治也，利涉大川，往有事也。先甲三日，後甲三日，終則有始，天行也。」

蠱卦之象爲陽剛在上而陰柔在下，尊卑得正，上下順理，治蠱（敗亂）之道也。艮，上也，巽，順也，以巽順之道治亂，是以元亨（大吉）也。夫治亂者，苟能尊卑上下之義正，在下者巽順，在上者能止齊安定之，事皆止於順，則天下大治。天下壞亂之際，宜涉艱險以往而濟之，前往而有所作爲。夫有始則必有終，既終則必有始，天之道也。聖人知終始之道，故能原始而究其所以然，要終而備其將然，先甲後甲而爲之慮，所以能治蠱而致元亨也，此言一事之終結，則爲另一事之開始，乃天道（大自然）運行之規律（法則）。

象曰：「山下有風，蠱；君子以振民育德。」

山下有風，風遇山而回，則物皆散亂，故爲有事之象，君子觀蠱之象，效法其精神，開風氣之先，用以振興民生，培育德業。本卦言整治事業，撥亂反治，經世濟民，宜順應天時，承德（以美德承繼先人之事業）用譽（以此而獲聲譽），以身作則，身先士卒。

十九、䷒地澤臨：臨，元亨利貞。至於八月有凶。

臨者，大也，監也，視也，撫有之也，有「以上視下」、「以上撫下」、「以尊臨卑」之意。澤上有地，澤上之地，岸也；與水相際，臨近乎水，故爲臨。天下之物，密近相臨者，莫若地與水，故地上有水則爲「比」，澤上有地則爲「臨」也。臨爲從高處往低處看，故曰：「居高臨下」，引申爲治理、領導之意，臨有根元、亨通、利益、貞正四種德性，但到八月有凶。農曆八月指秋天「白露」之時，乃從漢易十二辟卦而來，十二辟卦爲䷗復（十一月）、䷒臨（十二月）、䷊泰（一月）、䷡大壯（二月）、䷪夬（三月）、䷀乾（四月）、䷫姤（五月）、䷠遯（六月）、䷋否（七月）、䷓觀（八月）、䷖剝（九月）、䷁坤（十月），自復至乾爲「陽息卦」，自姤至坤爲「陰消卦」，復䷗卦爲陽氣漸旺之時，所謂「冬至一陽生」，姤䷫卦爲陰氣漸生之時，所謂「夏至一陰生」，臨䷒卦爲二陽方長於下，陽氣向盛之時，觀䷓爲卦陰氣盛之時，是爲農曆八月，《禮記月令》：「是月也（仲秋之月）；殺氣浸盛，陽氣日衰。」此以時令來暗喻盛極必衰之理。大率聖人爲戒，必於方盛之時，方盛而慮衰，則可以防其滿極，而圖其永久。自古天下安治，未有久而不亂，蓋不能戒於盛也，方其盛而不知戒，故狃安富則驕侈生，樂舒肆則綱紀壞，忘禍亂則釁孽萌，是以浸淫（沈迷）不知亂之至也。

象曰：「臨，剛浸而長，說而順，剛中而應，大亨以正，天之道也。至于八月有凶，消不久也。」

臨卦之象為陽剛浸潤而漸長，且喜悅而順適，剛得中道而得應助（九二應六五），是以能大亨通而中正，剛正而和順，天之道（自然規律）也。陽長則陰消，陰長則陽消，臨（䷒），十二月，復䷗為十一月，冬至一陽生）為陽長之卦，然至八月則變為觀卦（䷓），乃陰長而陽消，借喻陽不久將會由盛而衰。

象曰：「澤上有地，臨；君子以教思无窮，容保民无疆。」

澤之上有地，澤岸也，水之際也，物之相臨與含容，無若水之在地，故澤上有地為臨也，君子觀親臨之象，效法其精神，不斷地思慮教導百姓之事，且以寬厚優容之德性，保護萬民而至於無疆之休，如地之容水，岸之護水。本卦言「盛極必衰，居安思危」及「教民保民」之道。

二十、䷓風地觀：觀，盥而不薦，有孚顒（ㄩㄥˊ）若。

觀，朱熹曰：「觀者有以中正示人而為人所仰也。」盥，古時祭祀前洗手以示尊敬；薦，獻也，祭祀時奉獻祭品；孚，誠信也；顒，嚴正狀；若，如也，顒若，肅穆莊嚴之意。觀卦之現象，象徵齋戒或參與祭祀時之盥洗，但不親加薦祭，猶如已有孚信於人心，不必另行作為，只須齊莊中正之臨觀天下即可。本卦上巽下坤，五居中正，以巽順中正之德，為天下人所觀仰。

彖曰：「大觀在上，順而巽，中正以觀天下。觀，盥而不薦，有孚顒若，下觀而化也。觀天之神道，而四時不忒，聖人以神道設教，而天下服矣。」

五居尊位，以剛陽中正之德，為下所觀，其德甚大，故曰大觀在上（在上而盛大壯觀），下坤上巽，是能順而巽，五居中正，以巽順中正之德，為天下人所觀仰（景仰）。為觀之道嚴敬如始盥之時，則下民至誠瞻仰而從化（順從感化）。

天道（自然法則）至神，故曰神道，天道運行神奇奧妙，四時無有差忒，化育萬物，至神之道，莫可名言，唯聖人默契，體其妙用，設為政教，天下人心自然信服歸向。從象數易言，觀卦（䷓）代表象徵八月之卦，陰生陽消，秋風起兮，大地萬物漸至肅殺退藏現象，其卦與陰消陽生（息）代表春陽二月，和風普及大地之大壯卦（䷡）相錯，即構成春秋二季之際，可以從普觀萬物化生不已之過程中，體會盈虛消息之天道，及古禮注重春秋二祭大禮之精神。

象曰：「風行地上，觀；先王以省方觀民設教。」

巽爲風，坤爲地，風行地上，周（遍）及庶物，爲遊歷周覽之象，古聖先王效法其精神，省視巡察四方，觀察民情習俗，而設立政教之規範，如奢則約之以儉，儉則示之以禮。

二十一、䷔火雷噬嗑：噬嗑，亨，利用獄。

噬（ㄕˋ）義爲齧，用牙齒咬物；嗑（ㄎㄜˋ）同「合」，噬嗑即咬物使合之意。

噬嗑卦具有亨通之德性，亦有利用於決斷訟獄之象徵。卦上下二剛爻而中柔，外剛中虛，人頤口（口腔）之象徵。中虛之中，又一剛爻，爲頤中有物之象，口中有物，則隔其上下不得嗑，必齧之則得嗑，故爲噬嗑。聖人以卦之象，推之於天下之事，在口則爲有物隔而得合，在天下則爲有強梗或讒邪間隔於其間，故天下事不得合，當用刑罰，小則懲戒，大則誅戮，以除去之，然後天下之治得成。

彖曰：「頤中有物曰噬嗑，噬嗑而亨。剛柔分，動而明，雷電合而章，柔得中而上行，雖不當位，利用獄也。」

口中含有東西，噬嗑之象。有物間於頤中，噬而嗑之，則其害無，乃亨通也。本卦下卦震爲陽卦爲剛，上卦離爲陰卦爲柔，震爲動，離爲明，震爲雷，離爲火爲電，雷震而電耀，相須並見，則能光明彰著。照（離、火、電）與威（震、雷、動）並行，用獄之道也，能照，則無所隱情，有威，則莫敢不畏。六五以柔居中，爲用柔得中之義，六五陰爻居上卦之中位，雖不合於陰陽之正位（一、三、五爲陽位，二、四、六爲陰位），陽爻在陽位，陰爻在陰位，謂之正。但以柔順得中，而處上位，即能用中道以臨民，寬容祥和以處世，所以便於決斷訟獄，蓋用獄之道，全剛則傷於嚴暴，過柔則失於寬縱，五爲用獄之主，以柔處剛而得中，得用獄之宜也。

象曰：「雷電噬嗑，先王以明罰敕（ㄔˋ）法。」

電明而雷威，先王觀電雷之象，法其明與威，申明其刑罰，整飭端正其法令，而達政治之亨通。本卦言治理國事宜依法行事，明威並行，剛柔相濟，則能政通人和，天下大治。

二十二、䷕山火賁：賁（ㄅㄧˋ），亨，小利有攸往。

賁，飾也，文飾之意。山下有火，山者，草木百物之所聚也，下有火，則照見其上，草木品彙，皆被其光彩，有賁飾之象，故爲賁也。賁之卦象爲亨通，象徵有小利可以有所往。

彖曰：「賁亨，柔來而文剛，故亨。分剛上而文柔，故小利有攸往，天文也；

文明以止，人文也。觀乎天文，以察時變，觀乎人文，以化成天下。」

賁卦有亨通之象，以柔順之德來文飾剛強，剛柔適中，是以亨通。陽剛分居於上而文飾陰柔（艮止於上，離明在下），故所往僅有小利，陰陽剛柔相文者，天之文也。

天文，自然之飾，如寒來暑往、日月運行、陰陽變化等；人文，人類之文飾，如典章制度、禮儀規範等。觀察日月星辰之錯列，寒暑陰陽之代替，以知四時之運行；觀察人理之倫序，以教化成就天下。

象曰：「山下有火，賁，君子以明庶政，无敢折獄。」

山下有火，火上照山，有光明之飾之象徵，君子體此德，內含文明（下卦離爲明），以治明所有政事，使通達章明，不敢以文飾來折斷訟獄，以山下有火，明照庶物，以用明爲戒，折獄者專用情實，有文飾則沒其情矣，故无敢用文以折獄也。君子觀山下有火，明照之象，以修明其庶政，成文明之治，而不敢以文飾來折獄。本卦言美化自己之形象，有助於做事通達。然斷獄則必須公開、公平、公正，不能有虛情矯飾，方能使人心悅誠服。

二十三、䷖山地剝：剝，不利有攸往。

剝落之時，不利有所前往，此言君子道消，小人道長之時，有所往，必見害於小人，故不利有所往。剝卦，陰剝陽，由乾䷀之純陽而姤䷫，而遯䷠，而否䷋，而觀䷓，至剝䷖而極矣，即小人得志，君子失意之時。

象曰：「剝，剝也，柔變剛也，不利有攸往，小人長也，順而止之，觀象也，君子尙消息盈虛，天行也。」

下卦坤爲順，上卦艮爲止；尙，尊奉也；消，消去；息，生息、增加；盈，盈滿；虛，空虛；天行，天道（天體）之運行，即自然發展變化之規律（自然法則）。理有消衰，有息長，有盈滿，有虛損，順之則吉，逆之則凶，君子隨時敦尙，所以事天也。本卦言在陽道將盡，小人道長之時，君子應效法天行消息盈虛之理，順而止，不敢有前往，以前往必有禍，即處於劣勢之時，宜忍辱負重，不宜盲動，以明哲保身。

象曰：「山剝於地，剝，上以厚下安宅。」

上，君也；宅，居也。山高起於地而反附著於地，圮剝之象也，人君觀剝之象而厚固其下，以安其居也，下者上之本，未有本固而能剝者也，上之剝必自下，下剝則上危矣，爲人上者，知理之如是，則安養人民，以厚其本，乃所以安其居也。書經云：「民惟邦本，本固邦寧。」孟子曰：「民爲貴，君爲輕，社稷次之。」即此之謂。又本卦剝䷖爲陰氣侵陽，上至於五，萬物零落，故謂之剝也；推而廣之，朝代之興衰亦然，萬物隨陰陽二氣之消長榮枯青黃，朝代隨君子小人之消長而盛衰存亡，此皆物理人事必然之現象。

二十四、䷗地雷復：復，亨，出入无疾，朋來无咎，反復其道，七日來復，利有攸往。

復，來復、回復；疾，快速遽迫；七日來復，虞翻、侯果認爲由姤䷫一陽始消，經遯䷠、否䷋、觀䷓、剝䷖、坤䷁至復䷗，一陽來復，歷七變爲七日。一說爲從剝䷖之初六至復䷗之初九，以一爻代表一日，爲七日來復，宋程頤（伊川）之《周易程傳》採用前說。本卦之義爲：復卦乃亨通的，微陽（復䷗爲一陽生），無疾害之者，朋友（指陽，剛正之君子）將相率而來，不會有咎害（朋來，指諸陽漸長，由一陽始生，乃至於二陽䷒臨，三陽䷊一三陽開泰）。陽剛反轉回復其道（自然之規律），從姤䷫之陽之始消，七變而成復䷗之陽氣漸生，陽進則陰退，象徵君子道長，小人道消，故利有所往。

彖曰：「復，亨，剛反，動而以順行，是以出入无疾，朋來無咎。反復其道，七日來復，天行也；利有攸往，剛長也；復其見天地之心乎！」

復卦之亨通，乃一陽（君子之道始者）復返，能順理勢而行動（下卦震爲動，上卦坤爲順），所以出入不遽迫，陽剛之朋，同德復來，亦沒有災咎，自姤䷫之陽之始消，至復䷗之陽之始生，凡七變，乃天道運行之法則（規律），陽剛君子之道漸長，故利有所往（所往有利），復卦（一陽復於下）可以見到天地萬物生生不息，君子道長之心。

象曰：「雷在地中，復；先王以至日閉關，商旅不行，后不省方。」

雷在地中，陽始復之時也，即俗稱冬至一陽生，先王在冬至日當天，關閉關口，使商旅休息，君王亦不朝見群臣，不省察四方。此言冬藏之後，待來年春天即須恢復春耕，重張百業。

二十五、䷘天雷无妄：无妄，元亨利貞，其匪正有眚（ㄕㄥˇ），不利有攸往。

无妄，不虛妄矯詐妄爲，引申爲「至誠」（程頤）、「實理自然」（朱熹）；「匪」通「非」；「眚」，災禍，本卦言不做悖理荒謬之事，能得大通達與順利，亦有利於忠於自己所信守之原則，如不正則有災禍，不利有所往。无妄，言至誠也，天之道也，天之化育萬物，生生不已，各正其性命（各依其本質賦予情性與生命），乃无妄也，人能合无妄之道，則所謂與天地合其德也，无妄有大亨之理，君子行无妄之道（天之道），則可以致大亨矣。

彖曰：「无妄，剛自外來爲主於內，動而健，剛中而應，大亨以正，天之命也。其匪正有眚，不利有攸往，无妄之往，何之矣？天命不祐，行矣哉？」

謂初九也，坤初爻變而爲震，剛自外而來也，震以初爻爲主，成卦由之，故初爲无妄之主。下動（震）而上健（乾），是其動剛健也，剛健，无妄之體也。剛中而應，九五以剛居中正，六二復以中正相應，是順理而不妄也，故其道大亨通而貞正，乃天之命也；天命，天道也，即无妄（誠也，天理之實也）。如不守正道，則有災禍，不利有所往，無妄者理之正也，處於不妄爲之時卻背道而行，則悖於理，如何能往？天道所不祐，可行乎？

象曰：「天下雷行，物與无妄；先王以茂對時，育萬物。」

與，皆也，給也；茂，盛也；對時，順合天時。天下雷行，陽氣普遍，無物不與，故曰物與也。雷行於天下，陰陽交合相薄而成聲，於是驚蟄藏，振萌芽，發育萬物，其所賦與（給），洪纖高下，各正性命，无有差妄，物與（皆）无妄也（萬物敬畏天命而不妄爲）。先王觀天下雷行發生賦與之象，而以雷厲風行地配合天時，養育萬物，如天與之无妄也。天道生萬物，各正其性命而不妄，王者體天之道，養育人民，以至昆蟲草木，使各得其宜，乃對時（順合天時）育物之道也。本卦言天道化育萬物，生生不息，各得其宜，人宜效法天道以盡人道而合天德。

二十六、䷙山天大畜：大畜，利貞，不家食吉，利涉大川。

萬物之大，莫大於天，而山在天上（高聳雲霄），喻山之高大，山畜聚衆物，高大之山，畜積更廣，人之畜養德行，宜得正道，故云利貞，既道德充積於內，宜在上位，以亨天祿（上天所賜之福祿，賢人應食祿於朝，不應野有遺賢，致使自食於家），野無遺賢乃吉祥者，所畜既大，宜施之於時，濟天下之艱險，乃大畜之用也，故利涉大川。

彖曰：「大畜，剛健篤實輝光，日新其德，剛上而尚賢，能止健，大正也。不家食吉，養賢也，利涉大川，應乎天也。」

以卦之才德言，乾體剛健，艮體篤實（艮爲山），人之才剛健篤實，則所畜能大，充實而有輝光，畜養之不已，則道德修養能天天進步，使剛正之人居上位，乃六五之君崇尙賢人之表徵，能蓄止（蓄養）剛健者（尙賢之意），乃至大之正道，賢者不自食於家，行其道，能得居天位、亨天祿，則能濟天下之艱難，乃因能應合天道。

象曰：「天在山中，大畜；君子以多識前言往行，以畜其德。」

天爲至大而在山之中，所畜至大之象，君子觀象效法其精神，以多記（識，通誌，記也）古聖先賢之嘉言懿行，考跡以觀其用，察言以求其心，誌而得之，以畜積其德行。本卦言君子應進德修業，有淵博的學問，及崇高的品德，自能爲明君所用，而道濟天下。

二十七、䷚山雷頤：頤，貞吉，觀頤，自求口實。

頤，口腮，人口所以飲食，養人之身，故名爲頤，引申爲「養」，頤（養）之道，以正則吉，天地造化，育養萬物，各得其宜者，亦正而已矣，觀察萬物頤養之道，即知如何自我頤養，頤養之意有二：一爲自養，一爲養人，自養爲獨善其身；養人爲兼善天下。

彖曰：「頤，貞吉，養正則吉也。觀頤，觀其所養也；自求口實，觀其自養也。天地養萬物，聖人養賢以及萬民，頤之時大矣哉。」

以正道頤養則吉，觀其所養之人與養之道，及自求養身之道，皆以正爲吉。天地之道，則養育萬物，養育萬物之道，正而已矣，使萬物各得暢茂生長。聖人則養賢才，與之共天位（王位、帝位，引諭天所賦予之職位）使之食天祿、俾施澤於天下，爲人民謀福利，養賢以及萬民，養賢，所以養萬民也，聖人裁成天地之道，輔相天地之宜，以養天下，夫天地之中，品物之象，非養則不生，萬物之生與養，時宜最重要。

象曰：「山下有雷，頤；君子以愼言語，節飲食。」

山下有雷，雷震於山下，山之生物，皆動其根荄（ㄍㄞ，根也），發其萌芽，爲養之象。君子觀其象以養其身，愼言語以養其德，節飲食以養其身。本卦言，爲政不在多言，言多必失，「君無戲言」，領導者宜養口德，勿造口業，且勤儉治國，以爲天下表率。

二十八、䷛澤風大過：大過，棟橈，利有攸往，亨。

大過，大過其常，有超越過常之意。陽大陰小，本卦四陽二陰，四陽居中過盛，陽過於陰，故稱大過。棟，樑也；橈通「撓」，彎曲也；本卦四陽象徵結實之屋樑，上下二陰象徵力弱不支，勢將坍塌，以喻國家將亡，處此非常時期，故宜有所往，行非常之事，建非常之功，則能亨通。《周易折中》：「大過者，大事過也；小過者，小事過也。大事，謂關繫天下國家之事；小事，謂日用常行之事。道雖貴中，而有時而過者，過所以爲中也。」即俗稱「治亂世用重典。」

彖曰：「大過，大者過也，棟橈，本末弱也。剛過而中，巽而說（悅）行，利有攸往，乃亨，大過之時大矣哉。」

本卦卦象爲陽剛過盛，引喻之人事爲重大事物之過常，棟橈（撓）則屋壞，主弱則國荒，所以撓由於初上兩爻，初爲善始，末爲令終，始終皆弱，是以棟橈。陰陽均衡則爲中，本卦陽剛雖過而二、五皆得中，是處不失中道也，上兌下巽，是以和悅巽順之道也行也，在大過之時，以中道巽悅而行，故利有所往而能亨通。大過之時，必有重大之事，如廢立、興國、改俗、除弊等，際此非常時期，宜打破常規用非常手段，才能興不世之大功，成絕俗之大德。

象曰：「澤滅木，大過，君子以獨立不懼，遯世无悶。」

兌爲澤，巽爲木，澤，潤養於木者，今乃滅木，是爲大過（即俗謂水能生木，然水泛則木浮），君子觀此象，而特立獨行無所畏懼，雖至逃離世間亦無怨恨。有君逐臣，無臣逐君者，然武王伐紂，乃誅一夫而非弒君，行順天應人之事，以解民之倒懸，即在非常時期，以非常手段行非常之事，過越常分以除暴安良，濟弱扶傾，乃至革命維新，興邦建國等不世之大功，則能達乎時中（合時宜與中道）。

二十九、䷜坎爲水：習坎，有孚，維心亨，行有尚。

習有二義，一爲通「襲」，即重疊，二爲閑習，即爲學習訓練。坎☵爲一陽陷二陰之中，故爲坎陷之義，險難之事，非經閑習，不可以行，練習突破險境，如能心懷誠信，堅定成功之信心，則能亨通，所行必能出險而有功，而得衆人嘉許崇尚。

彖曰：「習坎，重險也，水流而不盈，行險而不失其信，維心亨，乃以剛中也，行有尚，往有功也。天險不可升也，地險山川丘陵也，王公設險以守其國，險之時用大矣哉。」

上下皆坎，兩險相重也，即深坑也，水流於坎陷（深坑）不能滿盈，則不能用船濟，行於險境而不失其誠信，則其心能亨通，乃以剛中之道而行，是以能濟險難而亨通也（剛中，指九二、九五陽剛居上下卦之中，剛則不屈，中則不過，是以能使內心亨通。）以其剛中之才而往則有出險之功，故可嘉尚。天險，如日月天空不可得而升，故能保其尊嚴；地險，以其有山川丘陵，故物得以保全。王公法象天地，設置城郭溝地之險，以守其國，保其人民，是有用險之時，其用甚大。

象曰：「水洊（ㄐㄧㄢˋ）至，習坎；君子以常德行，習教事。」

洊，水至也，再也。水流相繼而至，有習於險陷之象徵，其因勢就下，信而有常，君子觀坎水之象，取其恆久有常，而常久其德性，以進德修業，熟習政教事務，教民不倦。本卦言處險境有志難伸時，仍須守信用，胸懷寬大，高尚其志，堅守正道，如能「富貴不能淫，貧賤不能移，威武不能屈」，終能得酬壯志。

三十、䷝離爲火：離，利貞，亨，畜牝（ㄆㄧㄣˋ）牛，吉。

離，麗也，明也，附麗（附著、依附）、光明之意；一陰附於上下二陽之間，故有附麗之意；又離爲火、爲日，故有光明之意。畜，養也，牝牛，母牛，牛之性溫，而又牝焉，順之至也，借喻「溫順」。離，麗（依附）也，萬物莫不皆有所麗，在人則爲所親附之人、所由之道、所主之事，皆其所麗（依附）也，依附必合於正道，才能亨通，如士志於道，即依附於道，農志於耕，即依附於耕之類。依附於正道，又能培養柔順之德性，則吉。

彖曰：「離，麗也，日月麗乎天，百穀草木麗乎土，重明以麗乎正，乃化成天下。柔麗乎中正，故亨，是以畜牝牛吉也。」

荀爽曰：「陰麗於陽，相附麗也。」故曰：「離，麗也」。虞翻曰：「乾䷀五之坤☷成坎為月，離為日，日月麗天也。震為百穀，巽為草木，坤為土，乾☰☰二五之坤☷，成坎☵，震☳，體屯䷂，屯者盈也，盈天地之間者唯萬物，萬物出震，故百穀草木麗乎土。柔謂五陰，中正謂五，伏陽，出在坤中，畜牝牛，故中正而亨也。」按離䷝二至四互巽☴，坎䷜二至四互震☳，二至上有屯䷂卦之現象。離，麗也，附麗（依著）也，日月則麗於天，百穀草木則麗於土，萬物莫不各有所麗，天地之中，無無麗之物，在人當審其所麗，麗得其正，則能亨通。上下皆離䷝，重明也，以重離之光明，附麗於正道，才可以化成天下。二、五皆處中正，麗乎正也，君臣（六二為臣，六五為君）上下皆有明德而處中正，可以化天下成文明之俗也。二、五以柔順麗於中正，故能亨通，因此涵養柔順之德性則吉也。

象曰：「明兩作，離，大人以明照四方。」

上下皆是離明，明而重兩，謂相繼也，繼明之義也。光明接續升起（作，起也），大人（以德言則聖人，以位言則王者）觀離明相繼之象，法其德，以世繼（世世代代持續）其明德，照臨於四方，將其福澤德惠，廣被萬民，如太陽之普照萬物。

本卦言依附強有力之人或集團，可以得利，但須堅守正道，方能亨通，且須恭順，才能得賞識而受重用，如得高位，當行德政，以福澤萬民。

三十一、䷞澤山咸：咸，亨，利貞，取女吉。

咸，皆也，感也，感，動人心也，感通、交感之意，卦名用「咸」不用「感」，乃以感應最高境界爲無心之感，凡有心之感，未免涉及利害，故卦名。以「咸」假借爲「感」，實寓有深意。咸，感也，不曰感者，以咸有皆意，謂男女交相感也。物之相感莫如男女，而少復甚焉，「那個少女不懷春」、「那個少男不多情」，即此之謂。凡君臣上下以至萬物，皆有相感之道，物之相感，則有亨通之理，君臣能相感，則君臣之道通，上下能相感，則上下之志通，以至父子、夫婦、親戚、朋友皆情意相感，則和順而亨通，事物皆然，故感有亨之理也，相感之道，利在於正，娶未婚女子則吉。本卦言，男女相交相合乃順情合理，然需堅守正道，娶未婚女子爲妻方能吉祥如意，所謂「堅守正道」乃指「明媒正娶」及「遵守夫妻之道」，不搞婚外情、劈腿。

彖曰：「咸，感也，柔上而剛下，二氣感應以相與，止而說（悅），男下女，是以亨，利貞，取女吉也。天地感而萬物化生，聖人感人心而天下和平，觀其所感，而天地萬物之情可見矣。」

咸之義感也，兌（少女）爲柔，居於上，艮（少男）爲剛，位於下，剛柔（陰陽）二氣互相感應以相通和合。艮爲山爲止，兌爲澤爲悅，山靜而不動，意爲一以誠篤不移相感，一以由衷喜悅相應，艮（男）止於下，篤誠相下也，兌（女）悅於上，和悅相應也，以男下女，和之至也，相感之道如此，是以能亨通而得正，娶女如是則吉。天地陰陽二氣相互感應，使萬物得以化生，聖人以至誠交感而和合人心，可致天下太平，觀天地交感化生萬物之理，與聖人感人心致和平之道，則能知天地萬物之情態。

象曰：「山上有澤，咸，君子以虛受人。」

澤性潤下，土性受潤，澤在山上，而其漸潤通徹，是二物之氣相感通也。山上有澤，即山上有湖泊，山虛懷若谷以納水而成「天池」，君子體察此種觀象，以虛懷容納他人。

本卦言男女情投意合，純正交往，才能吉祥如意，爲人處世，當虛懷若谷，則能以誠感人，萬事亨通。

三十二、䷟雷風恆：恆，亨，无咎，利貞，利有攸往。

恆，常久也，恆之道可以亨通，恆而能亨，乃无咎也。恆所以能亨，由貞正（奉守正道）也，如君子之恆於善，則能利有所往。

彖曰：「恆，久也。剛上而柔下，雷風相與，巽而動，剛柔皆應，恆。恆，亨，无咎，利貞，久於其道也。天地之道，恆久而不已也，利有攸往，終則有始也。日月得天而能久照，四時變化而能久成，聖人久於其道而天下化成，觀其所恆，而天地萬物之情可見矣。」

恆即恆久不已，陽剛之震☳卦在上，陰柔之巽☴卦在下（李鼎祚曰：「此本泰卦也，六四降初，初九升四，是剛上而柔也，分乾與坤雷也，分坤與乾風也，是雷風相與，巽而動也。」按泰䷊卦，內乾外坤，六四降初，初久升四即成恆，上震下巽，震爲雷，巽爲風，故雷風相與。）雷震則風發，雷風互相助益，巽順而動，剛柔皆能相應（初應四，二應五，三應上，皆陽以應陰，陰以應陽），此乃恆卦之象徵。恆卦有亨通、无咎而利於正道之現象，乃以常守正道。天地運行規律，乃恆久不止，吾人法其象，恆久守正，則能利有所往，以恆久不已，循環不止，於終結時復又開始（繫辭下傳：「易，窮則變，變則通，通則久。」能隨時變易，故能成其恆久之道。）日月依循天道（天理）運行，故能長久照耀萬物，春夏秋冬四時之變化，週而復始，恆久而成歲，以構成萬古之宇宙，聖人恆久於正道，則天下可以教化成功，吾人觀日月之久照，四時之久成，則天地萬物之情理可見矣。

象曰：「雷風，恆，君子以立不易方。」

雷以動之，風以散之，二者常相薄，而爲萬物用，雷震則風發，二者相須，交助其勢，而成恆久之象，君子法其精神，以立身守節，而不易其道（方、法則、氣節）。

本卦言陰陽相應乃恆久之理，有恆心，才能有志者事竟成。

三十三、䷠天山遯：遯，亨，小利貞。

遯借爲「遁」，退隱、退避之意。天高在上，山止於地，有遯止不進之象徵。又二陰爻生於下，陰漸長，象徵小人漸得勢，君子退而避之之現象。遯者陰長陽消，君子遯藏之時，君子退藏以伸其道，道不屈則爲亨，雖小人道長之時，君子知幾退避，固善也。小人當道時，君子退而避之，則能明哲保身亨通，尚能堅守正道，小有作爲。

彖曰：「遯亨，遯而亨。剛當位而應，與時行也。小利貞，浸而長也，遯之時義大矣哉。」

遯，亨通，當退避時即退避，故能亨通。九五以陽剛當中正之位，而遙與六二之陰柔相應，能順時而行（時止則止，時行則行，動靜不失其宜），則不爲小人所害，陰長必以漸，未能遽盛，所謂小貞其道，扶持使未遂亡也，遯者，陰之始長，君子知微，故當深戒，聖賢之於天下，雖知道之將廢，豈肯坐視其亂而不救，孔孟之所爲也，王允、謝安之於漢晉是也，故曰遯之時義大（深遠）矣哉。

象曰：「天下有山，遯，君子以遠小人，不惡而嚴。」

天下有山，遯之現象，君子觀其象，以避遠乎小人，遠小人之道，若以惡聲厲色，適足以致其怨忿，唯在乎矜莊威嚴，使知敬畏，則自然遠矣。不惡而嚴，外順而內正也，尙惡則小人憎，不嚴則正道消，君子觀象以遠小人，不過危行言遜而已，遜其言，則不惡，不使之怨也；危其行，則有不可犯之嚴，不使之不遜也，此君子遠小人之道也。蓋「人而不仁，疾之已甚，亂也。」對小人過度厭惡，必將危及自身，「望之嚴然，即之也溫」，言雖遜而有凜然不可侵犯之威，則能保身而不受辱，維持尊嚴。

三十四、䷡雷天大壯：大壯，利貞。

易例以陽爲大，以陰爲小，卦中四陽浸長壯盛，故卦名爲大壯，即「大爲壯盛」之意。震上乾下，乾剛而震動，以剛而動，大壯之義也，剛陽大也，陽長已過中矣，大者壯盛也；又雷之威震在天上，亦大壯之義也。此言在陽道盛壯之時，利於守正，以獲盛壯之利，蓋大壯而不得其正，強猛之爲耳，非君子之道壯盛也。張浚《紫巖易傳》云：「不貞則必暴必折，必拂常逆理而違厥中，大壯所以貴正。」

象曰：「大壯，大者壯也，剛以動，故壯，大壯利貞，大者正也。正大而天地之情可見矣。」

大壯，陽大而盛壯剛健（乾）而動（震），所以盛壯（乾剛震動陽從下升，陽氣大動故壯也），大者既壯，貞正（剛正）則利，人能正大（正而後能大）觀萬物，則天地之一切情狀，皆可看見而明達。

象曰：「雷在天上，大壯，君子以非禮弗履。」

雷震於天上，大而壯也，君子觀察大壯之現象，不合禮儀者不做（履，踐行也）。

本卦言盛運期不宜驕奢狂傲，更應守正道，克己復禮（克制自己之私慾，而後返於禮），剛毅果決而行事。

三十五、䷢火地晉：康侯用錫馬蕃庶，晝日三接。

晉，進也，日出地上，前進而光明之象徵，康侯，安邦定國之公侯，錫，賜也；蕃庶，衆多也。此言晉卦爲光明前進之義，如安邦定國之侯爵，受天子賞賜，許多俊馬，且於白天之內，一連按見三次。本卦大明在上（離），下體而順附（坤），諸侯承王之象也，故為康侯，上明下順，君臣相得，在上而言，則進於明盛，在臣而言，則進升高顯，受其光寵也。

彖曰：「晉，進也。明出地上，順而麗乎大明，柔進而上行，是以康侯用錫馬蕃庶，晝日三接也。」

晉，進之義，像太陽從地上升起，柔順之臣附麗於大明之君，柔順以上進之象徵，六五以柔居君位，明而順麗，為能待下寵遇親密之義，是以康侯用錫馬蕃庶晝日三接也。

象曰：「明出地上，晉；君子以自昭明德。」

昭，明也。光明出於地上，為晉卦之象徵，君子觀明出地上而益明盛之象，自我闡明內在清靜光明之德性。

本卦言盛運期不宜驕奢狂傲，更應守正道，柔順為木晉之方，光明乃獲晉之本，守柔守正也者，為升進不二之法門。

三十六、䷣地火明夷：明夷，利艱貞。

夷，痍也，傷也；離曰為明，坤為地，明入地中，明見其傷，故稱明夷。此言在昏暗艱難困苦之時，能守正道則有利。

彖曰：「明入地中，明夷。內文明而外柔順，以蒙大難，文王以之。利艱貞，晦其明也，內難而能正其志，箕子以之。」

明入於地，其明滅也，故爲明夷。本卦言殷紂王無道之時，周文王蒙大難被囚於羑（ㄧㄡˇ）里，文王用（以）內在文明之德，外在柔順之能度（離爲文明之象，坤爲柔順之象）以遠禍患（卻又不失其內在之明聖）。在艱困時能含光斂德，聖守正道，是有利的，箕子蒙受家難（箕子爲殷宗室，故稱內難），而能堅守正大志節以避禍（箕子爲紂王之叔，見紂之殘暴，比干諫而死，知諫無用，即晦藏其光明之德性，佯狂以避禍，而守著正道）。

象曰：「明入地中，明夷，君子以蒞衆，用晦而明。」

蒞，臨也，蒞衆，治理衆人。光明入於地中，乃明夷之現象，君子體察此現象，以平易近人之態度，以蒞臨政事治理大衆，晦藏其聰明睿智於內，而收光明治功之成就於外，蓋明所以照，君子無所不照，然用明之過，則傷於察，太察則盡事而無含弘之度，能寬厚含容，不極其明察而用晦，然後能容物和衆，衆親而安。

本卦言於艱困時，宜退藏避禍，明哲保身，且須堅定心志與操守。領導者應雍容大度，寬以待人，勿刻薄寡恩，察察爲明，蓋「水至清則無魚，人至察則無徒。」

三十七、䷤風火家人：家人，利女貞。

家人，一家之人，孔穎達曰：「明家內之道，正一家之人，故謂之家人。」家人之道，利在女（主婦）正（守持正道），女正則家道正矣，蓋家庭爲傳統婦女最大之事業，家道之興衰，泰半繫於主婦之賢否，昔時殷紂王因妲己而亡國，周幽王因褒姒而殺身，女不貞之禍如此，可不愼乎。

彖曰：「家人，女正位乎內，男正位乎外，男女正，天地之大義也。家人有嚴君焉，父母之謂也。父父子子，兄兄弟弟，夫夫婦婦，而家道正，正家而天下定矣。」

彖以卦才而言，陽居五，在外也，陰居二，處內也，男女各得其正位也，尊卑內外之道正，合天地陰陽之大義（大道理）也。家人之道，必有所尊嚴而君長者，謂父母也（一家之長猶一國尊嚴之君，故曰嚴君），雖一家之小，無尊嚴則孝敬衰，無君長則法度廢，有嚴君而後家道正，家者國之則也。父子兄弟夫婦各得其道，則家道正矣。推一家之道，可以及天下，故家正（家道端正）則天下定矣。

象曰：「風自火出，家人；君子以言有物而行有恆。」

風爲巽，火爲離，火熱盛則炎上，造成氣侯之變化而風生，吾人知風自火出之象，即知風化（風俗教化）之本，由家而出，而家之本，又由夫婦有別，長幼有序，父慈子孝，兄友弟恭而出，君子體察風自火出之象，而知正家之本，在正其身，正身之道，一言一動，不可易也。故言必有物（言語能切合事實，即不妄語），所行必有恆（行爲合於常度常規，即不妄爲），德業之著於外，由言行之謹於內也，言愼行修，則身正而家治矣。

本卦言「家和萬事興」，齊家爲成功之本，家和則首在「女主人」能秉操守，行正道，所謂「每位成功男人背後，必有一位偉大的女人」，爲人妻者具蘭心蕙質，以相夫教子，則家運必能興旺，家家興旺，則國運自能昌隆，而國定天下治矣。

三十八、☲☱火澤睽：睽，小事吉。

睽，目不相視也，又睽者乖也，即背道而馳，分離之意，卦名雖有乖違背離之意，卦旨則在揭示化睽（乖）爲合之理。在易經裡，陽爲大，陰爲小，本卦離火炎上，兌澤潤下，二體相違，睽之義也，言在天下睽違之時（世道亂，政治黑暗），以柔順處事（小爲陰，陰爲柔順）乃吉利的。

彖曰：「睽，火動而上，澤動而下，二女同居，其志不同行，說而麗乎明，柔進而上行，得中而應乎剛，是以小事吉。天地睽而其事同也，男女睽而其志通也，萬物睽而其事類也，睽之時用大矣哉！」

火之性動而炎上，澤之性動而潤下，二物之性違異，故爲睽義，中少二女（離爲中女，兌爲少女）雖同居，其志不同行，亦爲睽義，女之少也同處，長則各適所歸（各自往嫁而有歸宿），其志異也。內卦兌悅，附麗於外卦之離明，六五柔順進而居五之尊位，居外卦之中，而下與九二之陽剛相應，有悅順麗明之善，又得中道而應剛，雖不能合天下之睽，成天下之大事，亦可以小濟（小有成效），是於小事吉也。天高地下，其體睽也，然陽降陰升（陽氣下降，陰氣上升，是爲交泰），相合而成化育萬物之事功則相同；男女異質，睽也，而交感求和之心志則相通；生物萬殊，睽也，然而得地天之和，稟於陰陽之氣之情狀則相類似；物雖異而理本同，故天下之大，群生之衆，睽散萬殊，而聖人爲能同之，處睽之時，合睽之用，其事至大，故云大矣哉。

象曰：「上火下澤，睽；君子以同而異。」

上卦離火，下卦兌澤，火炎於上，澤潤於下，爲睽卦之象徵，君子體察此現象，以治天下，求其大同而存小異（同者理，異者事），即求同一事理，而分工分職，異其職責。

本卦言，火澤質相反，卻能相成而化育萬物，寓正反相反相成之辯證原理（正、反、合），吾人處世應求大同而存小異（理同而事異），蓋不能大同者，亂常拂理之人也；不能獨異者，隨俗習非之人也，要在同而能異耳，即守常御變（執守常道而通權達變），亦即中庸所云：「和而不流」是也。

三十九、䷦水山蹇（ㄐㄧㄢˇ）：蹇，利西南，不利東北，利見大人，貞吉。

蹇，難也，險阻之義；坎，險也；艮，止也；險在前而止，不能進也，前有險陷，後有峻阻，故爲蹇也。西南，坤方，地也，體順而易；東北，艮方，山也，體止而險；在蹇難時，宜順處平易之地（西南爲坤，象平易，中庸：「居易以俟命」），不宜居處險難之地（東北爲艮，象險阻之山，中庸：「行險之徼幸」）。艱難之時，必有聖賢之人，則能濟天下之難，故利見大人也，濟難者，必以大正之道，而堅固其守，故貞則吉也。

彖曰：「蹇，難也，險在前也，見險而能止，知（通智）矣哉！蹇，利西南，往得中也，不利東北，其道窮也。利見大人，往有功也，當位貞吉，以正邦也，蹇之時用大矣哉！」

蹇，災難之意，坎險在前，下止而不進，故爲蹇。上險而下止，見險而能止，智也（犯險而進，則有悔咎）。蹇難之時，利於處平易，西南坤方爲順易，東北艮方爲險阻。九五居中而得中正之位（合宜適中），是往得平易之地（西南），故爲利也；東北爲險阻之山，不利前往，蓋路困途窮。蹇難之時，非聖賢不能濟天下之蹇，故利於見大人；大人當位（九五），則成濟蹇之功矣，當位守而吉利，則可以用以樹正邦國，蹇艱可以啓聖明，其時用（因時而用）乃偉大的。

象曰：「山上有水，蹇。君子以反身修德。」

山之峻阻，上復有水，坎水爲險陷之象，上下險阻，故爲蹇也。君子觀蹇難之象，應反躬自省，修身涵德。

本卦言，處困境時，應順時而處，量險而行，從（依）平易之道，由（行）至正之理，乃蹇之時用也，即處困境時，應反求諸己，堅守正道，方能吉祥。

四十、䷧雷水解：解，利西南，无所往，其來復吉；有攸往，夙吉。

《說文》：「解，判也，從刀，判牛角。」故有分解、離析之義，引申爲舒解、解散之義。上震下坎，震，動也；坎，險也；動於險外，出乎險也，故爲患難解散之象。又震爲雷，坎爲雨，雷雨之作，蓋陰陽交感，和暢而緩散，故爲解，解者，天下患難解散之時也。當天下之難方解時，宜採寬大簡易之政（西南爲坤，象廣大平易），不可復以煩苛嚴急治之，無所作爲（勿生事擾民），且當修復治道，正紀綱，明法度，進復先代明王之治。尙有當解之事，則早（夙）爲之，乃吉也，亦即若有險難，宜防微杜漸，及早處理。

彖曰：「解，險以動，動而免乎險，解，解利西南，往得衆也。其來復吉，乃得中也，有攸往夙吉，往有功也，天地解而雷雨作，雷雨作而百果草木皆甲坼，解之時大矣哉。」

解，因坎爲險於下，震爲動於上，能動，則可免除於險難之中，故爲解，解難之道，利在廣大平易，以寬易而往濟解，則能得衆心之歸也（坤爲衆，往則得衆人扶助），且能復先王之治，乃得中道也（坎中滿，所以能中道而漸獲吉），有所爲則早得吉利，以早往則有功，緩則惡滋而害深。天地舒解（陰陽交感和暢），則有雷動雨興，以蘇醒潤澤萬物之現象，雷雨交興，則百果草木皆萌動而發芽，而開展繁盛。

象曰：「雷雨作，解；君子以赦過宥罪。」

雷雨交作，陰陽和暢，百物鬆解潤澤，乃解卦之象徵，君子觀雷雨作解之象，體其發育，則施恩仁，以赦免有過之人；體其解散，則行寬釋，以寬恕有罪之士。

本卦言，爲人當法天道，行寬宥，施恩惠，養育兆民，至於昆蟲草木，乃順解之時，與天地合德也。

四十一、䷨山澤損：損，有孚，元吉，无咎，可貞，利有攸往。

艮上兌下，山體高，澤體深，下深則上益高，爲損下益上之義。又澤在山下，其氣上通，潤及草木百物，是損下而益上也。又下爲兌悅，三爻皆上應，是悅以奉上，亦損下益上之義。又下兌之成兌，由六三之變也，上艮之成艮，自上九之變也，三本剛而成柔，上本柔而成剛，亦損下益上之義，損上而益於下則爲益，取下而益於上則爲損，在人上者，施其澤以及下則益也，取其下以自厚則損也。

在損之時，須有誠信，方能大吉，無災禍，並可以守持正道，則有利於所前往，在減損之時，何（曷同何）以用之，即使只用兩簋（ㄍㄨㄟˇ，古代盛黍稷方形之器具）微薄之祭品，也可祭祀天地鬼神，使之來食。

彖曰：「損，損下益上，其道上行，損而有孚，元吉，无咎，可貞，利有攸往，曷之用，二簋可用亨，二簋應有時，損剛益柔有時，損益盈虛，與時偕行。」

損卦爲損下卦之兌澤，以增益上卦之艮山，澤越深則山越高，其減損之方式

（道）乃由下往上。損而有至誠，則大吉，可以合於正道，利有所往。居損之時何以用之，二簋足以薦其誠，雖薄而可合其時宜，蓋聖人以寧儉爲禮之本，享祀之禮，以誠敬爲本，減損太過而增益不足，須順時而行，減損、增益、盈滿、空虛須合時宜，過者損之，不足者益之，虧者盈之，實者虛之，與時偕行也（當其可謂之時）。

象曰：「上下有澤，損，君子以懲忿窒欲。」

山下有澤，氣通上潤，與深下以增高，皆損下之象，君子觀損之象，以損於己，在修己之道所當損者，惟忿與慾，故當懲止自己之忿怒，窒塞自己之慾望。

本卦言爲人處世當清心寡慾，平易待人，薄己而厚人，雖損而有益，有捨方能得，有福之人善退財，塞翁失馬，焉知非福。

四十二、䷩風雷益：利有攸往，利涉大川。

巽上震下，風雷二物，相益者也，風烈則雷迅，雷激則風怒，兩相助益。益者，益於天下之道也，故利有所往，益之道可以濟險難，故曰利涉大川。

彖曰：「益，損上益下，民說无疆，自上下下，其道大光。利有攸往，中正有慶，利涉大川，木道乃行，益動而巽，日進无疆，天施地生，其益无方，凡益之道，與時偕行。」

益卦，象徵君子爲民服務，減損自己之享受，而增益人民之幸福，是以人民喜悅無窮，陽下居初，陰上居四，爲自上下下之義，意即以君上之尊嚴，還禮下於其人民，使其道德大爲光明顯耀，九五以陽剛中正居尊位，六二復以陰柔中正應之，是以中正之道益天下，天下百姓受其福慶，如乘舟而行，可以涉渡大川（本卦上巽爲木，木代替爲舟船，故能涉大川，引申爲可濟艱難，克服困難），處益之時，動而順理（巽爲順），增益而動，又能巽遜，是以能日日進益，以至無窮，天道資始，地道生物，天所施佈，地所化生（即乾彖：「雲行雨施，品物流行」），使大地萬物生生不息，天地之益無窮，理而已矣，聖人利益天下之道，應時順理，與天地合德，即隨時以俱行。

象曰：「風雷，益；君子以見善則遷，有過則改。」

風烈則雷迅，雷激則風怒，二物相益者也，君子觀風雷相益之象，見善則遷徙慕尙，效法之，有過則改之，能改則無過矣。

本卦言爲人當克己復禮以利益衆生，即處富貴，當慈悲濟世，行善積德。

四十三、䷪澤天夬：夬（ㄍㄨㄞˋ），揚于王庭，孚號有厲，告自邑，不利即戎，利

有攸往。

夬，《說文》：「夬，分決也。」，「決」，本意爲除去壅塞，使水流得以暢通，本卦五陽一陰，爲衆君子決去一小人之象，小人爲社會進步之壅塞，自必除之，五剛決一柔，宜若易然。揚，越也，顯揚；庭，同廷。小人方盛之時，君子之道未勝，安能公然以正道決去之，故含晦俟時，漸圖濟之之道，今既小人衰微，君子道盛，當顯行之於王廷，使人明知善惡，以誠信號令群衆，並戒懼危險，從城邑頒告政令，不利于以兵戎剛暴取勝（即戎，從戎也，尚武也，以剛決柔乃尚力不尚德），不尚剛武，以德服人，則其道益進，乃夬之善也，而利有所往。

彖曰：「夬，決也，剛決柔也，健而說，決而和，揚于王庭，柔乘五剛也，孚號有厲，其危乃光也，告自邑，不利即戎，所尚乃窮也，利有攸往，剛長乃終也。」

夬，決去之意，以剛決去柔之意，剛健而喜悅，決去而平和（健則決而有力，悅則和而不怨，故決而和），上六陰柔，乘於五陽剛（初九至九五）之上，猶爲乘陵（欺陵）之象，陰而乘陽，非理之甚，君子勢既足以去之，當顯揚其罪於王朝大廷，使衆知善惡。盡誠信以命其衆而知有危懼，乃能光大處夬之道。當先自我修治，不宜尊尙剛武，如尊尙剛武，必致困窮，陽剛雖盛，長猶未終，尙有一陰，更當決去，則君子之道純一而無害，陽剛終能有成。

象曰：「澤上於天，夬；君子以施祿及下，居德則忌。」

陸績曰：「水氣上天，決降成雨，故曰決。」澤水蒸發而成水氣，在于天上，決降成雨，滋潤大地萬物，君子觀此現象，即普施恩澤於平民百姓，如蓄積德澤而不施于人民，乃君子所忌諱的。本卦以積德不施爲禁忌，即爲人當樂善好施。

四十四、☰☴天風姤：姤（ㄍㄡˋ），女壯，勿用取女。

姤，遇也，取，同娶。一陰而遇五陽，一柔而遇五剛，以人事言，則有一女而遇五男之象，一女遇五男，女子如此強悍，故不可娶爲妻，蓋娶女者，欲其柔和順從以成家道，以一女遇五男，顯示其女德不貞，決不能長久，從一而終，故不可娶以爲妻。

彖曰：「姤，遇也，柔遇剛也，勿用取女，不可與長也。天地相遇，品物咸章也，剛遇中正，天下大行也，姤之時義大矣哉。」

姤，遇也，柔遇剛之義，一陰方生，始與陽相遇也。不可娶爲妻，乃因女壯而不貞，無法長久相處，此乃從人事而言，如從姤之善美者觀之，陰始生於下，與陽相遇，天地相遇也，陰陽不相交遇，則萬物不生，天地（陰陽）相遇，則化育庶類，萬物彰明（彰顯亨通）。九五以陽剛適遇中正之位，可以行其志業於天下，姤之時義乃至爲宏大，蓋天地不相遇，則萬物不生，君臣不相遇，則政治不興，聖賢不相遇，則道德不亨，事務不相遇，則功用不成，故姤之時與義甚大也。

象曰：「天下有風，姤，后以施命誥四方。」

施命，施發命令，施行政令；誥，告也，即「傳告」、「曉諭」之意。風行天下，無所不周，爲君（古稱君王爲后）者觀周其徧之象，以施行命令，周告天下四方，以求上下遇合。本卦有風行草偃，中命施命之象，蓋，君子之德風，小人之德草，草上之風必偃。

四十五、䷬澤地萃：萃，亨，王假有廟，利見大人，亨，利貞，用大牲吉，利有攸往。

萃者，聚也，爲卦澤上於地，水之聚也，兌澤潤地，萬物繁盛而萃聚，在萃聚時，乃亨通的，王者萃聚天下之道，可至（假，至也）宗廟祭祀，以求獲福，蓋天下萃合人心，總攝衆志之道非一，其至大莫過於宗廟，天下之聚，必得大人以治之，如此則能亨通，並利於守正，用太牢（牛、羊、豬）以祭祀天地鬼神，宴聚賓客，乃吉祥的，故利有所往，夫不能有爲者，力之不足也，當萃之時，故利有所往，大凡興功立事，貴得可爲之時，萃而後用，是以動而有裕，天理然也。

彖曰：「萃，聚也；順以說，剛中而應，故聚也。王假有廟，致孝亨也。利見大人，亨，聚以正也。利貞，用大牲吉，利有攸往，順天命也，觀其所聚，而天地萬物之情可見矣。」

萃者，聚之意，和順而歡悅，上卦兌爲悅，下卦坤爲順，上悅而下順，爲上以悅道使民，而順於人心，下悅上之政令，而順從於上，既上下順悅，又九五陽剛處中正之位，而下與六二有應助，故能聚也。君王建立宗廟，旨在表達孝心祭祀先人（亨，祭祀也），利見大人而亨通，蓋以正道會聚人心，利於守正，用太牢祭祀，利有所往，因物聚而力贍，乃可以有爲，故利有所往，皆天理也，故云順天命也。吾人觀萃之理，則天地萬物化育生成之情態皆可見而知也。

象曰：「澤上於地，萃；君子以除戎器，戒不虞。」

澤上於地，爲萃聚之象，君子體察此現象，即以修治兵器，以防備預想不到之災禍（虞，慮也，不虞，想不到也），蓋物之萃，則有不虞度之事，故衆聚則有爭，物聚則有奪，大率既聚則多故矣，故觀萃象而戒也。

四十六、䷭地風升：升，元亨，用見大人，勿恤，南征吉。

坤上巽下，巽爲木，坤爲地，木生地中，長而益高，爲升之象也。用，宜也；勿恤，無須憂慮也；南征，離爲南方之卦（文王八卦），又離爲明，征爲進，南方在前，又方位以座北朝南爲最尊，則前方爲南，是以「南征」有「前進」及「由光明之途徑升進」二義。本卦言發展上升之時乃大吉而亨通，宜結識有權識之大人物，無須擔憂，前進乃吉利的。

彖曰：「柔以時升，巽而順，剛中而應，是以大亨。用見大人，勿恤，有慶也，南征吉，志行也。」

坤爲柔爲順，巽爲遜（謙），以柔順之德，能隨時而升，謙遜而和順，二以剛中之道，應於五，五以中順之德應於二，能遜而順，其升以時，是以大吉亨通。凡升之道，必由大人，升於位則由王公，升於道則由聖賢，用巽順剛中之道以見大人，必遂其升，不憂其不升，乃有福慶，前進則遂其升以完成其志業，是以吉也。

象曰：「地中生木，升；君子以順德，積小以高大。」

木生地中，長而上升，爲升之象，君子觀升之象，即以柔順之德，積累德業以成就崇高偉大之德業，蓋善不積，不足以成名，學業之充實，道德之崇高，皆由積累而至，積小所以成就高大，升之義也。

本卦旨在說明事物順勢而升，積小成大之理。

四十七、䷮澤水困：困，亨，貞，大人吉，无咎，有言不信。

兌上坎下，水居澤上，則澤中有水也，今在澤下，枯涸无水之象，爲困乏之義，又兌以陰卦在上，坎以陽卦居下，與上六在二陽之上，而九二陷於二陰之中，皆陰柔掩蔽陽剛，所以爲困，君子爲小人所掩蔽，窮困之時也。君子處於窮困，能樂天安命，通達道義，故心胸坦蕩而不憂，是以能亨通，居中守正，則吉祥無災禍，處困之時，須沈默是金，多言則賈禍，蓋即使有言，亦未能見信於人。

彖曰：「困，剛揜（ㄧㄢˇ，同掩）也，險以說，困而不失其所亨，其唯君子乎？貞，大人吉，以剛中也，有言不信，尚口乃窮也。」

卦之所以爲困，以陽剛爲陰柔所掩蔽（揜）也，陷於下而掩於上，所以困也，剛陽君子而爲陰柔小人所掩蔽，君子之道困窒之時，處險難之時，能以和悅處之，樂天安義，自能亨通，唯有君子能之，困而能守正，則大人吉，蓋其以剛中之道也（九二與九五陽剛居中）。當困之時，人所不信，欲以言辭免困，則無效也，應謹言愼行，戒逞口舌之能。

象曰：「澤无水，困；君子以致命遂志。」

水本在澤上，現坎水反在兌澤之下，澤中無水，爲困卦之象徵，君子處困窮之，則以獻出己身，盡致己命，以達殺身成仁，捨生取義之心志。

四十八、䷯水風井：井，改邑不改井，无喪无得，往來井井，汔（ㄑㄧˋ）至，亦未繘（ㄐㄩˊ）井，羸（ㄌㄟˊ）其瓶，凶。

坎上巽下，坎，水也，巽之象則木也，巽之義則入也，木，器之象，木入於水而上乎水，汲井之象也。邑（城鎮）可遷徙，井卻不可遷徙（喻恆久不變之德），汲之而不竭，存之不盈（喻含弘廣大之德），來來往往反復地以井爲用。汔至，將至也；繘，綆也，汲水之繩索；羸，毀敗，傾覆也。井以濟用爲功，汲水已至井上，井繩尚未離井口，卻毀壞汲水之瓦瓶，則未能汲到水，是凶也。

象曰：「巽乎水而上水，井，井養而不窮也。改邑不改井，乃以剛中也，汔至亦未繘井，未有功也，羸其瓶，是以凶也。」

巽，入也。入於水而提水於上，爲井之象徵，井水養萬物，取之而不竭，德有常也，城邑可遷移，而井不可遷移，亦德之常也，二五之爻剛中之德，其常乃如是，未成汲水之功，又毀敗其瓶，是未能達成井養萬物之功，是以凶也。

象曰：「木上有水，井，君子以勞民勸相。」

木承水而上之，乃器汲水而出井之象，君子體此現象，即慰勞人民，勸勉相助，以獲生養不息之功，並輔助其民，使過正當之生活。

本卦旨在明「井以養人」之美德，喻君子亦當如是，修德養民，有常不變，如井之養物不窮，終始无改。

四十九、☱☲澤火革：革，已日乃孚，元亨利貞，悔亡。

革，去故也，變革，革新也。兌上離下，澤中有火也，水火相息之物，水滅火，火涸水，相變革者也。鄭玄曰：「革，改也，水火相息，而更用事，猶王者受命改王朝，易服色，故謂之革也。」革新，要等待天命已至之日，乃能孚信于萬民，大成而利于正，斯無後悔。

彖曰：「革，水火相息。二女同居，其志不相得，曰革，已日乃孚，革而信之，文明以說，大亨以正，革而當，其悔乃亡。天地革而四時成，湯武革命，順乎天而應乎人，革之時大矣哉。」

革卦乃因兌澤之水與離火，水火相剋熄故曰革，又象徵兌之少女與離之中女，雖同居一處，而其歸各異，其志不同，爲不相得，故爲革。天命已至之日，方能孚信于天下，革命而天下之人信其德性，使天下之人皆能喜悅，大通而合乎正當之法則，則無悔吝之事。離爲文明，兌爲悅，文明則理無不盡，事無不察，悅則人心和順，革而能照察事理，和順人心，可致大亨而得貞正。革之道，極乎天地變易，時運終始也，天地日月推遷改易而成春夏秋冬四時之運行，萬物於是生長成終，各得其宜，革而後四時成也。時運既終，必有革而新之者，王者之興受命於天，故易世（改朝換代）謂之革命，湯武之王，上順天命，下應人心，順乎天而應乎人也，故贊之曰：革之時大矣哉（革之時義乃至爲深遠）。

象曰：「澤中有火，革；君子以治曆明時。」

水火相熄爲革，革，變也，君子觀變革之象，推日月星辰之遷易，以治曆數，明四時之序，使一年四時，十二月，廿四節氣，七十二候，一月三十日，及潤年之理，昭明於天下，使百姓皆知，春夏秋冬，四時有順次，變易之運行，日夜，有交互變化之道理。夫變易之道，事之至大，理之至明，跡之至著，莫如四時，觀四時而順變革，則與天地合其序矣。

五十、☲☴火風鼎：鼎，元吉亨。

鼎爲古代烹飪器，方腹，兩耳，三足或四足，足爲圓柱形，按用途有鑊鼎、升鼎、鐥鼎，使用鼎，依主人之身份地位等級以決定數量。鼎為烹飪之器，故有養人之功，因禹金九牧，鑄鼎象物（禹鑄九鼎以象九州），鼎又成為天子寶器、法器，而為王位、帝業之象徵而成為「傳國寶」（秦末大亂，九鼎不知所終，或云沈於黃河中，漢時即以「玉璽」代之），後世所謂「問鼎中原」，即爭帝位之意，鼎除喻王位、帝業外，尚有顯赫之意。鼎之為用，所以革物之，變腥而為熟，易堅而為柔，水火不同處也，能使相合為用而不相害，是能革物也，鼎所以次革也。下陰爻為鼎之足，二、三、四陽為鼎腹，五陰為鼎之耳，上陽為鉉（ㄒㄩㄢ），為鼎之象；下卦為巽，巽為入、為木，上卦為離，離為火，巽木入離火，而致烹飪之功，為鼎之義。卦辭之義為：處於顯赫王位之聖君，能如鼎烹熟食物以養人以教天下，則大吉而亨通。

彖曰：「鼎，象也。以木巽火，亨飪（同烹）飪也，聖人亨（烹）以亨上帝，而大亨（烹）以養聖賢。巽而耳目聰明，柔進而上行，得中而應乎剛，是以元亨。」

鼎，大器也，重寶也，故其制作形模，法象尤嚴，鼎之名正也，古人訓方，方實正也；以形言，則耳對植於上，足分峙於下，周圓內外，高卑厚薄，莫不有法而至正，至正然後成安重之象，故鼎者，法象之器。鼎為烹飪之器，以巽木入離火，可以烹煮萬物，聖人烹飪祭品，以祭祀上帝，而以大的俸祿以養聖賢（天地養萬物，聖人養賢以及萬民），因此能耳目聰明（下體巽，爲巽順於理，離明而中虛於上，☰在巽上，動成坎離，有兩坎兩離象，坎爲耳，離爲目，乃稱聰明），使政事通達，庶民和悅，又六五之柔，進而上行（柔在下之物，乃居尊位，進而上行也），居外卦之中，以明居尊而得中道，下應九二之剛，是能用剛陽之道也，是以能得大通達之利。

象曰：「木上有火，鼎；君子以正位凝命。」

凝，王弼謂：「嚴整之貌」，有愼重之義。木上有火，以木巽火也，烹飪之象，故爲鼎，鼎者，法象之器，其形態端正，其體安重，君子體察此象，以端正所居之位，愼行命令，端正其職，凝成（凝聚）天命之堅固，以永保祿位。

本卦言領導者須禮賢下士，順應天命，以革故鼎新，才能鞏固地位，大展宏圖。

五十一、䷲震爲雷：震，亨，震來虩虩（ㄒㄧˋ），笑言啞啞，震驚百里，不喪匕（ㄅㄧˇ）鬯（ㄔㄤˋ）。

虩虩，恐懼樣；啞啞，笑聲；匕，羹匙；鬯，以秬黍調和鬱金草所釀之酒，匕鬯皆宗廟祭祀用物，借代爲宗廟祭祀。

序卦：「主器（掌守政權）者莫若長子，故受之以震。」鼎爲器也，震爲長男，故取主器之義，而繼鼎之後，長子，傳國家繼位號者，故爲主器之主。序卦取其一義之大者，爲相繼之義，一陽生於二陰之下，動而上者也，故爲震，震，動也，其象爲雷，雷爲震奮之象，動爲驚懼之義，卦名爲震，有雷動震驚之義。

陽生於下而上進，震而奮發，動而進，懼而修，有主而保大（安保大位，即鞏固領導中心），當震動之來，能戒愼恐懼，旋顧周慮，談笑風生，泰然自若。諸侯教令若能威震百里，則能守其宗廟社稷，雷之發聲，猶人君出政教，以動國中之人也，人君有善聲教，則嘉會之禮通矣，雷發聲聞之百里，古者諸侯之象，諸侯出教令，能警戒其國內，則能守其宗廟社稷，爲之祭主，不亡匕與鬯也。

彖曰：「震亨，震來虩虩，恐致福也。笑言啞啞，後有則也。震驚百里，驚遠而懼邇也，出可以守宗廟社稷，以爲祭主也。」

能震動乃亨通的，震來而能戒愼恐懼，自修自愼，可獲致福澤，能謹愼在先，則能笑言自若，而後行爲有法則可循。震驚百里（言其威遠大也），遠近皆能驚懼（處處皆能戒惕），則君主外出，長子可以代行視事，守宗廟社稷爲祭主也，長子如是，而後可以守世祀承國家也。

象曰：「洊（ㄐㄧㄢˋ）雷，震；君子以恐懼脩省。」

洊，再也；脩，修也；上下皆雷，故為洊雷（重雷），雷重則威益盛，君子體察此現象，以戒愼恐懼之態度修養反省。

本卦言君子畏天之威，則修正其身，思省其過咎而改之，不唯雷震，凡遇驚懼之事，皆當如是。且領導者須有威嚴，依法行政，秉公辦事，信守誠諾，言行一致，重溝通協調，才能統御部屬，上下一心，成大功立大業，而長保祿位。

五十二、䷳山為艮：艮其背，不獲其身，行其庭，不見其人，无咎。

艮為山，卦象為大水汪汪由山擋住，因此艮有阻擋、停止、限制之意。艮，止也，動靜相因，動則有靜，靜則有動，物无常動之理，艮所以次震也，有「安重堅實」之意。

抑止背部使身體不能隨意轉動，走過有人之庭院，亦不覺有人之存在，喻內心寧靜，不受外物影響，而達於忘我之境界。

彖曰：「艮，止也。時止則止，時行則行，動靜不失其時，其道光明。艮其止，止其所也。上下敵應，不相與也，是以不獲其身，行庭不見其人，无咎也。」

艮，止也，當止之時（當其可謂之時）即停止不進，該行時即前進，動靜均不失時宣，其道必是光明，不失其時，則順理合義，在物爲理，處物爲義，動靜合理義，不失其時也，乃其道之光明也，君子所貴乎時，當止則止，乃止得其所，夫有物必有則，父止於慈，子止於孝，君止於仁，臣止於敬，萬物莫不各有其所，得其所則安，失其所則悖。本卦上下兩卦之初與四、二與五、三與上均敵對而不相應，相背故不獲其身，行庭不見其人，內心寧靜，不受外物影響，外物不接，內欲不萌，不見可欲，使心不亂，故無咎也。

象曰：「兼山，艮；君子以思不出其位。」

兼，並也，兩也，艮卦爲兩山重疊，君子體察此現象，所出所慮不超出自己之本份地位。萬事各有其所，得其所，則止而安，若當行而止，當速而久，或過或不及，皆出其位也，此即俗云：「不在其位，不謀其政」，堅守本份崗位，不作非份踰位之想。

五十三、䷴風山漸：漸，女歸吉，利貞。

漸，慢慢流入，引申爲漸進、逐步發展。歸，女子出嫁。艮山在下，巽風居上，有不遽進之意；又巽爲木，木在山上，木之高因山，隨山勢之高而高，乃進而有序，所以爲漸也。女子嫁人，須循納采、問名、納吉、納徵、請期、親迎而循序漸進，即在進取時，不應急功近利，應效法女歸六禮循序而進，且堅守正道，方有利於進取發展，可長可久。

彖曰：「漸之進也，女歸吉也；進得位，往有功也；進以正，可以正邦也；其位剛得中也，止而巽，動不窮也。」

漸漸前進，如女子之嫁，有步驟而不亂，乃吉利的，前進而得據好位置，前往則會有成，以正道而進，可以正邦國，其得正位，乃以九五以剛陽中正得尊位，內艮止、外巽順，止爲安靜之象，巽爲和順之義，內止靜而外巽順，循序而進不盲動躁進，則不會有困窮。

象曰：「山上有木，漸；君子以居賢德善俗。」

居，積也，德以漸而積，俗以漸而善。山上有木，木漸長於山，漸卦之象徵，君子體察此現象，則積聚賢德，改善風俗，蓋人之進於賢德，必有其漸習而後能安，非可陵節而遽至也，移風易俗，非一朝一夕所能成，故善俗必以漸也。

本卦借古代女子出嫁備禮漸進之程序，以說明事物宜循序漸進之理，蓋事緩則圓，欲速則不達。

五十四、䷵雷澤歸妹，征凶，无攸利。

歸，女子出嫁；妹，少女之稱，歸妹意爲嫁出少女，下兌上震，兌少女，震長男，有少女上承長男，欣悅而動之義，女子婚嫁乃天經地義，婚嫁須遵循禮制，合於正道，以柔順爲本，成內助之功，否則必有凶險，且須兩情相悅，如以強迫手段（征爲征伐，引申爲爭奪、奪取）而成婚配，則是凶險，所往無利。

彖曰：「歸妹，天地之大義也。天地不交而萬物不興，歸妹，人之終始也。說以動，所歸妹也，征凶，位不當也，无攸利，柔乘剛也。」

一陰一陽之謂道，陰陽交感，男女婚配，天地之常理也，天地陰陽不交，則萬物不興，蓋孤陰不生，孤陽不長，女之歸男，乃生生相續之道，男女交而後能生生不息，人類藉此終而復始，代代相續。女子婚嫁，乃男女相感悅而動，男女有尊卑之序，夫婦有唱隨之禮，妻以柔順爲本，方能成內助之功，妻如剛強（柔乘剛，三、五陽位而陰爻居之，不唯不當位，且有乘剛之過），則違反陽剛陰柔之道，夫妻必時起爭執而不吉利。

象曰：「澤上有雷，歸妹；君子以永終知敝。」

雷震於上，澤隨而動，陽動於上，陰悅而從，女從男之象也，故爲歸妹，君子體察此現象，體悟生息嗣續永傳其久及知物有敝壞之理而戒慎之，即無人能長保富貴，永遠得勢，有盛必有衰，欲代代繁衍興盛，則須行善積德，方能久履豐亨。

五十五、䷶雷火豐：豐，亨，王假之，勿憂，宜日中。

豐，盛大也，震上離下，震，動也，離，明也，以明而動，動而能明，皆致豐之道，明足以照，動足以亨，然後能致豐大也。假，至也；豐爲盛大，其義自亨，有德君王一統天下，至于此豐盛，宜如日中之盛明普照，使惠澤無窮，則無憂也。

彖曰：「豐，大也；明以動，故豐。王假之，尚大也；勿憂宜日中，宜照天下也。日中則昃（ㄗㄜˋ），月盈則食（同蝕），天地盈虛，與時消息，而況於人乎？況於鬼神乎？」

昃，太陽西斜；食（蝕），月亮虧蝕；盈虛，盈滿空虛，謂盛衰；消息，減損生長，謂進退。豐者，盛大之義也，離明而震動，明動相資而成豐大也。王者有四海之廣，兆民之眾，極天下之大也，王者有弘大之志向，故能成就其豐大之功業，既有豐大之偉業，亦當思慮如何保有其盛大。所有既廣，所治既衆，當憂慮而不能周及，宜如日中之盛明，普照天下，無所不至，則可以無憂矣，如是，然後能保其豐大。日中盛極，則當西斜，月亮盈滿，必將虧蝕，天地之盛衰，人事之興亡，隨時運之進退而轉移，何況於人呢！何況於鬼神呢！是天地人及鬼神之理，皆隨時運而盈虛消息，盈是消之始，虛是息之始。

象曰：「雷電皆至，豐，君子以折獄致刑。」

雷電皆至，明震並行也，明動相資，成豐之象，離，明也，照察之象，震，動也，威斷之象，君子體察此現象，效「電」之明察以決斷訟獄，效「雷」之致威以動用刑罰。

本卦言禍福相因，盛衰相襲之理。

五十六、䷷火山旅：旅，小亨，旅貞吉。

旅，羈旅，行旅，上火下山，山內而外火，山止而不動，如旅館，火動而不止，如行人，故曰旅。羈旅在外，去國懷鄉，求人事多，處處不便，僅能小亨通，在旅之時，能守正道，方能平安吉祥。

彖曰：「旅，小亨，柔得中乎外而順乎剛，止而麗乎明，是以小亨旅貞吉也，旅之時義大矣哉！」

旅卦乃小有亨通，六五以陰柔而居於外卦之中，以中正柔順之德，順於九四、上九兩剛之間，不與違逆，是以能得小亨。上離下艮，離，附麗，依附，艮，止也，依附於明，則能審時度勢，安於所止，則不妄動，是以能小亨通，在旅之時能守正則能獲吉，天下之事，當隨時各適其宜，旅之時義乃至大。

象曰：「山上有火，旅；君子以明愼用刑而不留獄。」

火之在高，明無不照，君子觀明照之象，效法之，即以明察審愼去用刑罰，而不滯留獄案，蓋用刑雖不可不明察審愼，然過於審愼，每使獄訟遷延不決，民雖不死於暴刑，往往死於留獄，如此，雖明猶闇，故宜明愼既盡，斷決隨之也。

旅居在外，處處不便，求人事多，宜廣結善緣，方能得道多助，平安吉祥。

五十七、☴☴巽爲風：巽，小亨，利有攸往，利見大人。

巽（ㄒㄩㄣˋ），通「遜」，退讓之意，又爲入也，順也，順從也。

以退讓謙遜待人處世，較能順利，能得益處，宜見大德之人或結交有權勢之人。

彖曰：「重巽以申命，剛巽乎中正而志行，柔皆順乎剛，是以小亨，利有攸往，利見大人。」

申，重復也，反復叮嚀之意，上下皆巽，上順天道以出命，下奉長上之命而順從，上下皆順，重巽之象也，君子體重巽之義，以申復其命令。九五陽剛而順乎中正之道，是以志向能施行於天下，初六、六四均處陽剛之下而能順從陽剛，故能小亨，巽順之道，無往而不利，故利有所往，能巽順於陽剛中正之人則有利，故利見大人。

象曰：「隨風，巽；君子以申命行事。」

隨，相繼之意，兩風相重（一作從），隨風也，君子觀重巽相繼以順之象，而申諭命令，施行政事，上順下而出之，下順上而從之，命令政事，而民順從矣，如風之入物，無所不至，無所不順，即曉諭申命於行事之先，行事踐言於申命之後，則民無不心悅誠服。荀爽曰：「巽爲號令，兩巽相隨，故申命也，法教百端，令行於上，貴其必從，故曰行事也。」

本卦言平日待人接物，應謙遜處世，以退爲進，虛心達理，方能吉祥如意。

五十八、䷹兌爲澤：兌，亨，利貞。

兌，喜悅也，《周易正義》：「澤以潤生萬物，所以萬物皆悅，施於人事，猶人君以恩惠養民，民無不悅也。」

能取悅於人，自能亨通，但須堅守正道。

彖曰：「兌，說也，剛中而柔外，說以利貞，是以順乎天而應乎人，說以先民，民忘其勞，說以犯難，民忘其死，說之大，民勸矣哉。」

兌，悅也，九二、九五陽剛居中，象徵內在之誠實，六三、上六陰柔居外，象徵接物之和柔，喜悅又能守正道，所以能上順天理，下應人心，能以喜悅之道引導人民前進，民之所好好之，民之所惡惡之，則民心悅而忘其勞告，國家有難，則能慷慨赴義，奮勇殺敵，保家衛國，喜悅之理，推至極大，人民皆能心悅誠服而勉勵順從。

象曰：「麗澤，兌；君子以朋友講習。」

麗，附麗，相耦，兩澤相附，交相浸潤滋益，君子體察此現象，則以朋友互討論義理之精深，研習體驗所授之道業，蓋學而時習則悅，獨學而無友，則孤陋而寡聞，有朋自遠方來則樂。

五十九、䷺風水渙：渙，亨，王假有廟，利涉大川，利貞。

渙，離散之義，風行水上，有披離解散之意，象徵世局散亂。

渙是亨通的，當世局亂時，王者能以至誠之心，團結人心，乃至於建立宗廟，以獲神佑，則能聚合人心，共濟時艱，此乃利於以正道行之。

象曰：「渙，亨，剛來而不窮，柔得位乎外而上同，王假有廟，王乃在中也，利涉大川，乘木有功也。」

渙是亨通，因陽剛來居九二，有濟險之才，不爲坎險所困，陰柔外往居六四（臣位）之陰位，上承九五（君位），而與君王同心同德，所以能亨通，天下離散之時，王能建立宗廟以聚合人心，使民望有所屬，則能聚衆而成事功，如乘船（本卦下坎爲水，上巽爲木，故有乘木舟以涉大川之象）渡過險惡大河，而能匡濟時艱。

象曰：「風行水上，渙；先王以享于帝立廟。」

巽爲風，坎爲水，風行於水上，乃渙之象徵，先王體此現象，即以祭祀上帝，建立宗廟，藉以聚合人心。荀爽曰：「謂受命之王，收集散民，上享天帝，下立宗廟也。」

《周易正義》：「渙者散釋之名。」象徵事務之渙散，如世局之紛亂，百姓之流離失所等，然亂則必治，散則必聚，本卦雖處渙散之時，然卦意則透露拯濟時難，聚合人心之精神，展示事物散、聚既對立又統一之辯證規律。

六十、䷻水澤節：節，亨，苦節不可貞。

節，節制、節約之意，澤上有水，澤之容有限，滿則不容，爲有節之象，故爲節。事既有節，則能致亨通，節貴適中，過則苦矣，不能固守以爲常。

彖曰：「節，亨，剛柔分而剛得中，苦節不可貞，其道窮也。說以行險，當位以節，中正以通。天地節而四時成，節以制度，不傷財，不害民。」

事有節則能亨，坎剛在上，兌柔在下，判然有別，而九五、九二皆得中，剛柔分而不亂，剛得中而爲制主，節之大者，莫若剛柔分、男女別也。節至於極而苦，則不可堅固常守，蓋其道已窮極也。上坎爲險，下兌爲悅，能以喜悅共赴險難，九五當天下之尊位，居中正之位，本中正之德，行中正之節，則民皆樂於爲君上冒險犯難，故能亨通。天地以氣序爲節，使寒暑往來各以其序，而成春夏秋冬四時之天道，聖人法天地之節制以建立典章制度，使用之有道，役之有時，則不傷財不害民也。

象曰：「澤上有水，節；君子以制數度，議德行。」

澤之容水有限，過則盈溢，是爲節，君子體察此現象，制定禮數法度，以評量反省自己之德行，以求合義中節，及評議他人德行優劣，以求任用得宜。

本卦言日常行爲當發乎情止乎禮，合乎節度而不踰矩。

六十一、䷼風澤中孚：中孚，豚魚吉，利涉大川，利貞。

中孚，內在之誠信，下兌悅以應上，上巽順以孚下，二、五之陽皆得中，故曰中孚。能孚信於中，而見之於外物，即如豚魚微賤無知之物，皆能感應，則孚信（存於中爲孚，見於事爲信）無所不至，故爲吉，如此可以跋涉大川等險難之事，利於守著正道。

彖曰：「中孚，柔在內，而剛得中，說而巽，孚，乃化邦也。豚魚吉，信及豚魚也。利涉大川，乘木舟虛也，中孚以利貞，乃應乎天也。」

三、四爲柔而在內，二、五陽剛得中於外，和悅而巽順，乃中孚之象徵。上巽下兌，在上者謙遜，在下者悅服，如此誠信，乃能教化邦國。信及萬物，如豚魚之低下，亦能受孚信之感召，則能有如乘舟渡川，履險如夷，中孚而利於守著正道，乃能應合於上天之道，而享長久之福。

象曰：「澤上有風，中孚；君子以議獄緩死。」

澤上有風，中孚之象徵，君子體察此現象，則以審議訟獄，寬緩死刑（坎爲險陷，故爲獄）。

《周易折中》引楊萬里曰：「風無形而能鼓幽潛，誠無象而能感人物，中孚之感，莫大於好生不殺，議獄者，求其入中之出，緩死，求其死中之生也。」

本卦言誠於中，必形之外，以誠待人，人必悅服而得亨通。

六十二、䷽雷山小過：小過，亨，利貞，可小事，不可大事，飛鳥遺之音，不宜上，宜下，大吉。

小過，小有過常，小有過度之意，陽為大，陰為小，本卦四陰二陽，陰多於陽，故為小過。小過乃亨通的，且利於守正，即「超越常規」須講究分寸，方能通達順利，且堅守正道方能有利，小事可超越常規，大事則不可，如同飛鳥飛過遺留之聲音，不宜高亢虛浮，宜守卑順理，即講究分寸之超越，方能大吉大利，蓋高亢者失正而遠於理，卑約者得正而近乎情，是以大吉也。

彖曰：「小過，小者過而亨也。過以利貞，與時行也。柔得中，是以小事吉也，剛失位而不中，是以不可大事也，有飛鳥之象焉。飛鳥遺之音，不宜上，宜下，大吉，上逆而下順也。」

稍微超越常規乃亨通的，但超越常規須守正道，才能合時宜。六五、六二居中，陰柔得位，能致小事吉耳，不能濟大事也；九三不中，九四失位，大事非剛陽之才不能濟，三不中，四失位，是以不可大事。本卦中間二陽象鳥之腹背，上下四陰象鳥翅，卦畫直立後，形如鳥展翅而飛，飛鳥遺之音，不宜上而宜下，方大吉，蓋聲音逆而上則難，順而下則易。

象曰：「山上有雷，小過；君子以行過乎恭，喪過乎哀，用過乎儉。」

雷震於山上，其聲過常，小過之象徵，君子體察此現象，事之宜過者則勉之，行過乎恭，喪過乎哀，用過乎儉，是也，當過而過，乃其宜也，不當過而過，則過矣。

本卦言，在不影響「全局」、「總體」小事上，不按常規辦事而有所「超越」，乃可行且有益的，但攸關「總體」、「全局」之大事，則須嚴格照規行事，蓋宇宙萬象均有其客觀之規律，即天道，而順天則昌，逆天則亡。

六十三、䷾水火既濟：既濟，亨小，利貞，初吉終亂。

既，已經，終了；濟，過河，渡也，成也，既濟意爲「已經完成」，藉渡河之完成，象徵事務之完成，《周易正義》：「濟者，濟渡之名；既者，皆盡之稱，萬事皆濟，故以既濟爲名。」爲卦水在火上，水火相交，各得其用，六爻各得其陰陽之正位，故爲既濟，天下事已濟之時。事既已成，故亨通小，蓋天下事無不變者，是以宜守正道，事既已成，故初吉，然安於現狀而不戒惕，終將紛亂。

象曰：「既濟，亨，小者亨也。利貞，剛柔正而位當也。初吉，柔得中也，終則亂，其道窮也。」

既濟之亨通，乃云亨通在事已成之後，不如事方成之時之吉利亨通，故稱亨小，利於守正，蓋因陽爻陰爻各得其正，而各居陰陽之正位，初吉，乃因六二以柔順文明而得中，故成既濟之功。天下之事，不進則退，時極道窮，理當必變，而爲亂矣。

象曰：「水在火上，既濟；君子以思患而豫（通「預」）防之。」

水火既交，各得其用爲既濟，時當既濟，唯慮患害之生，故思患預防，使不至於患也，自古天下既濟而致禍亂者，蓋不能思患而預防也。

本卦旨在告誡人們，勿得意忘形，應居安思危，蓋物極必反，盛極則衰。

六十四、䷿火水未濟：未濟亨，小狐汔（ㄑㄧˋ）濟，濡其尾，无攸利。

汔，幾也；濟，渡也；汔濟，渡河幾乎成功；濡，浸濕。離上坎下，火在水上，水火不交，不相爲用，且六爻皆失位，故爲未濟。在事未成之時，持之以恆，終能完成，故亨通，有小狐幾乎渡過大河，然沾濕其尾，終未能渡，得不償失，故無所利。

象曰：「未濟亨，柔得中也。小狐汔濟，未出中也。濡其尾，无攸利，不續終也。雖不當位，剛柔應也。」

未濟能得亨通，乃因六五以柔居尊位，居剛而應剛，得柔之中也，剛柔得中，是以處未濟之時可以亨也。小狐汔濟，乃因未能出坎險之中（指九二），濡其尾無所利，是因未能繼續前進，以貫徹始終，雖六爻皆不當其位，然剛柔皆相應，有應則有助，是以終能化未濟爲既濟，故能亨通。

象曰：「火在水上，未濟；君子以愼辨物居方。」

火在水上，水火不交，不相濟爲用，故爲未濟，火在水上，非其處，君子觀其處不當之象，即審愼地辨別物類，使其各居於適當之處所。侯果曰：「火性炎上，水性潤下，雖復同體，功不相成，所以未濟也，故君子愼辨物宜，居之以道，令其功用相得，則物咸濟矣。」

〈序卦〉：「物不可窮，故受之以未濟終焉。」此言世事永無止境，亦無絕對之成功，無人能長守住既濟之成果，故六十四卦既濟之後接續於未濟，彰顯《易經》盛極必衰，物極必反，否極泰來，變化循環，圓道周流之哲理。

註釋

註一：班固，《漢書》，藝文志第十，台北，鼎文書局，一九九一，頁一七〇五。

註二：孔穎達，《周易正義》，〈序〉，台北，中華，一九八六，頁四。

註三：《易緯》，〈乾鑿度〉，台北，老古，一九八一，卷上，頁二。

註四：胡自逢，《先秦諸子易說通考》，台北，文史哲出版社，一九七四年一〇月初版，頁六。

註五：高明，〈易象探原〉，收錄於《易學論著選集》，台北，長安出版社，一九八五年一〇月初版，頁三四三。

註六：方東美，《生生之德》，台北，黎明，一九八七，頁二六九。

註七：羅光，《生命哲學》，台北，學生書局，一九八八年十一月修訂再版，頁一二。

註八：唐君毅，《中國人文精神之發展》，台北，學生書局，一九七四年一〇月三版，頁二三。

註九：林尹註譯，《周禮今註今譯》，〈春官宗伯下〉，台北，台灣商務印書館，一九九二年十一月初版六刷，頁二五一。

註十：引自胡自逢《周易鄭氏學》，台北，文史哲，一九九〇，頁九一。

註十一：孔穎達《周易正義》，台北，台灣中華書局，一九八六年八月台五版，頁五。

註十二：同註一。

註十三：程石泉，《易學新探》，台北，黎明，一九八九年初版，頁四。

註十四：同註一三，頁五。

註十五：《尚書今註今譯》，屈萬里註譯，台北商務，一九九三，頁一六六。

註十六：陳立夫，〈易學導言〉，收錄於陳立夫主編《易學運用之研究》第一輯，台北，台灣中華書局，一九八六，頁二—四。

註十七：《易緯》〈乾鑿度〉卷下，頁三，同註三。

註十八：同註二，卷八，頁六。

註十九：王夫之，《船山易學》，台北，廣文書局，一九八一，頁六一八。

註二十：韓康伯，《周易王韓注》，台北，台灣中華書局，一九八五，卷八，頁一。

註二十一：南懷瑾，《易經雜說》(一)，台北，老古，一九八七，頁一三。

註二十二：同註二〇，頁三。

註二十三：《易緯》〈乾坤鑿度〉卷上，頁四，同註三。

註二十四：《易緯》〈乾鑿度〉卷上，頁一，同註三。

註二十五：同註二十四。

註二十六：見《周易鄭康成注》，載《大易類聚初集》，台北，新文豐出版公司，一九八三，頁一七。

註二十七：同註二一，頁三。
註二十八：毛奇齡，《仲氏易》，台北，廣文書局，一九七四，頁一一二。
註二十九：同註一三，頁五八。
註三十：同註一三，頁六六。
註三十一：同註一三，頁五九。
註三十二：同註一三，頁六六。
註三十三：同註二一，頁一二三。
註三十四：同註一三，頁六六。
註三十五：同註二一，頁一二三。
註三十六：同註六，頁二八八—二八九。
註三十七：方東美，《中國人的人生觀》（the Chinese view of life），馮滬祥譯，台北，幼獅，一九八八，頁四四。
註三十八：同註三十七。
註三十九：參閱同註三十七，頁四四—五二。
註四十：參閱，方東美著，孫智燊譯，《中國哲學之精神及其發展》，台北，成均出版社，一九八四，頁一四九—一六一。

註四十一：同註六，頁二九〇。

註四十二：同註三十七，頁三六。

註四十三：同註四十，頁一四六。

註四十四：同註三十七，頁九八。

註四十五：李光地，〈周易折中〉，台北，武陵，一九八九，頁一一八三。

註四十六：王弼，《周易王韓注》，〈周易略例〉卷十，頁七。同註二〇。

註四十七：惠棟，《惠氏易學》（上），台北，廣文，一九八一，頁五五三。

註四十八：程頤，《易程傳》，〈易傳序〉，台北，文津，一九九〇，頁一。

註四十九：同註四十六。

註五十：王夫之，《讀通鑑論》上册，台北，里仁，一九八五，頁一六四。

註五十一：王夫之，《讀通鑑論》下册，同五〇，頁一六五。

註五十二：同註五十一，頁五。

註五十三：朱熹《朱子語類》㈣卷六五，台北，文津，一九八六，頁一六〇二。

註五十四：惠棟，《周易述》，見《惠氏易學》（上），台北，廣文，一九八一，五五三—五五四。

註五十五：引自陳兆棨著，《中庸探微》，台北，正中，一九七五，頁九。

註五十六：朱天正註釋，《中庸今註今譯》，台北，商務，一九九一，頁三。

註五十七：同註五十六，朱子註「中庸」，頁八。

註五十八：《淮南子》，〈齊俗訓〉，台北，中華，一九九三，頁一〇。

註五十九：嚴靈峰，《易學新論》，台北，正中，一九八四，頁一二。

註六十：陸象山，《陸象山全集》，台北，中華，卷二三，頁七。

註六十一：見宋、張行成撰，《皇極經世觀物外篇衍義》卷九，台北，武陵，一九九一，頁六〇七—六〇八。

註六十二：方東美，《原始儒家道家哲學》，台北，黎明，一九八七，頁四六。

註六十三：同註六十二，頁七七。

註六十四：同註六十二，頁八三。

註六十五：曾春海，《儒家哲學論集》，〈易經的天人觀〉，台北，文津，一九八九，頁四四四。

註六十六：曹敏，〈論易經的宇宙觀〉，收錄於曹敏等著《學易淺論》，台北，黎明，一九八六，頁一。

註六十七：王夫之：《船山易學》上，〈周易內傳〉，頁五五七—五五八。

註六十八：南懷瑾，《易經雜說》，台北，老古文化，一九九一，頁三三—三五。

註六十九：南懷瑾、徐芹庭註譯，《周易今註今譯》，台北，台灣商務印書館，一九九〇年修訂六版，頁一〇—十一。

第三章　易經應用篇

易道精微，包羅萬有，與先秦諸子均有密切關係，除九流十家之學說外，舉凡天文、地理、曆數、音律、哲學、醫學、兵學、術數等，莫不從易經之象、數、理而出，此易經之所以被稱為經中之經者。易經賅括萬有，天文、地理、人道盡在其中，乃內聖外王之帝王學，歷代佐開國君主立開國宏規之大軍師者，如周之姜子牙，漢之張子房，三國之諸葛亮（助劉備建基業，延漢祚），唐之李靖，明之劉伯溫，均是胸羅萬有，精通易理者。易理上可治國平天下，下可使個人、家族趨吉避凶，以下謹就易理與人倫日常生活關係密切者簡述之。

一、梅花易數

趨吉避凶乃人之常情，俗云：「吉凶未來先有兆。」術數家亦云：「家之興衰，必有禎祥妖孽之識，識者鑑之，不識者昧之。」占卜即在事先知其吉凶休咎，以趨吉避凶，占卜最常見的是五行卦（即京房易），講世應、飛伏，比較複雜，至北宋邵康節乃創梅花易數，因觀賞梅花而占，故稱梅花易數，其法較簡單方便，隨時隨地可占，其法以先天八卦爲主，乾一、兌二、離三、震四、巽五、坎六、艮七、坤八，如卯時占卦，報十、十一兩個數字，即起兌☱爲上卦，離☲爲下卦（十除八餘二，十一除八餘三），成立澤火革卦䷰（本卦），十加十一再加卯時四數（子時爲一，丑時爲二，以次類推）共得二十五，二十五除六（爻有六）得四餘一，則初爻動，變成澤山咸卦䷞（變卦），上卦兌☱（澤）不動爲靜爲體爲我爲主，下離卦☲爲動則爲用，離變爲艮☶（下卦初爻動）爲變卦爲他爲賓，再以二、三、四爻爲互卦巽☴，三、四、五爻爲互卦乾☰，以體卦爲主，用卦、互卦、變卦生體卦或比和體卦則爲吉，剋體卦則凶，體卦剋用卦、互卦、變卦則半吉凶，體卦生用卦、互卦、變卦也是凶，再以八卦所代表的人、事、時、地、物論之即知吉凶休咎。

例：

邵康節觀梅占（以年月時占例）

辰年十二月十七日申時，康節先生觀賞梅花之際，見兩隻麻雀相爭，梅枝墜地，曰：「不動不占，不因不占」，今二雀爭枝墜地，覺得奇怪而占，辰年五數，十二月十二數，一七日十七數，共得三十數，除八得四（三十二）餘二，起兌爲上卦，加申時九數總得四十三，除八得五（四十）餘三，離爲下卦，成之澤火革卦（本卦），又以總數四十三除六得七（四十二）餘一，則初爻動，變成澤山咸卦（變卦）。

（本卦）

澤火革䷰

☱體卦兌金（爲主）

☲用卦離火—剋體凶

☰互卦乾金—比和吉

☴互卦巽木—體剋半吉凶

（變卦）

澤山咸䷞

☶變卦艮土—生體吉

上卦兌（澤）不動爲體爲我爲主，下離卦動則爲用（下卦初爻動），離變艮，爲變卦爲他爲賓，互用卦亦賓。斷曰：「推此卦則知明晚女子折花，園丁追逐，女子失驚跌倒，傷其股。」

按：以五行說兌金爲體，離火剋之，互卦巽木生火之源，剋體的卦氣盛，兌被傷，則知少女被傷，又巽爲股，逢乾金所剋，則有傷股之應，幸變卦爲艮土可生兌金，體卦（少女）有救，知少女被傷而不至凶危。

又推思本卦得澤火革，兌爲少女，近物爲口，遠取爲羊，內卦離爲中女，近，物爲目，遠取爲雉。說卦曰，近取諸身八卦：乾頭、坤腹、震足、巽股、坎耳、離目、兌口、艮手。遠取諸物：乾馬、坤牛、震龍、巽雞、坎豕、離雉、艮狗、兌羊，此易理變通也（互卦：以本卦取二三四爻和三四五爻而成）。

（二）牡丹占

巳年三月十六日卯時，康節先生與客人往司馬公家共賞牡丹，時正開花時期，客人問：「花開如此茂盛，亦有其數乎？」先生說：「當然有數」因而爲占，遂以巳年數六（巳在十二地支排第六，故數爲六，餘類推），三月數三，十六日數十六總和二十五，除以八爲二十四餘一，一爲乾卦，乾爲上卦，加卯時四（卯在十二地支爲四，故數爲四），數總計二十九除以八餘五，巽爲下卦，得天風姤卦，再以總數二十九除以六（卦有六爻故除以六）餘五，動五爻變成火風鼎卦，即據卦推之生剋，遂向客人說：「怪哉！此花明日午時爲馬所踐毀」。客人不信此話，待次日午時，貴官來觀賞牡丹，兩馬相咬在花叢間奔馳，花盡爲馬踐毀，應驗其斷言。

本卦 互乾金乾金 體卦巽木爲主（我）

【天風姤】 ☰ ☴ 用卦乾金—剋體凶

變卦 用乾金 體巽木 互卦乾金—剋體凶 （他）

【火風鼎】 ☲ ☴ 互卦乾金—剋體凶

變離火 變卦離火—體生洩氣凶

註：巽木爲體（牡丹花）爲乾金群黨所剋，故可推之牡丹無生意，必爲馬所踐毀，如何得知爲馬所害？並在午時之際？因乾爲馬，離爲日明之象（正午日正當中）。

（三）聲音占

凡聽到聲音，必細詳其聲數，只響一次，則聽聲數作上卦，加時總數和作下卦。或先聞聲數作上卦，加時數總和作下卦。或先聞聲數作上卦，後聞聲數作下卦，加時間數之和除以六動爻也可，占例如下：

叩門借物占（係聲音占之例）

寒冬黃昏（酉時），康節先生偕家人在室內爐旁取暖，聽到有人敲門，初叩一聲而停，繼而又叩五聲說想借汝物，康節先生曰「請慢說物名，由吾輩測你來借何物？」。於是令其子伯溫試占之。先一聲爲上卦，乾一巽五加時數十（酉在十二地支排第十，故數十，餘類推）共得十六，除以六（卦有六爻故除以六）餘四，則動四爻，本卦天風姤卦，動四爻變成巽卦，互卦重乾，卦中三乾金三巽木，可推金木之物。伯溫斷爲所借的是鋤，康節曰：「非也。」是斧頭而非鋤頭，遂問借物者，果然是借斧頭，其子求問爲何斷斧？康節解曰：「起數斷卦要明理，雖金木之物可推鋤亦可推斧，然以理評論，夕暮鋤頭何用！必定借斧劈柴炊事之用也。」

本卦	用乾金　體巽木	此推物品不論體用生剋、視其乾金巽木，可推爲金木之物：斧、鋤、刀、鎚、鏟、鑽等皆是，然依時間、地點、季節、氣象（晴雨）、明理斷之則可萬無一失。（四爻動）
【天風姤】	䷫	
變卦	互乾乾金	
【巽爲風】	䷸	
	變巽木	

邵雍訓示推數須明理，爲占卜之切要，靈活變通爲妙，舉一可反三也。

本卦	體坤土　用震木
【地雷復】	䷗
變卦	互坤坤土
【地澤臨】	䷒
	變兌金

按坤柔，爲地，震爲木、爲動，二爻動成兌金。可推「羅經」或毛筆、或刺繡之物。

本卦	體乾金　用兌金
【天澤履】	䷉
變卦	互巽木離火
【乾爲天】	䷀
	變乾金

按乾金爲鐵器，互巽爲木，離火煉之。可推剃刀、剪刀、鋏、燙髮炊斗之物（三爻動）

本卦	用兌金　體離火
【澤火革】	䷰
變卦	互乾金　巽木
【雷火豐】	䷶
	變震木

按離體火，可推夏季之物或燉燒烤煮之器物。故可推雨傘、鍋、爐、灶或犁之物。（五爻動）

本卦	用震木　體兌金
【雷澤歸妹卦】	䷵
變卦	互坎水離火
【火澤睽】	䷥
	變離火

按兌爲口，用木處於水火之間，故可推瓢子、漏斗、湯匙、煎匙、水壺、茶壺之物。（上爻動）

本卦	體兌金 用乾金
【澤天夬】	䷪
變卦	互乾乾金
【兌為澤】	䷹
	變兌金

按乾金過剛，非鐵即石，兌為缺口為破損，可推是破瓷碟、破碗、破酒杯、破瓷瓶之物。（三爻動）

以上五例皆為拋磚引玉推物類之參考，演練純熟，自能運用自如。

二、姓名學

姓名學有「熊崎氏姓名學」與「生肖姓名學」，熊崎氏姓名學乃日人熊崎氏根據宋朝蔡九峰之易經「皇極八十一數」而創出來的，四十年代由白惠文先生引進，漸次風行於全台，其法是以五格配三才（天格、人格、地格）五行（木、火、土、金、水）之生剋制化來論命，五格為天格、人格、地格、外格、總格，人格代表自我，天格代表父母、長輩、上司、女命之先生，地格代表子女、部屬、學生、下輩、男命之妻子，外格代表兄弟、同輩之朋友、社交之關係，總格代表福德。天格、地格、外格與人格相生、比和為吉，相剋為凶，並將筆劃分為八十一數，而論其吉凶，單數多為吉，偶數多為凶。此法以「數」論其吉凶，準確率並不高，是以近年國人又創出另一套「生肖姓名學」，以生年之天干地支為體，以姓名為用，用生體為吉，用剋體、體剋用為凶，姓看長上、父母、祖德、功名、先生之助力，名一看夫妻情、兄弟姐妹情、人際關係，名二看事業、不動產、財庫、子息、屬下、福德、太太之助力。以姓名之五行與生肖干支之生剋論其吉凶，及姓名之屬性配合生肖論其吉凶，如鼠、兔、蛇喜有洞之字，牛、羊、馬喜有草之字，虎、蛇、狗喜有肉之字，鼠、虎、蛇、馬、猴、雞、狗喜披采衣，龍則為神物，不食人間煙火，只喜日、月二珠，及飛龍在天，龍潛深淵，龍歸大海（龍以得水及日月二珠為上）。此法不僅可整體論命，還可論流年，比熊崎氏姓名學更深入，二者並論可互補而論的更準確。

五格姓名學

姓名共分為天格、人格、地格、外格、總格，及天、人、地三才，除天格外，各格之數理，均採用吉數，而天格對人格之成功運，人格對地格之基礎運，一一要互相相生。

天格—父母、長輩、長官、女性之先生。

人格—自我內在性格，思想觀念。

地格—子女、學生、部屬、男性之妻子。

外格—同輩朋友、社交、人緣。

總格—福德，福祿氣勢。

天格—一—十二歲

地格—十三—二十四歲

人格—二十五—三十六歲

外格—三十七—四十八歲

總格—四十九—六十歲

易混淆部首筆劃數

（犭）犬部：「犬」字爲四劃。例：「猿」是十四劃，「狠」十，「猛」十二劃，「猜」十二劃。

（扌）提手部：「手」字爲四劃，例：「提」是十三劃，「押」爲九劃，「操」爲十七劃，「打」是六劃。

（氵）三點水：「水」字爲四劃。例：「洪」是十劃，「治」是九劃，「法」是九劃，「汝」是七劃。

（忄）立心旁：「心」字爲四劃。例：「悅」是十一劃，「恬」是十劃，「滋」是十四劃，「愉」是十三劃。

（王）玉字旁：「玉」字爲五劃。例：「現」是十二劃，「理」是十二劃，「玲」是十劃。

（艹）草字頭：「艸」爲六劃。例：「芳」爲十劃，「花」爲十劃，「蓉」爲十六劃，「芬」爲十劃。

（四）網（四）字頭：「网」及冗字爲六劃。例：「蜀」是十四劃，「罕」爲九劃，「罔」爲九劃，「置」爲十四劃。「羅」爲二十劃。

（示）半禮部：「示」字爲五劃。例：「祥」爲十一劃，「福」爲十四劃，「禎」爲十四劃，「祺」爲十三劃。

（辶）走馬旁：「辵」爲七劃。例：「這」是十四劃，「連」是十四劃，「遇」爲十六劃，「近」爲十一劃。

（阝）左耳：「阜」爲八劃。例：「陳」爲十六劃，「隆」是十七劃，「限」爲十四劃，「阿」爲十三劃。

（阝）右耳：「邑」爲七劃。例「郭」爲十五劃，「都」爲十五劃，「邱」爲十二劃，「鄉」爲十七劃。

（衤）半衣旁：「衣」字爲六劃，例：「袱」是十二劃，「衫」爲九劃，「補」爲十三劃，「裕」爲十三劃。

易算錯之文字筆劃數

二劃：乃。

三劃：子、丸、凡、弓、刃、也。

四劃：牙、四、毋，仍，之，及，兮、攴、夂。

五劃：五、世，凹、凸、卯、巧、弘、民、北、瓦、甘。

六劃：印、臣、六、亥、求、丞、考、舛、臼。

七劃：七、成、初、秀、延、廷、步、卯、孝。

八劃：八、武、亞、臼、函、協、垂、比、承、其。

九劃：泰、表、染、飛、九、宦、致、冑、柳、盈、革、韋、衍、衵、政。

十劃：十、朗、育、哲、祕、洛、肯、芽、酒、肩、恆、修、眞、馬、巡、效、致。

十一劃：梁、偉、豚、張、涉、貫、卿、胡、涂、紫、募、勒、斌、彩、鳥、敏、范、梅、凰、第、望、海、鹿、教。

十二劃：黃、淵、報、盛、能、壺、採、脆、弼、涵、傑、博、發、勝、肅、爲。

十三劃：敬、祿、傳、裕、鼎、與、塚、毓、雍、琴、路、渠。

十四劃：夢、實、壽、賓、滕、養、貌、溫、慌、華、獅、萌、華、碧、與、鳳、圖、萍。

十五劃：寬、興、鄆、賜、葫、養、慶、葵、葛、德、頤、逸、增、樣、廣、趣、腳。

十六劃：燕、龍、龜、樺、導、舉、蒲、錫、潤、穎、冀、鄂、勳、曄、燁。

十七劃：隆、鄉、聯、燦、鴻、膚、蓮、檀、臨、霞、陽、嶽、鵬。
十八劃：豐、爵、蕊、翼、蕭、繡、濟、闊、簡。
十九劃；關、繩、勸、簿、璿、麗、贊、寶、膺、薔、薇、鵬、麒。
二十劃：犧、瓊、瓊、貌、露、瀚、嚴、繼、薰、馨、薩、騰、齡、懷。
二十一劃：鶴、隨、譽、鶯。
二十二劃：巔、藻、驅、驢、?、權、霽。
二十三劃：蘭、麟、蹤、顯。
二十四劃：贛、癲、隴、靈、讓、靄。
二十五劃：躡、觀、釁。
二十六劃：讚、驥。
二十七劃：鑾。

姓名傳統數理吉凶斷訣

此些數理需配合「命格」、「天運」，方能正確應用。

美貌數：4、14、12、22為美貌之數理，低易有桃花事端，色情之災。

藝術數：13、14、16、26、29、33天賦才藝之數，例美術、音樂、書法等。

柔弱數：12、14、22、32爲內剛，外柔數，是兩極化之個性。

寡婦數：21、23、33、29、39性剛孤剋數，女命不宜，早婚不吉。

剛烈數：7、18、17個性剛強，易有心肺疾病、筋骨問題。

首領數：3、16、21、23、31、33具智、仁、勇三德，富領導統御才能。

溫和數：5、6、11、15、16、24、31、32、35、41、個性溫順，得長上、屬下所信望。

豐財數：24、29、32、33爲白手起家，可成巨富，24劃爲財源財廣進，29劃爲任何錢皆想賺，32劃爲財帛豐裕，33劃爲有意外之財。

血光數：34、4、9、10、19、20尤以女性爲34劃者生產易開刀，或易大量出血。

破壞數：男子有20、28、36、40數者，個性佳，易有破壞性。

好色數：17、23、26、27、33、43、52男女均多慾風流，23、33小心爲情所困。

遭難數：27、28易受人誹謗、刑罪、遭難、或生離死別。

佛緣數：13、19、34爲正宗佛緣格，12、14、20、22爲偏佛緣格（從旁接觸此類筆劃，宜多接近宗教，多積功德，少吃牛肉、羊、狗肉，將會福慧雙修）。

婦德數：6、16、5、15、24、31、32、35、41等數之婦女有三從四德之品格。

愛嬌數：15、19、24、25，富有愛撒嬌之特質。

姓名五格相生相剋斷訣

壹、人格對天格：（父母、長輩、上司、與本人之關係）

一、人格生天格：孝順父母，尊重長輩，體恤長上，有責任感。

二、天格生人格：能得父母、上司疼愛及幫忙、有祖蔭及易得上司提拔。

三、人格剋天格：主觀意識強，與長上無緣，易與長官衝突，有正義感。

四、天格剋人格：父母對自己管教嚴格，不得上司緣，工作壓力大。

五、人格與天格比和：與長輩、上司、相處和睦，不注重輩份，與父母上司如兄弟朋友。

貳、人格對地格：（本人與家庭、配偶、子女、部屬之關係）

一、人格生地格：疼愛配偶、子女、照顧部屬，對家庭有責任感，能爲配偶、子女、家庭犧牲、奉獻。

二、地格生人格：能得家庭、配偶、子女、部屬所敬愛及幫助，較能享清福。

三、人格剋地格：對部屬嚴苛，教育子女嚴格，喜指揮命令配偶，具大男人，大女人主義

四、地格剋人格：爲家庭、子女奔波、勞苦，責任感重，小心部屬扯後腿。

五、人格與地格比和：能得夫與妻、子女、部屬所敬愛及幫助，較能享清福。

參、人格對外格：（本人之人際關係、社交、外緣、同輩、朋友、同事）。

一、人格生外格：對朋友慷慨、大方，且樂於助人，人際關係對朋友付出多而回收少。

二、外格生人格：人際關係佳，與宗教有緣。

三、人格剋外格：重視實際、不服輸，爲強人作風，具領導統御能力，企圖心強，對於朋友選擇相當謹慎，深怕受傷害，人際關係較弱，喜佔朋友便宜。

四、外格剋人格：一生易受同事、朋友拖累或損財，相識滿天下，知心無幾人，吃力不討好。

五、人格與外格比和：與朋友、同事能和睦相處，彼此互助，貴人多、不喜被人佔便宜，亦不喜佔人便宜。

肆、人格對總格：（代表本人福德、內外行爲、性向、企圖心與家庭之關係）。

一、人格生總格：做事實實在在，腳踏實地，喜儲蓄，與子孫相處和睦，成功機緣佳。

二、總格生人格：易得功名，善於理財，貴人運旺。

三、人格剋總格：個性主觀，剛愎自用，財運不佳，與岳父母緣份薄，創業不易。

四、總格剋人格：思想爲保守，苦幹實幹，配合得宜可功成名就。

五、人格與總格比和：思想、行爲、表裡一致，重然諾，事業易成功。

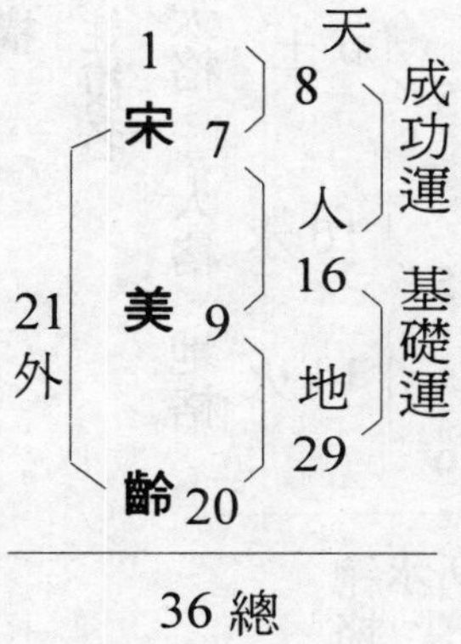

姓名結構

單姓複名

	筆畫	
	1	
史	5	天格 6 土
可	5	人格 10 水
法	9	地格 14 火
外格	10 水	
總格	19 水	

單姓單名：

	筆畫	
	1	
劉	15	天格 16 土
備	12	人格 27 金
	1	地格 13 火
外格	2 木	
總格	27 金	

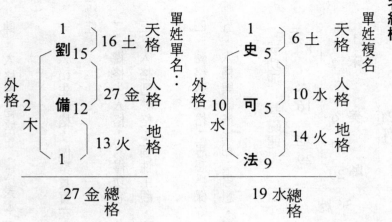

複姓單名：

	字	筆畫		格
外格 16 土	歐	15	32 木	天格
	陽	17	27 金	人格
	修	10	11 木	地格
		1		
			42 木	總格

複姓複名：

	字	筆畫		格
外格 11 木	司	5	15 土	天格
	馬	10	19 水	人格
	相	9	15 土	地格
	如	6		
			30 水	總格

1 、 2 為木

3 、 4 為火

5 、 6 為土　（看個位數）

7 、 8 為金

9 、 0 為水

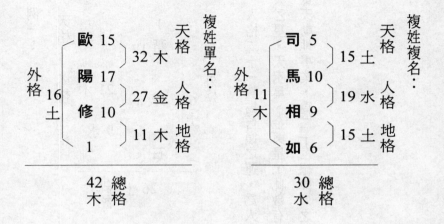

例一：

	1	18 金	天格
	蔣 17		
		21 木	人格
外格 6 土	介 4		
		9 水	地格
	石 5		
		26 土	總格

人格二十一數爲首領之運，爲人尊仰，富貴顯榮，總格二十六數爲怪傑之數，帶天乙星、天廚星、金輿星，此數有英雄義俠，異奇才能，怪傑偉人，故能成就一翻驚天動地事業，爲二十世紀偉人之一。

例二：

	1		5 土	天格
	王 4			
			9 水	人格
外格 16 土	永 5			
			20 水	地格
	慶 15			
			24 火	總格

人格九數，幼年辛苦，總格二十四，爲白手成家之格，才智兼備，勤儉建業，財源廣進，到老越豐，子孫繼承餘慶之福運也。

例三：

	1		
	蔡 17	18 金	天格
外格 12 木	元 4	21 木	人格
	培 11	15 土	地格
	32 木		總格

人格二十一數，光風霽月之象，萬物成形確立之勢也，享盡榮華富貴，萬人景仰，總格三十二數，池中之龍，風雲際會，一躍上天，功成名就，且性溫良，大有愛顧他人之德，家門隆昌繁榮。

生肖姓名學：

姓名結構：

依「上爲陽下爲陰，左爲陽右爲陰」之原則，將姓名每一字分出陰、陽二種屬性，如無法分出，則爲陰陽同體，姓名學以姓一個字及名二個字爲原則，如遇單名或複姓時，則依下列規則予以重組：

單姓複名：

姓—	陰｜陽	陽／陰
名一—	陰｜陽	陽／陰
名二—	陰｜陽	陽／陰

姓—	史 →	史｜史
名一—	可 →	可｜可
名二—	法 →	氵｜去

不能分上下左右爲陰陽的字，則陰陽邊同字。

單姓單名：將姓之陰邊下移爲下一字之陽邊，名之陽邊上提爲上一字之陰邊，合成一字，爲名之第一字，原單名現爲名之第二字。

例：

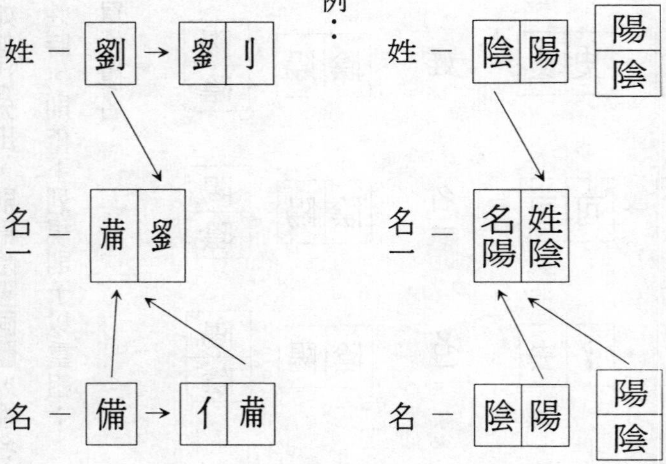

複姓複名：姓之第一字爲陽邊，姓之第二字爲陰邊。

姓一—陽

姓二—陰

名一—陰陽　陽／陰

名二—陰陽　陽／陰

例

姓一—司→陽

姓二—馬→陰

名一—相

名二—如

複姓單名：複姓第一字爲陽，第二字爲陰，將姓二移爲下一字之陽邊，單名之陽邊上提爲上一字之陰邊。

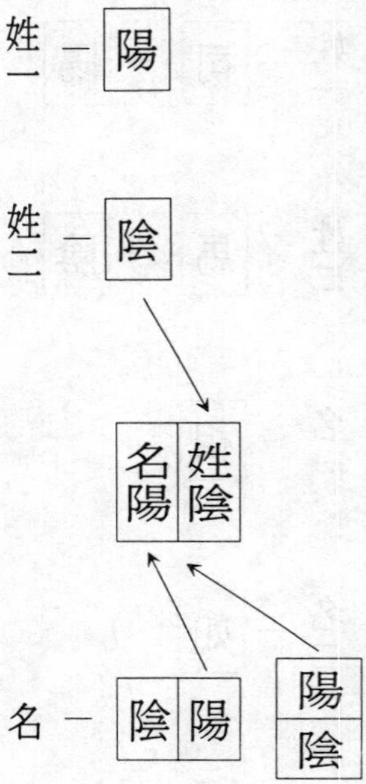

例

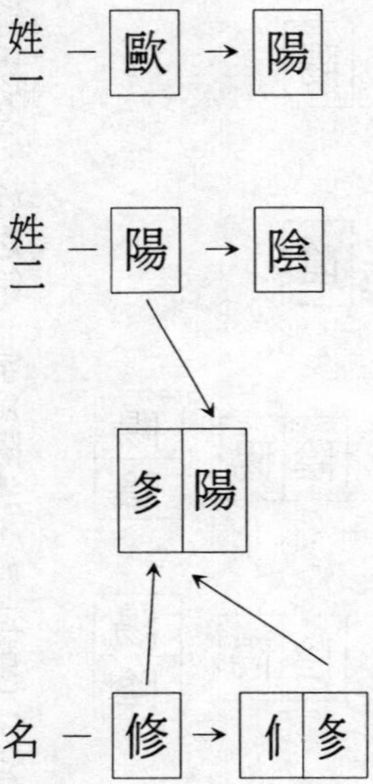

導讀—名詞介紹

一、三合—吉：地支中之三合有「申、子、辰」合水，「寅、午、戌」合火，「亥、卯、未」合木，「巳、酉、丑」合金等四種組合，即成正三角形，在姓名的運用裡，三合力量最大。

二、三會—吉：「亥子丑」會水，「寅卯辰」會木，「巳午未」會火，「申酉戌」會金，其力量僅次於三合。

三、六合—吉：「子丑合」、「寅亥合」、「卯戌合」、「辰酉合」、「巳申合」、「午未合」、力量次於三會。

四、六沖—凶：「子午沖」、「丑未沖」、「寅申沖」、「卯酉沖」、「辰戌沖」、「巳亥沖」、破壞力最大。

五、三刑—凶：「子午卯」刑，「丑戌未」刑，「寅巳申」刑，破壞力次於六沖。

六、六害—凶：「子未害」、「丑午害」、「卯辰害」「申亥害」、「酉戌害」、「寅巳害」，破壞力次於三刑。

七、六破：「子酉破」、「寅亥破」、「辰丑」、「午卯破」、「巳申破」、「戌未破」。

八、得食：十二生肖各有喜好，牛馬羊喜吃草，虎蛇狗喜食肉，神龍則不食人間煙火，猴嗜食水果。

九、得地：馬喜草原奔馳，虎入山林爲王，狡兔有三窟，老鼠、蛇喜洞，龍則喜飛天或歸大海，十二生肖各有各的生長環境與喜好。

十、得位：虎、龍、猴，狗、蛇喜披彩衣增威儀，牛、羊、豬如披彩衣即是祭天上供桌之時，成爲祭品就無法爲主，掌不了大權—玉印。

得位指生肖本身之「具備王格」或「不具備王格」，如鼠爲十二生肖之首，入王格得位，豬爲十二生肖之末，入王格不得位，得位者突顯威儀，收錦上添花之效，不得位者易遭「懷才不遇」之困境。

十一、祭典：十二生肖在古代祭典中各有所司之職，其角色扮演之喜忌是「地位」之另一層次表現。

喜：鼠、虎、龍、蛇、馬、猴。

忌：牛、兔、羊、雞、狗、豬。

取名通則

一、不可犯上：古聖三公「堯、舜、禹」此三字為平民百姓所禁用，且不能與長輩相同，「明」字只有肖龍之人可用。

二、孤寒之字勿用：如寒、梅、霜、雪、冬、枝、月、亭、貞等。

三、飄浮無根之字勿用：如萍、雲、霞、露、曇、雯等。

四、女子忌用男名：較陽剛之字如：國、強、世、榮、鈴、玲……忌用，也忌用單名，否則一生勞碌不休，相法「男人女相主富貴，女人男相主貧賤」，姓名學亦然，女人男相縱富貴亦勞碌孤剋。

五、冷僻的字勿用：如衒、宂、湑、砢等。

六、字義不佳者勿用：如荐、稗、茹、蕪、豬、礫、瑕等。

七、音韻拗口、諧音不吉者勿取：如曉蒂，諧音為「小弟」。

八、感情不順之字勿用：如姿、伶、亞、次、淑等字屬侍妾之流。

九、與排行有關之字如：乾、震、坎、艮、坤、巽、離、兌、冠、伯、仲、季等字，必須參考家中之長幼順序。

十、十二生肖忌用字形：

（一）「乂、入、儿」—大動物在追逐，小動物在逃命。

如：文、攵、政、興、貝、典、光、、克等。

（二）「耳、阝」—拎耳，受制於人。

十一、「厶」蹺字形—代表安逸穩定。

喜用者：鼠、牛、虎、兔、羊、猴、狗、豬。

忌用者：龍、蛇、馬、雞。

十二、女人重情，男人重事業：女人名一不能破，男人名二不能破。

十三、「男有分，女有歸」之「春秋禮數」：男名中間字重「陰」邊，末尾字重「陽邊」，女名中間字重「陽」邊，末尾字重「陰邊」。

十四、嬰兒取名應配合父母生肖，避免沖剋父每。

十五、已婚者改名應配合另一半的生肖，避免沖剋以免影響婚姻事業。

（二）主體與客體關係斷訣

主體：出生年之天干地支。

客體：爲個人姓名。

其相互關係格局優劣如下：

*1.*最優：客體生主體。

例：出生年爲甲寅年，寅爲木，如名字中有水，水來生寅木，乃最優之格局。

*2.*次優：主體與客體比和。（五行相同）。

例：如出生年爲甲寅年，名字中有木，木木比和，客體助主體，乃次優之格局。

*3.*普通：主體剋客體。

例：出生年爲甲寅年，如名字中有土，木來剋土，客體中無法釋放能量來幫助主體，屬再次優。

*4.*次差：主體生客體。

例：出生年爲甲寅年，如名字中有火，木生火，洩主體元神之氣，消耗主體能量。

*5.*最差：客體剋主體。

例：出生年爲甲寅年，如姓名中有金，金剋木，剋殺主體，不助反敗，乃爲最差之格局。

（三）生肖屬性喜忌斷訣

鼠

子（鼠）生肖五行生剋之七種型態

一、三合—吉：申（猴）、子（鼠）、辰（龍），力量最大，得道多助。

申（猴）：袁、紳、神、暢、寰、坤、遠、環、園、侯、旭、示、福、禮、宗等。

辰（龍）：農、宸、震、麗、瓏、振、晨、麒、麟、龔、寵、麓、雲、雨、貝、君、朧、賀、貞、禎、言、京、慶等。

二、三會—吉：亥（豬）、子（鼠）、丑（牛），代表貴人多，力量次大。

亥（豬）：家、豪、核、緣、稼、象、豫、聚、衆、該、孩。

丑（牛）：鈕、紐、特、犁、生、隆、物、牧、皓、甥、造、犁、牲、薩、薩、甦、二、竺、士、亞、次、懿。

三、六合—吉：子（鼠）、丑（牛）合：力量次於三會

丑（牛）：生、隆、浩、牡、特、組、鈕、二、竺、士、亞、次等…。

四、六沖—凶：子（鼠）、午（馬）沖，沖者對立也，耗六親或受累，破壞力最大。

午（馬）：許、馴、駐、騰、馳、馮、馭、駒、駕、駱、駟、駭、駛、騁、騏、騎、駿、騄、朱、紅、赤、南、炎、炳、杰、照、熙、篤、筠、竹、彤、丹等。

五、三刑—凶：子（鼠）、卯（兔）刑，子卯相刑爲無禮之刑，代表任性而爲，目中無人之剋害現象，破壞力次之。

卯（兔）：仰、勉、迎、逸、青、月、卿、印、棟、東、柳、木、林、森、四、月、朋、明等。

六、相破—凶：子（鼠）、酉（雞）破，破者壞也，代表損壞，易碎之現象。

酉（雞）：雅、集、醇、酌、鴻、雄、鵰、非、兆、翰、翌、進、翎、雙、雁、鵲、鶯、翟、翡、耀、鵬、鳴、飛、翁、金、釧、鈞、西、茜、兆、菲等。

七、相害—凶：子（鼠）、未（羊）害，相害又稱相穿，傷身，傷心也，代表意外之現象。（羊鼠相逢一旦休）

未（羊）：美、姜、祥、義、羚、群、善、羲、妹、儀、詳、洋、羨、妹、茉、茱、珠、朱、姝、南、幸、澤等。

1. 老鼠宜用字根：

⑴老鼠為十二生肖之首，喜「大」、「太」、「王」、「令」、「長」、「冠」、「君」字根，如琴、玲、主、王、首、帝、將、帥、皇，代表得位。

⑵鼠吃五穀，宜「米」、「梁」、「豆」、「麥」、「艹」、「田」，如菊、秀、科、登、豐、苗、福、富。

⑶鼠喜打洞藏身，翹腳休息。宜有「口」、「穴」、「云」為根，如芸、雲、宏、居、回、固。

⑷老鼠喜歡披彩衣。宜「彡」、「巾」、「糸」、「衣」、「示」字根，如紳、裕、彤、帆、紅、祟。

⑸老鼠喜歡在夜間行動。宜「夕」字根，如銘。

⑹老鼠喜「金」部字根，因金生水，如銀、銘、鈞、鈴、鎮。

⑺喜在草叢爬行，如芙、花、芸、苓、菊。

⑻喜住家：門、戶、广、夂，如啓、廣。

⑼喜柵欄：冊、聿，如津、慧。

⑽鼠在祭典中為受崇敬的對象，喜用：

甲、鼎、示。

乙、彩衣：彩、彡、衣、系、肅、巾、疋。

丙、冠冕：宀、⺈、夂，如言、前、妥、發、詹、券、當、各。

⑾鼠以牙齒爲武器，可用：刂、矢、戈、斤、片、爿、刀。

2.老鼠忌用字根：

⑴老鼠忌用「辶」、「廴」、「走」、「弓」、「几」、「邑」、「虫」等蛇字根，因老鼠怕蛇。如建、進、超、強、鳳、超、引、包、苞、蜀。

⑵避免水火相剋，忌用「火」、「灬」字根，如燕、狄。

⑶老鼠怕光。忌用「日」字根，如昌、昱、昆、煇。

⑷老鼠不喜見人，人見人打，忌用「亻」、「彳」字根，如儀、從、仁、介、任、佩、佳、依。

⑸不吃肉，忌用「心」、「忄」、「月」等肉字根，如志、忠、恭、怡、恰、恬、育、股、能、胡、脈。

⑹不喜小：如士、卿、二、工、次、亞、相、臣等，代表不得位。

牛

丑（牛）生肖五行生剋之七種型態

一、三合─吉：巳（蛇）、酉（雞）、丑（牛）。

巳（蛇）：（虫）：虹、蜀、蜂、蜎、螢、蜿等。

（弓）：弘、引、張、弦、強、弼等。

（廴）：建、廷、延等。

（辶）：迪、通、連、造、進、遊、道、達等。

（巳）：巴、包、苞、起、選、邑等。

（几）：凱、凡、鳳等。

（之）：芝、泛、乏等。

（走）：超、起

（毛）：尾。

（它）：佗、駝。

酉（雞）：酥、酒、酷、酌、醇、配等。

（鳥）：鵑、鳴、鳳、鶯、鶴、鵜、鸞、鴻等。

（羽）：羿、翁、翃、翎、習、翊、翡、翰等。

（隹）：雄、雅、集、雙、進等。

（金）：銘、鑫、銘等。

（兆）：兆、姚、窕等。

（非）：菲等。

（西）：西、茜、覃等。

二、三會─吉：亥（豬）、子（鼠）、丑（牛）。

亥（豬）：核、該、孩、家、象、豪、豫、緣、毅等。

子（鼠）：存、孔、字、孝、孜、孟、季、孺、享、孰、孳、李、好、郭、學、洪、洲、洛、潔、湘、涵、泉、承、泰等。

三、六合─吉：子（鼠）、丑（牛）合

子（鼠）：孝、學、好、禮、孟、洪、洛、潔等。

四、六沖─凶：丑（牛）、未（羊）沖

未（羊）：美、姜、羚、善、義、群、詳、儀、祥、洋、茉、朱、珠、茱、味、妹等。

五、三刑—凶：丑（牛）、戌（狗）、未（羊）（天羅地網）刑。

戌（狗）：成、戎、戰、載、茂、盛、威、誠、城、狄、狀、狂、獲、然、猛、獻、猶、猷、獨等。

未（羊）：美、茉、妹、善、義、朱、珠等。

六、相破—凶：丑（牛）、辰（龍）破。

辰（龍）：晨、宸、農、振、龍、瓏、瀧、朧、龐、麒、麟、麗、麓、寶、賀、貝、貞、楨、貴、賜、言、許、訶、京、雲、諒、涼、慶等。

七、六害—凶：丑（牛）、午（馬）害。（水火相剋，自古白馬怕青牛）

午（馬）：馮、馳、馴、駐、駕、駒、駿、騏、騁、騰、驃、驍、驊、驛、許、杵、迕、朱、火、紅、赤、珠、南、炎、炳、杰、照、熙、篤、筠、夏等。

1. 牛宜用字根：

⑴牛喜「田」字根，因耕田爲其天性，如富、苗、博、輔、界。

⑵牛喜洞穴，居於其中，故喜「宀」、「厂」、「广」、「口」、「門」、字根，如宙、宏、原、府、庫、圖。

⑶牛代表馬拉車，乃爲升格，故牛亦喜「車」字根，如軒、轅、轄。

(4)牛喜歡休息，喜歡「厶」字根，如弘、宏、雄、芸、玄。

(5)牛吃五穀、草類，喜「叔」、「麥」、「米」、「豆」、「艹」、「禾」、「粱」字根，如菽、菊、凱、芝、科、粱。

(6)牛在十二生肖排行老二，凡事不喜爭第一，故牛喜「小」、「士」、「臣」、「亞」等字根。

(7)丑牛喜「金」來生，因丑中暗藏水，故「金」字根，來生助本體，如銘、銀。

(8)喜住家：門、戶、广、夂。

(9)喜柵欄：册、聿、干、曲、建。

(10)喜平地：平、原、田、甫。

(11)以牛角爲武器，可用刂、刀、矢、戈、斤、片、爿。

2.牛忌用字根：

(1)牛爲素食動物，不吃暈、避免出現「月」、「忄」、「心」，如怡、忠、肢。

(2)牛不能披彩衣，一披彩衣，變成上供桌祭品，不宜有「彡」、「巾」、「系」、「衣」、「釆」、「示」等字根，如彬、彤、彥、希、常、依、彩、絲、祥、祺、裕、依。

⑶牛忌用「大」、「君」、「令」、「帝」、「長」、「冠」等字根，因牛逢大代表上供桌，如王、首、珍、玲。

⑷忌抬頭，如文、主、愛、永。

⑸不喜白天，代表勞碌，如朝、旦、旺、昌、昭、時、昦、昊、耀、輝。

⑹不喜上山，代表勞碌，如岳、峻、崇、嵩、崑。

⑺不喜逢耳，被拎耳，代表「有志難伸」，如耿、聆、聖、陳、陣、郭、都、鄉、鄭。

⑻牛在祭典中爲供桌上的牲禮，忌用：彩衣、冠冕、玉印、司令、示、日光。

⑼逢「軍」，犒賞三軍，忌用。

⑽逢人：人、亻、彳，被人駕馭，忌用，如仁、以、仲。

⑾忌用字、安二字，因配牛成「牢」字。

虎

寅（虎）生肖五行生剋之五種型態

一、三合—吉：寅（虎）、午（馬）、戌（狗）。

午（馬）：馮、馳、馴、駐、駒、駿、騁、騏、駼、驃、驍、驊、朱、夏、南、紅、赤、夏、炎、炳、杰、熙、篤、筠、丹、彤等。

戌（狗）：戊、成、戎、茂、威、誠、城、狄、獲、然、猛、猖、猷、獻等。

二、三會—吉：寅（虎）、卯（兔）、辰（龍）。

卯（兔）：月、印、卿、柳、逸、勉、迎、青、勝、東、陳、林、朋、棟、木等。

辰（龍）：晨、宸、農、振、震、龍、瓏、瀧、朧、龐、麒、麟、雲、麗、麓、京、諒等。

*辰（龍）雖然三會，但與寅（虎）合有龍爭虎鬥之嫌，故應避用。

三、六合—吉：寅（虎）、亥（豬）合

亥（豬）：家、豪、毅、緣、豫、象、核、該等。

四、六沖—凶：寅（虎）、申（猴）沖

申（猴）：伸、紳、坤、珅、暢、袁、猿、遠、侯、寰、圜、旭、福、禮、宗等。

五、相刑—凶：寅（虎）、巳（蛇）刑。（蛇遇猛虎如刀戮）

巳（蛇）：（虫）：虹、蜀、蜂、蝴、蝶、螞、蟻等。

（弓）：弘、引、張、弦、強、弼、彊等。

（廴）：建、廷、延等。

（辶）：巡、迎、通、達、造、逸、進、遊、道等。

（巳）：包、苞、選、巽、邑、巴等。

（几）：凡、鳳、凱等。

（之）：芝、泛、乏等。

（它）：佗等。

（毛）：尾等。

（走）：超。

1. 老虎宜用字根：

⑴老虎爲山林之王，喜「山」、「木」、「林」字根，如崑、崇、琳、彬、森、屯、艮、良。

⑵虎入穴爲王，喜用「冖、宀」字形。

⑶老虎喜歡吃肉、其字根爲「肉」、「月」、「心」、「忄」，如育、青、

忠、念、悅、情。

⑷老虎喜「王」、「主」、「君」、「大」、「令」、「常」、「長」、「冠」、「將」、「相」、「力」、「王」、「風」字根，因其爲百獸之王，如主、帝、將、帥、皇。

⑸老虎喜用「水」字根，因虎爲寅，寅爲木，水則能生木，如江、沅、津。

⑹老虎喜華麗，增加其威風，而華麗之字根爲「衣」、「糸」、「彡」、「巾」、「釆」，如彬、彤、表、裕、祈、褀、絲、彩、希、帝、素、純。

⑺虎在祭典中可受尊崇，喜用：甲、鼎、示。

乙、彩衣：釆、彡、衣、糸、肅、巾、疋。

丙、冠冕：⺍、夂，言、前、當、勝、妥、發、詹、各。

⑻以虎爪、虎牙爲武器，喜用：刂、矢、戈、斤、片、爿。

⑼「日」爲縣尹「正大光明」之官銜，虎得官銜更增威儀，喜用，如昌、昱、旺。

⑽逢「軍」爲將、帥之格，喜用。

2.老虎忌用字根：

⑴「虎落平原被犬欺」，老虎忌「田」、「艹」字根，如富、芝、福、芷、芸。

⑵老虎開口必傷人，應避免用「口」字根，如台、召、名、吳、呂、和、哲、員。

⑶龍虎一起，必相鬥，故應避免「辰」、「龍」、「貝」、「言」字根，如宸、寶。

⑷虎宜大不宜小，忌「小」字根，如士、亞、少、次、尾。

⑸一山不容二虎，老虎應避免有兩隻老虎出現在姓名當中。

⑹老虎不喜被人控制，故應注意避免有「人」、「亻」字根，如儀、仁、健、偉、仕。

⑺老虎不吃雜糧，如「米」、「禾」、「豆」、「麥」、「粱」之字根不宜，如粱、秀、科、登、豐、菊。

兔

卯（兔）生肖五行生剋之七種型態

一、三合—吉：亥（豬）、卯（兔）、未（羊）。

亥（豬）：該、核、孩、家、豪、豫、聚、毅等。

未（羊）：美、姜、羚、善、義、群、妹、洋、儀、祥、翔、朱、珠、茱、茉、味等。

二、三會—吉：寅（虎）、卯（兔）、辰（龍）。

寅（虎）：虔、處、彪、號、演、琥、豹、虢、爐、獅、艮、良、朗、屯、崑、風、嵐、楓、三、參、爭、靜、等……。

辰（龍）：晨、宸、振、震、龍、瓏、瀧、朧、龐、麒、麟、麗、麓、貴、貞、楨、慶、言、訶、京、諒、雲等。

*辰（龍）雖爲三會，但卯辰相害，刑剋嚴重，故不宜使用。

三、六合—吉：卯（兔）、戌（狗）合

戌（狗）：戊、成、戎、茂、威、誠、城、狄、狀、獲、然、猛、狷、戴。

四、六沖—凶：卯（兔）、酉（雞）沖。

酉（雞）：酋、酥、酷、鳴、鶯、鷹、鴻、翁、翃、翌、栩、翔、翰、雁、雄、雅、集、進、銘、兆、窕、菲、西、金、茜等。

五、相刑—凶：子（鼠）、卯（兔）刑。

子（鼠）：孔、存、字、孝、孜、孚、孟、季、孰、孩、享、李、郭、好、洪、洛、潔、湘、涵、承、泰等……。

六、相害—凶：卯（兔）、辰（龍）害。（玉兔見龍雲裡去）：農、振、麒、麟、鹿、麓、慶、言、京、貝、貞、楨、賀、雲等。

七、相破—凶：卯（兔）、午（馬）破。

午（馬）：馮、馳、馴、駒、駕、駐、駿、騏、騄、騰、驃、驊、驛、朱、株、珠、夏、南、紅、炎、炳、杰、照、熙、篤、筠、竹等。

1. 兔子宜用字根：

⑴兔子喜有洞、穴躲藏，宜用「宀」、「宀」、「广」、「口」字根，如守、宏、府、廣、困、恩、吳、召、台、合、名。

⑵喜住家：門、戶、广、夂。

⑶喜柵欄：册、聿、曲。

⑷喜居地：田、甫、山、丘、谷。

(5)兔子吃五穀雜糧，所以喜歡「禾」、「米」、「麥」、「豆」、「粱」、「甘」、「卄」、「田」字根，如科、秉、粱、精、黍、登、芸、茵、苗。

(6)兔子喜彩衣，華麗其外表，喜「彡」、「糸」、「衣」、「巾」、「釆」、「示」，如彬、彥、彤、紜、紘、裕、裏、希、彩、絲、祥、福。

(7)兔子喜「木」字根，有比旺作用，如材、李、松。

(8)兔子喜小，故其字根「小」、「少」、「亞」、「臣」。

(9)「狡兔三窟」，兔喜得三口，肖兔者姓名三字總得口數爲三、六、九，具有王格，如胡若茵、呂秉程、黃如婷。

(10)兔子喜水來生，因兔爲卯木，水可生木喜「水」字根，如永、江、河、治、法。

(11)兔子膽小，喜逢「月」、「夕」字根，如銘、朗。

(12)「玉兔東昇」中的玉兔指「月亮」，且夜晚月亮昇起，適得其位。

2.兔子忌用字根：

(1)兔子不吃肉，忌用「忄」、「心」、「月」字根，如怡、恬、恩、忠、育、朝。

(2)不可用「宇」、「安」兩個字，因宇配兔則成「冤」，安女性配兔亦成「冤」。

(3)兔子不喜抬頭，應避免「文」、「舀」、「主」、「永」、「去」字根。

(4)兔小不喜歡見光，因白天月亮下降，且日月正沖，不得其位，忌用「光」、「日」字根，如旺、昱。

(5)兔子不喜受人控制，故忌用「人」字根，如仁、仕。

(6)兔子是蛇的食物，故姓名中，忌用「虫」、「辶」、「弓」、「几」、「之」等字根，如強、進、鳳、芝、弘。

(7)兔字不喜大，應避免用「大」、「君」、「冠」、「常」、「王」字根。

(8)兔入山危險，忌用「山」、「林」、「艮」等字根，如崑、良。

(9)兔肉不上供桌，犧牲無價值，忌用：鼎、示。

(10)不喜逢人：「守株待兔」，有隨時被捉之危機，忌用：人、亻、彳。

龍

辰（龍）生肖五行生剋之六種型態

一、三合—吉：申（猴）、子（鼠）、辰（龍）。

申（猴）：伸、坤、紳、珅、暢、袁、猿、遠、環、侯、寰等。

子（鼠）：存、孔、字、孝、孜、孚、孟、季、李、孩、郭、學、享等。

二、三會：寅（虎）、卯（兔）、辰（龍）。

寅（虎）：虔、處、彪、號、演、琥、豹、盧等。

＊寅（虎）雖為三會，但有龍虎鬥之嫌，故不宜使用。

卯（兔）：月、柳、卿、仰、勉、迎、陳、朋等。

＊卯（兔）也不宜使用，因卯辰相害之故。

三、六合—吉：辰（龍）、酉（雞）合

酉（雞）：酥、配、鳴、鶯、鴻、翁、翌、翊、翔、翰、兆、菲、茜、銘等。

四、六沖—凶：辰（龍）、戌（狗）沖

戌（狗）：戊、成、戎、戰、茂、威、狄、狀、獲、然、猶、猛、狷等。

五、相刑—凶：辰（龍）自刑、宸、振、京、雲、言、貝、慶、麒。

六、相害—凶：卯（兔）、辰（龍）害。（玉兔見龍雲裡去）

辰（龍）：振、宸、麒、鹿、貞、言、京等。

七、相破：丑（牛）、辰（龍）破。

丑（牛）：生、牲、產、甥、甦、牧、物、特、牷、姓、隆、浩、皓、紐、鈕、二、士、竺、亞、次、等。

1. 龍宜用字根：

(1)龍喜水，所謂龍藏深淵，宜選用「氵」、「水」字根，如洋、海。

(2)龍爲天子之代稱，故宜用「王」、「君」、「大」、「令」、「主」、「長」、「帝」、「皇」、「天」、「京」、「首」、「言」、「雨」、「雲」字根。

(3)龍喜得日月星掌三珠，「日」、「月」、「星」字根爲最愛，如昌、明、昱。

(4)龍馬精神，思其意，龍喜馬之精神，積極進取，其字根爲「馬」、「午」，如駿、許。

(5)龍抬頭可展其威，故喜歡抬頭字根，「云」、「彥」、「存」，如雲、顏。

(6)龍喜披彩衣，象徵龍袍加身，其字根爲「系」、「巾」、「衤」、「彡」、「采」，如孫、帥、彤、彩。

(7)龍在祭典中備受尊崇，喜用：

甲、示、鼎。

乙、彩衣、冠冕，可謂-「黃袍加身，頭頂皇冠」。

⑻喜逢「鳳」，是爲龍鳳配。

⑼龍喜飛「天」，如昊、天。

2.龍忌用字根：

⑴龍不喜上山，因山字藏老虎，會產生龍虎鬥。忌用「山」、「艮」、「丘」、「岳」、「寅」、「屯」、「手」、「盧」。

⑵龍遇蛇根會降格之象，故應避免「辶」、「弓」、「川」、「邑」、「廴」、「之」字根，如選、強、邕、建、順、芝。

⑶龍應避免小「口」，以成爲困龍，降格爲蛇，如呂。

⑷龍困淺灘，應避免「艹」字根，如芸、芝。

⑸龍不喜「田」字根，有降格爲蛇之象，如富、野。

⑹不喜洞穴：口、口、冖、宀、冂。

⑺不喜住家：門、戶、广、攵。

⑻不喜柵欄：冊、聿、曲。

(9)不喜平地-困龍：艸、平、原、田、甫、澤、沼、池、谷。

(10)龍乃不食人間煙火之神獸，應避免「心」、「忄」、「月（肉）」及五穀字根，如惠、怡、科。

(11)避免天羅地網之字根，「丑」、「未」、「戌」，如茉、義、獻、狄、紐。

(12)龍為君，忌「小」、「士」、「少」、「臣」之字根。

(13)忌用「乂」、「入」、「儿」、「厶」字根，破神龍見首不見尾之格，如云、芸、弘、文、倪。

(14)不喜逢人，龍為神物，逢人降為凡物，為「懷才不遇」之格。

(15)忌用「正」，正為「不上不下」、「忐忑不安」，破君王一言九鼎之格。

蛇

巳（蛇）生肖五行生剋之五種型態

一、三合—吉：巳（蛇）、酉（雞）、丑（牛）。

酉（雞）：酋、酥、酒、酪、酷、金、銘、茜、菲、兆等。

（鳥），鵲、鳴、鳳、鶯、鶴、鷹、鴻等。

（羽），羿、翁、翊、翌、翊、翔、翡、翰等。

（隹），雁、雄、雅、集、雙、進、離等。

丑（牛）：生、牲、產、甥、甦、牧、物、特、牷、姓、隆、浩、皓、紐、鈕、二、士、亞、次、竺、懿等。

二、三會─吉：巳（蛇）、午（馬）、未（羊）。

午（馬）：馮、馳、馴、駐、駕、駒、騁、騏、駼、驃、驍、驊、驛、朱、赤、夏、南、許等。

未（羊）：美、姜、羚、善、義、群、妹、儀、詳、翔、洋、茉、祥等。

三、六沖─凶：巳（蛇）、亥（豬）沖。

亥（豬）：核、該、孩、家、象、豪、豫、聚、毅、垓等。

四、相刑─凶：巳（蛇）、申（猴）刑。

申（猴）：伸、坤、紳、珅、暢、袁、猿、遠、環、寰、侯等。

五、相害─凶：寅（虎）、巳（蛇）害。（蛇遇猛虎如刀戮）

寅（虎）：虔、處、彪、號、虛、演、琥、爐、獻、豹、盧、獅、艮、良、朗、崑、屯、風等。

1. 蛇宜用字根：

⑴蛇喜歡吃肉，應用「忄」、「心」、「月」字根，如惠、怡、鵬、慈、勝。
⑵蛇喜田園活動，可用「田」字根，如富、里。
⑶蛇喜洞穴，其字根爲「口」、「宀」、「口」，如呂、宜。
⑷蛇喜住家：門、戶、广、攵。
⑸蛇喜柵欄：册、聿。
⑹喜草地：艸，如芳、華。
⑺蛇喜爬樹，有如飛龍在天，升格成龍，宜有「木」之字根，如彬。
⑻蛇喜「火」字根來比旺生助，如狄、煥。
⑼蛇喜逢辰龍，升格之象，如宸、農、振、言、京、貝、雲、鹿、長、辰、雨、君、麒、麟。
⑽蛇在祭典中幻化爲「龍」，喜用：

甲、示、鼎。

乙、披彩衣：采、彡、衣、系、肅、巾、疋。

丙、戴冠冕：宀、彑，言、前、當、勝、妥、彖、發、詹、各。

丁、頭長角：夬，如貞、韋、存、兌。

戊、上屋頂：瓦。

己、邁方步：走。

⑾本位：蛇鼠一窩，蛇喜物以類聚，喜用：娥、好。

⑿得位，喜大，蛇化爲龍，喜用：君、王、主、長、大、京等。

⒀武器：蛇牙，喜用：刂、刀、矢、戈、斤、片、爿。

2.蛇忌用字根：

⑴蛇爲火忌與水相剋，應避免「水」、「氵」、「子」字根，如海、溪、泉、孝。

⑵蛇大都在洞穴裡，因蛇怕太陽，所以忌「日」字根，如昌、昱。

⑶蛇不喜人，因人亦怕蛇，見蛇就打，其字根爲「亻」、「人」、「人」，如仁、俊。

⑷蛇吃肉不吃五穀，忌用「豆」、「米」、「禾」等字根，如菊、科。

⑸蛇形文字是肖蛇者的字形，代表降格，「虫」、「辶」、「弓」、「走」、「出」、「巳」、「邑」、「几」，如建、進、張、超、強、選、邑、鳳。

⑹忌用「乂、入、儿、厶」字形，畫蛇添足，多此一舉。

馬

午（馬）生肖五行生剋之六種型態

一、三合—吉：寅（虎）、午（馬）、戌（狗）。

寅（虎）：虔、處、彪、號、演、琥、虞、爐、獻、豹、獅、艮、朗、風等。

戌（狗）：戊、成、戎、茂、威、誠、城、狄、狀、獲、然、猛、獻等。

二、三會—吉：巳（蛇）、午（馬）、未（羊）。

巳（蛇）：（虫），虹、蜀、蜂、蜿、蝴、螢、蟬、蜞等。

（弓），引、弘、張、弦、強、弼、彎等。

（廴），建、廷、延等。

（辶），迪、通、連、造、進、遊、道、達。

（走），起、赳、越、超、趙等。

（巳），包、苞、選、跑、巽等。

未（羊）：美、姜、羚、善、義、群、妹、祥、翔、洋、茉、朱、珠等。

三、六合—吉：午（馬）、未（羊）合

未（羊）：善、義、祥、朱、珠。

四、六沖—凶：子（鼠）、午（馬）沖。

子（鼠）：存、孔、字、孝、孜、孚、孟、李、孰、學、孩、李、享、郭、好等。

五、自刑—凶：午（馬）自刑，如：駿、許。

六、相害—凶：丑（牛）、午（馬）害。（自古白馬怕青牛）

丑（牛）：生、產、甥、甦、牧、物、特、牲、姓、隆、浩、皓、紐、鈕等。

七、相破—凶：午（馬）、卯（兔）破

月、柳、卿、仰、勉、迎、陳、朋等。

1. 馬宜用字根：

⑴馬喜歡彩衣，其字根為「糸」、「巾」、「彡」、「衣」、「示」、「釆」。

⑵馬喜吃五穀雜糧，五穀字根為「禾」、「豆」、「麥」、「米」、「粱」。

⑶馬喜「草原」，其字根為「艹、原」，如若、芷、蘋、願。

⑷馬喜「木」字根，悠閒於林間，且木又能助午馬，如彬。

⑸馬居於洞穴之中，故馬喜歡「宀」、「穴」字根，如穽、宸。
⑹喜住家：門、戶、广、攵。
⑺喜柵欄：册、聿，如建、慧、曲。
⑻馬喜歡龍，龍馬爲千里馬，其字根爲「辰」、「言」、「貝」，如振、震、諒、貴。
⑼馬喜歡有眼睛，宜具「目」字根。
⑽馬喜一人，馬有千里之行，無人不能自往，忠於主人，屬忠之馬，其字根爲「人」、「亻」，如
⑾馬在祭典中爲司禮之馬，喜用：
甲、示、鼎。
乙、彩衣：釆、彡、衣、糸、肅、巾、疋。
丙、冠冕：𠂢、彑，如言、前、堂、券、妥、彖、發、詹、各。
丁、頭角峥嶸：卜，如貞、仆、韋、在。
⑿帶刀之馬爲戰馬，可用刂、戈、斤、片、爿，逢「軍」亦爲戰馬。
⒀馬逢「日」得官銜，喜用。

⒁馬喜大，馬長八尺爲龍駒-千里馬，沙場戰馬。

⒂馬逢一「口」爲馬嘶，有馬首是瞻的領袖氣質。

2.馬不宜用字根：

⑴馬不喜同時遇兩人，爲無節之馬，其字根爲「彳」、「欠」，如很、欽。

⑵馬不喜種田，因只有牛下田；如眞要下田則屬劣馬。其字根爲「田」，如富。

⑶馬姓名中不同時見到「兩日」與「雙口」，兩口容易惹是非，成爲「罵」。

⑷馬在山路跑，相當累、辛苦，故不宜有「山」字根，如崑、岳、丘、屯、良。

⑸馬爲素食動物，忌吃肉，其字根爲「心」、「忄」、「月」，如怡、惠、肢、肯。

⑹忌用「乂、入、儿」字形，跛腳馬，福不足，如文、倪、寬、典。

⑺馬忌「水」字根，如洋，水火相剋。

羊

未（羊）生肖五行生剋之七種型態

一、三合—吉：亥（豬）、卯（兔）、未（羊）。

亥（豬）：核、該、孩、家、象、豪、豫、毅等。

卯（兔）：月、柳、卿、印、仰、逸、勉、迎等。

二、三會—吉：巳（蛇）、午（馬）、未（羊）。

巳（蛇）：（虫），虹、蜀、蜂、蜿、螢、螞、蟻等。

（弓），引、弘、張、弦、強、弼、彎等。

（廴），建、廷、延等。

（辶），迪、通、連、造、進、遊、道、達、選等。

（走），起、赳、越、超、趙等。

（巳），包、苞、選等。

午（馬）：馳、馴、駐、駿、騏、驍、許等。

三、六合—吉：午（馬）未（羊）合

午（馬）：駿、許。

四、六沖—凶：丑（牛）、未（羊）沖

丑（牛）：生、牲、產、甦、牝、牧、特、物、紐、鈕、二、士、亞、次、竺等。

五、相刑—凶：未（羊）、戌（狗）刑。

戌（狗）：戊、成、戎、茂、盛、狄、狀、猶、猛、獻等。

六、相害—凶：未（羊）、子（鼠）害（羊鼠相逢一旦休）

子（鼠）：存、孔、字、孝、孜、孟、李、郭、學、北、黑、水、津、海等。

七、天羅地網—凶：辰（龍）

振、農、

1. 羊宜用字根：

⑴羊喜歡小，喜「小」、「少」、「亞」、「臣」、「士」、「卿」、「相」字根。

⑵羊喜歡吃草，故喜「艹」字根，如芸、華、芝。

⑶羊喜有洞穴休息，故其喜「口」、「宀」、「冖」字根。

⑷羊喜吃五穀雜糧，不吃葷食，其喜「米」、「麥」、「禾」、「豆」字根。

⑸喜住家：門、戶、广、夂。

⑹喜柵欄：冊、聿。

(7)喜平地：艸、原、田、甫、各。
(8)喜山地：山、丘、屯、艮、垠。
(9)武器為羊角，可用刂、刀、戈、斤、片、爿、匕。
(10)羊喜歡跳躍，故其善用「足」字根。
(11)羊喜林間悠遊，喜「木」字根，如桂。
(12)羊有跪乳之恩，喜見「厶」字根，如芸。
(13)羊逢火比旺。
2. 羊不宜用字根：
(1)羊不吃肉，忌用「心」、「忄」、「月」字根，如惠、怡。
(2)羊其天性不喜喝水，容易新陳代謝不佳，故忌「氵」、「水」、「子」、「亥」字根，如孝、核。
(3)羊一養大，便要宰殺，故忌「大」、「君」、「長」、「帝」、「王」。
(4)羊忌天羅網，忌「辰」、「戌」、「丑」、「未」字根，如振、紐、妹、狄、獻。
(5)羊不宜披彩衣，一旦披上彩衣，將被祭祀，忌「巾」、「彡」、「衣」、

「糸」、「ネ」、「示」，如帥、彰、綺、裕。

⑹羊不喜「車」、「軍」、「金」、「血」、「酉」字根，如盟，代表被屠宰，犒賞三軍，犧牲生命。

⑺羊不喜抬頭，忌「文」、「舀」、「永」等字。

⑻不喜逢人：亻、人、彳，人養羊是為了宰殺。

⑼忌用「乂、入、儿」字形，逃命的羊。

⑽羊在祭典中為供桌上的犧牲，忌用：鼎、示、彩衣、冠冕、玉印、司令、日光、京都、朝廷。

猴

申（猴）生肖五行生剋之六種型態

一、三合─吉：申（猴）、子（鼠）、辰（龍）。

子（鼠）：存、孔、字、孝、孜、孚、孟、李、季、郭、好、孩、孫等。

辰（龍）晨、宸、振、農、瀧、瓏、寵、麗、麒等。

二、三會─吉：申（猴）、酉（雞）、戌（狗）。

酉（雞）：酋、酥、酒、猶、酷、酪、醒等。

（鳥），鵲、鳴、鳳、鶴、鴻、飛、兆等。
（羽），羿、翁、翃、習、翊、翔、翡、翠等。
（隹），雁、雄、雅、集、雙、進、雌等。
戌（狗）：戊、成、戎、茂、盛、狄、狀、獲、猶。
三、六合──吉帶凶：巳（蛇）申（猴）合。
巳（蛇）：苞、弘、進、強、建，有合有刑（巳申刑），吉帶凶，愼用。
四、六沖──凶：寅（虎）、申（猴）沖。
寅（虎）：虔、處、彪、號、演、琥、爐、豹、獅、艮、良、朗、崑、崇等。
五、相刑──凶：巳（蛇）、申（猴）刑。（六合又相刑，吉帶凶，愼用）。
巳（蛇）：（虫），虹、蜀、蜂、蜿、蝴、螢、蟬、蜞等。
（弓），引、弘、張、弦、強、弼、彎等。
（廴），建、廷、延等。
（辶），迪、通、連、造、進、遊、道、達等。
（走），起、赳、越、超、趙等。
六、相害──凶：申（猴）、亥（豬）害。（豬遇猿猴似箭投）

亥（豬）：核、該、孩、家、象、豪、毅、豫等。

1. 猴子宜用字根：

⑴猴子喜逢人，故喜「亻」、「彳」字根，代表升格、得位，如仁、代、伶、佳、信、很、修。

⑵猴子如能開口說話即能升格成人，喜「口」、「言」字根，如呂、吟、吉、謙。

⑶猴子喜大，爲猴王，喜「君」、「主」、「王」、「長」、「玉」字根。

⑷猴子喜有洞穴供藏身、居住，喜「宀」、「冖」、「口」字根，如因、同、宏、宗、安、宸。

⑸猴子喜歡彩衣，藉以更擬人化，加以升格，喜「𤴔」、「肅」、「𡰪」、「糸」、「彡」、「巾」、「衤」、「采」，如紹、紀、彤、彥、希、帥、裕、裴、禎、祈、彩、綵。

⑹喜住家：門、戶、广、夊。

⑺喜頭戴冠冕：亠、𠆢，如言、前、當、券、發、象、詹、妥。

⑻祭典：「示」爲「神」字偏旁，猴子（申）的本位，喜用。

⑼以牙齒爲武器，可用刂、刀、矢、戈、斤、片、爿、牙。

⑽猴子喜歡吃水果，喜「蘋」、「果」、「瓜」等。

⑾猴屬申金，喜「土」來生，如圭、均。

⑿猴子喜「立」字根，有升格象徵，如昱、位、竑、章、竣、昇、屏、步、走。

2.猴子忌用字根：

⑴猴子不喜歡耳朶旁（阝）不喜受人控制，個性將會壓抑，忌「阝」字根，如郭、陣、耿。

⑵猴子不吃肉，忌「心」、「忄」、「月」字根，如忠、思、恬、悅、育、胡、肯。

⑶猴子不宜見五穀，因其會賤踏五穀，忌用「米」、「禾」、「豆」、「粱」、「叔」、「麥」、「田」字根，如菊、秀、穗、芷、蓁、茜、苗、富、輔。

⑷猴子忌用「金」、「酉」、「鳥」、「皿」、「兌」字根，金金相剋，易有刑剋，如銘、配、鵬、盤、悅。

⑸申爲金忌火來剋，忌「火」、「灬」字根，如炎、烈、煌。

⑹忌單腳站立與四腳著地，忌用：舉、奉、華、中、勝、欣、鼎、淵。

⑺忌用「乂、入、儿」字形，福德不足。

雞

酉（雞）生肖五行生剋之七種型態

一、三合—吉：巳（蛇）、酉（雞）、丑（牛）。

巳（蛇）：（虫），虹、蜀、蜂、蜿、螢、螞、蟻等。

（弓），引、弘、張、弦、強、弼、彎等。

（廴），建、廷、延等。

（辶），迪、通、連、造、進、遊、道、達、選等。

（走），起、赳、越、超、趙等。

丑（牛）：生、產、甥、牟、牡、牧、特、物、牷、牲、姓、隆、浩、皓、紐、鈕、士、二、吉、均、宣等。

二、三會：申（猴）、酉（雞）、戌（狗）。

申（猴）：伸、坤、紳、珅、暢、袁、猿、遠、侯、寰、環等。

戌（狗）：戊、成、戎、茂、盛、城、誠、狄、然、猶、猛、狷等。

酉（雞）戌（狗）相刑不用。

三、六合—吉：辰（龍）、酉（雞）合：宸、振、震、麒、麓、貞、言、京等。

四、六沖—凶：卯（兔）、酉（雞）沖。

卯（兔）：月、卿、印、仰、勉、青、東、林、明、柔、林、等。

五、相刑—凶：酉（雞）自刑：雅、集、羽、翊、銘、兆等。

六、相破—凶：子（鼠）、酉（雞）破。

子（鼠）：存、孔、字、孝、孜、孚、孟、季、李、學、孩、孰、享、好等。

七、相害—凶：酉（雞）、戌（狗）害（金雞遇犬淚雙流）：戊、成、戎、茂、盛、城、誠、狄、然、猶、猛、狷、獻等。

1. 雞宜用字根：

⑴雞喜在山上展其英姿，升格為鳳凰。喜「山」字根，如崑、桂、山、丘、艮、屯。

⑵雞披彩衣-升格為鳳凰。喜「彡」、「糸」、「巾」、「采」、「衤」、「肅」、「疋」字根，如彤、彥、紀、希、帥、綵、釋、裕、佩。

⑶雞喜展翅飛翔，喜「飛」字根，升格為鳳凰。

⑷雞喜金雞獨立，宜「平」、「中」、「干」、「章」、「彰」、「華」、「車」、「舉」等字。

⑸司晨之雞，號令天下，雞喜一口，宜「口」、「日」字根，旺、昱、吉、告、和。

⑹喜用「鳳、凰、鸞」等字，升格為鳳凰。

⑺喜戴冠冕-升格：言、前、當、券、妥、彖、發、詹。

⑻頭角崢嶸-升格：耂，如韋、在、貞。

⑼雞上屋頂變鳳凰，喜瓦字。

⑽雞洞穴，有保護作用，宜「宀」、「冖」、「广」、「口」字根，如安、同、庭、固。

⑾喜住家：門、戶、广、夂。

⑿喜柵欄：册、聿、曲。

⒀喜居地：田、甫、山、丘、屯、谷、草地。

⒁雞宜小，如逢大則便成祭品，宜用「小」、「少」、「亞」、「臣」、

「士」。

⒂酉爲金，喜土來生，如在、培。

⒃雞喜吃五穀，宜「禾」、「米」、「麥」、「豆」、「粱」。

⒄以喙與爪爲武器，可用：刂、刀、矢、戈、斤、片、爿、匕。

2.雞忌用字根：

⑴酉雞不吃肉，忌「心」、「月」、「忄」字根，忠、志、怡、情、育、能。

⑵雞不喜腳分開，代表病雞，忌「乂」：文、支、交；「厶」：公、去、宏、雄；「儿」：光、先、允、充；「八」：共、具、其、異；「又」：愛、受、友、反、叔、取。

⑶金雞忌「雙口」、「兩個太陽」或「一個太陽，一個口」—「司晨無度之雞」的破局（含以上），易有是非，吃力不討好，如呂、品。

⑷金雞怕被人控制，故忌用「人」字根，如介、任、侯。

⑸雞不喜「大」、「君」、「帝」、「王」字根，會變成祭品，如首、令、冠、玫、太、央、奇。

⑹雞忌見「刀」、「力」、「血」字根，如劍、努、盒。

(7)酉雞爲金忌火剋，如炎、烈、煌、照、燕。

(8)不喜酉酉自刑，如配、酌、酒。

(9)祭典：雞爲一般家祭祀的供品，忌用：示。

狗

戌（狗）生肖五行生剋之七種型態

一、三合—吉：寅（虎）、午（馬）、戌（狗）。

寅（虎）：虔、處、彪、號、演、琥、爐、豹、獅等。

午（馬）：馳、馴、駐、駕、駿、驍、驊、許、朱、赤、夏、南、紅等。

二、三會—吉：申（猴）、酉（雞）、戌（狗）。

申（猴）：伸、坤、紳、珅、暢、袁、猿、遠、侯等。

酉（雞）：酋、酥、酒、猶、酷、酪等。

（鳥）：鵑、鳴、鳳、鶯、鶴、鴻、飛等。

（羽）：翁、翃、翎、習、翔、翡、翰等。

（隹）：雄、雅、集、進、雌、雕等。

＊酉（雞）雖爲三會、但亦爲酉戌相害格局、故不宜使用。

三、六合—吉：卯（兔）、戌（狗）合：卯（兔）：柳、仰、逸等。

四、六沖—凶：辰（龍）、戌（狗）沖。

辰（龍）：晨、宸、農、振、龍、瓏、瀧、朧、龐、麒、麟、麗、麓、言、京等。

五、相刑—凶：丑（牛）、戌（狗）、未（羊）三刑。

丑（牛）：生、甡、產、甥、牟、牝、牧、牡、特、牷、牲、姓、隆、浩、紐、鈕、丑、牛、士、三、亞、次等。

未（羊）：茉、妹、善、祥、義等。

六、相破—凶：未（羊）、戌（狗）破。

未（羊）：美、姜、羚、善、義、群、祥、詳、洋等。

七、相害—凶：酉（雞）、戌（狗）害（金雞遇犬淚雙流）：配、鴻、翔、雅、兆等。

1. 狗宜用字根：

⑴狗吃肉，宜用「心」、「忄」、「月」字根，如忠、念、思、愉、育、朗。

⑵狗需有洞穴居住，宜用「宀」、「冖」、「广」字根，如宏、家、冠、庫、

廣。

(3)喜住家：門、戶、广、攵。

(4)喜柵欄：冊、聿、曲。

(5)喜大，升格為虎，喜用：王、長、主、大、君、令。

(6)狗披彩衣，升格為虎，可增其威勢，宜用「釆」、「彡」、「巾」、「衣」、「示」，如彩、彥、彬、希、常、袁、裴、裕、社、祁。

(7)喜戴冠冕：言、前、當、券、發、妥、彖、詹。

(8)喜邁方步：走、步。

(9)喜四口成「器」，姓名三字總數見四小「口」，如「田」、「圖」為單字四口，如呂怡如為四口成器。

(10)狗為忠心之動物，只為一人盡忠，姓名宜用「亻」字根，如仙、佳。

(11)狗喜平原、平地、跑得快，宜「艹」字根，如芙、苗、苓、英、荃、平、原、州。

(12)狗喜「土」來比旺，如在、圭。

(13)喜「厶」字形，守護的狗，如宏、弘。

⒁以牙與爪爲武器，可用刂、刀、戈、片、爿。

⒂逢「軍」爲獒犬、軍犬，喜用。

2.狗忌用字根：

⑴狗忌「天羅地網」，不用「辰」、「丑」、「未」字根，如農、振、紐、生、祥、茉、丑、牛、士、二、亞、次、仁、吉、懿。

⑵狗忠心耿耿，不同時跟隨2個主人，代表「不忠」，忌「彳」，如很、行。

⑶狗逢「口」字根爲「吠」，忌一「口」或一「日」（天狗咬日）字根，一口爲「吠」（天狗咬日），二口爲「哭」，如可、召、台、吉、昌、高、喬，三口或三日爲不成器的狗，瘋狗。

⑷狗怕天狗日，忌用「日」字根，如旦、昌、旭、昆、昭、晏。

⑸狗不上山，上山會被欺侮，有志難伸，忌「山」字根，如崑、峯、嵩、岳、岩。

⑹狗不宜見水，其字根爲「水」、「氵」、「子」、「亥」，如洋、孝、家。

⑺狗肉不上供桌，忌用「示」。

⑻忌用「乂、入、儿」字形，奔忙的狗。

豬

亥（豬）生肖五行生剋之六種型態

一、三合—吉：亥（豬）、卯（兔）、未（羊）。

卯（兔）：月、柳、印、卿、仰、逸、勉、青等。

未（羊）：美、姜、羚、善、群、洋、祥、翔、茉、朱、珠等。

二、三會—吉：亥（豬）、子（鼠）、丑（牛）。

子（鼠）：存、孔、字、孝、孜、孚、孟、季、孰、孳、學、孫、李、郭、好等……。

丑（牛）：生、甡、產、牝、物、特、牷、浩、皓、紐、鈕、士、二、亞、次、吉、匀、懿等。

三、六合—吉：寅（虎）、亥（豬）合。

寅（虎）：彪、演、翁、獅、艮、崑。

四、六沖—凶：巳（蛇）、亥（豬）沖。

巳（蛇）：（虫）：虹、蜂、蜀、螞、蜜、蟻等。

（弓）：引、弘、張、弦、強、弼等。

（廴），建、廷、延。
（辶），迪、通、連、造、進、遊、道、達。
（走），起、赳、越、超、趙等。
（之），芝、乏等。
五、相刑—凶：亥（豬）自刑：該、家、豪、豫、毅等。
六、相害：申（猴）、亥（豬）害（豬遇猿猴似箭投）。
申（猴）：伸、坤、紳、珅、暢、侯、袁、遠、環、宗、祖等。
1. 豬宜用字根：
⑴豬喜歡「宀」、「广」、「口」、「門」字根，有所庇蔭，如守、宏、府、康、固、閎。
⑵喜住家：門、戶、广、夂。
⑶喜柵欄：册、聿、曲。
⑷豬吃五穀雜糧，喜歡用「禾」、「豆」、「米」、「粱」、「麥」字根，如秀、科、精、黍、登、彭、豐。
⑸豬喜歡在田裡，有五穀可吃，宜用「田」字根，如苗、富、甫。

(6)豬爲亥水，喜「金」來生，如銖。

(7)豬善「木」字邊，在樹下乘涼，宜「木」字根，如柳。

(8)豬喜歡「厶」字根，蹺腳享福，得食之意，如宏、公、雄。

(9)喜小：小、少、相、卿。

(10)以豬牙爲武器，可用刂、刀、矢、戈、斤、片、爿、匕、牙。

2.豬忌用字根：

(1)豬忌用「刂」、「刀」、「血」、「几」、「皮」、「石」、「力」字根。

(2)豬不喜字形腳分開，如貝、貴、眞。

(3)豬不喜大之字根，代表上供桌，如「大」、「王」、「君」、「主」、「帝」、「太」、「首」字根，如天、央、奇、玫、玲、珍。

(4)豬不喜歡「人」字根，代表犧牲，養大即宰，如仁、仲、伶。

(5)豬不喜歡耳朵旁，因其喜歡自由自在，如耿、聖、阮、陶、邢、邦、郭。

(6)豬不能出頭，忌用「文」、「舀」、「亦」、「主」、「愛」、「永」。

(7)豬忌日光，避免用「日」字根，白天代表勞碌，且「日」爲「丙」火、「午」火，亥爲水，水火相剋，如旦、昆、明、旬、旭、昶、旨、時。

⑻豬不穿彩衣，代表上供桌，忌用「衣」、「示」、「系」、「巾」、「釆」、「彡」。如表、袁、裕、社、祈、祝、禎、紅、紀、素、帆、希、帥、師、彩、綵、釋、彤、彥、彰、彭。

⑼祭典：豬在祭典中為供桌上的祭品，忌用：鼎、彩衣、冠冕、玉印、司令、示（申）、日光、京都、朝廷。

⑽忌土剋水，如在、圭、坤。

⑾不吃肉，忌「心」、「忄」、「月」等肉字根，如志、忠、恩、怡、性、恬、育、能、有、明、朗。

⑿逢「軍」，代表犒賞三軍，犧牲生命，忌用。

⒀逢「車」，有送屠宰危機，忌用。

⒁逢「口」，大豬逢口為供桌上的祭品，忌用。

⒂忌用「乂、入、儿」字形逃命的豬。

⒃巳（蛇）亥（豬）沖，蛇為小龍，故與「龍」有關之字根，亦應避用：如晨、宸、振、震、瓏、龔、貝、財、貴、賀、賈、賓、賜、言、許、京、諒、麒、麟、麗、慶、雲。

例一：

0—20歲	馬	天	先生有否出息、女看夫助力、賺錢型態、形象、科名、祖蔭、長上、父母
21—40歲	英	人	內心思維、賺錢慾望、做事能力、女性容貌美醜、平輩朋友、人際關係、兄弟姊妹情、夫妻情
41—60歲	九	地	潛在能力、太太德性、男看妻助力、部屬、子女、財庫、福德、不動產、事業

民國39年庚寅年生

*1.*天格位：馬爲午，寅午戌三合，得祖蔭，科名彰顯，父馬鶴陵，國民黨高級黨工，建中，台大法律系，美國紐約大學法學碩士、哈佛大學法學博士，曾任國民黨副秘長，蔣經國總統英文秘書，陸委會副主委，研考會主委，法務部長，台北市長，中華民國第十二任總統。

*2.*人格位：英，馬得草而食，得位，央藏大，馬長八尺爲龍馬，人際關係佳，妻賢慧。

*3.*地格：九，九爲陽數之極至，代入地支爲午（午爲日正當中），寅午戌三合，事業運旺，財庫，福德佳。

例二：

年齡	字	才	所主
0—20歲	連	天	先生有否出息、女看夫助力、賺錢型態、形象、科名、祖蔭、長上、父母
21—40歲	戈 辶	人	內心思維、賺錢慾望、做事能力、女性容貌美醜、平輩朋友、人際關係、兄弟姊妹情、夫妻情
41—60歲	戰	地	潛在能力、太太德性、男看妻助力、部屬、子女、財庫、福德、不動產、事業

民國25年丙子年生

1.天格位：老鼠有四個洞鑽，得位，有祖蔭，父連震東曾任內政部長，祖父連雅堂爲名宿碩儒，有科名，台大政治系，美國芝加哥大學政治學博士，歷任台大教授、系主任、青輔會主委、交通部長、省主席、行政院副院長、行政院院長、副總統。

2.人格位：陰邊爲戈，戈爲武器，增鼠之威，聚妻賢慧能幹，連方瑀爲台大高材生，中國小姐。

3.地格位：陽邊爲戈爲武器，陰邊有六個洞，事業顯達，財庫富足，福澤深厚。

例三：

先生有否出息
女看夫助力
賺錢型態
形象
科名
祖蔭
長上
父母
—天—宋—0—20歲

內心思維
賺錢慾望
做事能力
女性容貌美醜
平輩朋友
人際關係
兄弟姊妹情
夫妻情
—人—楚—21—40歲

潛在能力
太太德性
男看妻助力
部屬
子女
財庫
福德
不動產
事業
—地—瑜—41—60歲

民國31年壬午年生

*1.*天格位︰馬有洞穴，得地，木生火，有祖蔭，科名，父宋達爲陸軍中將、退輔會秘書長，政大外交系畢業，美國喬治城大學政治學博士，歷任新聞局局長、國民黨文工會主任、中央黨部秘書長、台灣省省長。

*2.*人格位︰馬披彩衣，妻賢慧，林木生午火，人緣佳。

*3.*地格位︰王爲大，馬大爲龍馬，帶刀（刂）爲戰馬，有威，事業運旺，有財，福德佳。

例四：

女看夫助力	賺錢型態	科名	祖蔭	長上	父母	—天—	鄧	0—20歲
	女性容顏美醜	平輩朋友	人際關係	兄弟姊妹	夫婦情	—人—	麗	21—40歲
男看妻助力	部屬	子女	財庫	福德	事業	—地—	君	41—60歲

民國42年癸巳年生

*1.*天格位：蛇戴冠冕（ㄆˋ），升格爲龍，不吃豆，不得食，被拉耳朶，右阝本字爲「邑」，半吉半凶，不得食，被拉耳朶，表示不得祖蔭，但戴冠冕，「邑」，有口可鑽，得地，因此有聲名，父母寵愛。

*2.*人格位：麗爲龍，蛇蛻化爲龍，升格，人際關係佳，歌迷甚多。

*3.*君爲大，蛇大化爲龍，升格，事業運旺，有財富。

例五：

女看夫助力　男看妻助力

賺錢型態	科名	祖蔭	長上	父母	—天—	林	0—20歲
女性容顏美醜	平輩朋友	人際關係	兄弟姊妹	夫婦情	—人—	青	21—40歲
部屬	子女	財庫	福德	事業	—地—	霞	41—60歲

民國43年甲午年生

*1.*天格位：陽邊木與甲木比和，陰邊木生午火，有聲名，父母疼愛。

*2.*人格位：戴冠冕（亠），又有王字，王爲大，馬長八尺爲龍馬，「青」字五行爲木，木生午火，人際關係佳，影迷衆多。

*3.*地格位：霞，雨爲水，水生甲木，兩又藏龍，龍爲辰，午馬遇辰龍則爲龍馬（千里馬）。段有口，馬有一口爲馬嘶，有馬首是瞻的領袖氣質，事業、財富運旺有福德。

例六：

女看夫助力

年齡	卦	三才					
0—20歲	蕭	—天—	父母	長上	祖蔭	科名	賺錢型態
21—40歲	肅	—人—	夫婦情	兄弟姊妹	人際關係	平輩朋友	女性容顏美醜
41—60歲	薔	—地—	事業	福德	財庫	子女	部屬

男看妻助力

民國59年庚戌年生

1.天格位：卄為平地，狗在平地跑速度快得地，肅為彩衣，狗披彩衣，升格為虎，有聲名。

2.人格位：卄為平原，得地，披彩衣，升格為虎，人際關係佳，名模萬人迷，有台灣第一美女之稱。

3.地格位：卄為平原得地，事業運旺，有一大口，一小口，犬加二口為哭，錢財須小心，容易受騙失財。

三、子平八字

子平學俗稱八字學或四柱學，乃五代修道士徐子平所創，故稱子平學，以個人出生之年、月、日、時八個天干地支排列組合來論命，故又稱八字學，又因年、月、日、時各一柱，共四柱，故又稱四柱學。八字命理學之理論背景，乃中國傳統的陰陽五行學說，陰陽五行學說乃中國古代先哲們對宇宙萬物運動變化的深刻思考所發展出來的，在他們眼中，宇宙生生不息之運動過程，可表現為陰陽之消長，五行之流行，陰陽二氣及由陰陽二氣生化出的五行之規律性變化，可以在「功能」上刻畫出宇宙的生生不息之無限過程。人，作爲一個實體，存在於天地之間，與天地是息息相通的，天地是一個大宇宙，人是一個小宇宙，作爲命理學推理出發點的「八字」，即由一個人出生時的天干地支排列成四柱，共八個字，正是這個人出生時刻宇宙運動狀態的標記，因此，由「八字」構成的「命造」的陰陽五行結構，反映了人出生時稟賦的當時宇宙狀態的「信息」，可見，在八字命理學中，人的「命」，就是人出生當時的特定宇宙狀態，人出生時的宇宙狀態固結爲「命」，但宇宙的運動永不停息，對於「命」，不斷流變的宇宙狀態又形成爲「運」，「命」和「運」的相互作用，就表現出豐富多采的人生的起伏軌跡來，所以，人的命運，究其根本，就是一個固結了的特定宇宙狀態，在流變著不同的宇宙狀態中的遭遇，八字命理學就是應用陰陽五行原理來描寫和預測這樣的遭遇。

八字論命以「日主」(日柱之天干)爲主，配合其他七個字的生剋關係，衍生出「六神」，六神即生我(日主)爲印—正印、偏印，我生爲傷食—傷官、食神，剋我爲官殺—正官、偏官(七殺)，我剋爲財—正財、偏財，同我爲比劫—比肩、劫財。印代表父母、長輩、貴人、文書，傷食代表子女、部屬、學生、才華，官殺代表長官、壓力、貴氣，丈夫、男朋友，財代表錢財、妻妾、女朋友，比劫代表兄弟、姊妹、同性朋友。年柱代表祖上，月柱代表父母，日支代表配偶，時柱代表子女。八字以寒暖濕燥中和、五行流通爲貴，五行中和、流通即是「好命」，一生平平穩穩，衣食無缺，妻（夫）賢子孝，家庭和樂，平安健康，五行偏枯，如金寒水冷、火炎土燥、水泛木浮、土重埋金等，在妻（夫）財子祿、健康方面多少都會有些缺憾。

例一：

孫中山（清同治五年十月初六日寅時）

正官丙寅丙正官天乙貴人
甲正財
戊正印

月德合

偏印己亥
壬傷宮
甲正財

日主辛卯乙偏財

天德合

劫財庚寅丙正官天乙貴人
甲正財
戊正印

大運
8 庚子
18 辛丑
28 壬寅
38 癸卯
48 甲辰
58 乙巳

胎元：庚寅

特殊格局：

1. 三十六大貴，得之者黃甲標名。

丙寅見辛卯，爲三十六大貴。

2. 箕豹隱於山林，名冠百僚。

寅爲豹，又爲山，寅生人得寅時，合格。

3. 棣萼聯芳，必有蟬聯富貴。

庚寅見辛卯，爲棣萼聯芳。

4. 蒼松冬秀。

庚寅，辛卯爲松柏木，生於三冬及水寒者，更佳。

正五行論

辛生亥月，亥中壬水當旺，金寒水冷，調候爲先，今觀其命造，月、日、時納音三木，得年柱丙寅以溫之，生於冬令，自有一種植立莊嚴氣象。

地支財星黨煞，財多身弱，辛金休囚，退居敗地，所賴年時兩寅，胎元庚寅，氣聚力專，足以沖動對宮之申，雖不成爲飛天祿馬格，卻自有飛天祿馬之氣象，流露其中。

辛丑十年，比劫幫身，脫穎而出，組織同盟，領袖群英，爲一生發軔之始，壬寅、癸卯，財之乘旺，雖懷大志，難逐初衷。亥運辛亥，得流年之助，清廷遜位，首被舉爲民國臨時大總統，然而用在比印，財星非其所喜，所以敝屣尊榮，功成不居。

甲辰運，甲去合己，印星合起，運籌帷幄，開府南國，巳運乙丑年，值交脫之秋，巳亥一沖，巳寅一刑，衰者沖旺，盡瘁國是。

以印爲用神，慈悲爲懷，財多故妻多，蒼松冬秀，堅貞不屈，財多身弱，富屋貧人，有令名而無實權。金水傷官，聰明絕頂，官印相生，正派正直，天德合，月德合，二見天乙貴人，神佛庇佑，故歷經十次革命失敗，清廷追緝，但終能化險爲夷，寅中藏甲丙戊，俱爲喜神，祖上風水佳，子息賢秀，子孫科貴爲考試院院長，身弱不能任財，身後僅餘一木造舊屋，清廉自持，兩袖清風。

中山先生面相之印堂特別寬廣，鼻又端正有方，目光中滿有慈祥之氣，此三者配合得宜，實爲異相，主一生「有驚無險」，逢凶化吉，吉人天相（引自韋千里著，《命相的故事㈠》，一九九六，武陵，p三四九）。

例二：

蔡元培（清同治六年十二月十七日子時）

劫財	丁卯	乙正印	
正官	癸丑	辛正財 己傷官 癸正官	
日主	丙申	庚偏財 戊食神 壬七殺	文昌貴人
食神	戊子	癸正官	紅鸞 桃花 將星

胎元：甲辰

大運

2	壬子
12	辛亥
22	庚戌
32	己酉
42	戊申
52	丁未
62	丙午

特殊格局：

1. 三十六大貴，常人必無。

戊子見癸丑，爲三十六大貴。

2. 三奇暗合，而伏憲漕臺。

庚辛壬暗合乙丙丁，己癸乙暗合甲戊庚，丁戊丙暗合壬癸辛，皆爲三奇暗合。

3. 雷霆得門

戊子、己丑爲雷霆，卯爲雷門，卯生人，見戊子、己丑，春夏生者，合格，秋冬福輕。

正五行論

丙火生於十二月，失時，天寒地凍，地支無根，幸得年柱丁卯爐中火以生助之，溫暖全局，胎元甲辰，木氣昭蘇，萬象回春，最爲丙火之所需，以卯爲用，運喜木火陽亢之地。

庚運以前，財之資殺，乏善可陳，戌運火得餘氣，少年科第，以庚寅科翰林授編修，己酉運，卯酉相沖，出國就學柏林，戊運去病爲用，遂膺命爲民國第一任教育總長，嗣長北京大學校長，丁未運値北伐成功，建都南京，復被任爲中央研究院院長，丙午運，午沖子，庚辰年，申子辰三會水局，忌神當道，遂歸道山。

以印爲用神，心慈性仁，多得長上提攜，食神洩秀爲喜神，才華卓越，名聲顯揚，命帶文昌，學術見長，紅鸞桃花，女人緣佳，妻星入墓，早婚剋，元配早逝，再續紘。

例三：

張學良（清光緒二十七年四月十七日子時）

天德

己正官

正印辛丑辛正印

癸劫財

酉桃花

丙偏財

劫財癸巳戊偏官天乙貴人

庚偏印

日主壬子癸劫財紅艷

月德

紅艷

偏印庚子癸劫財將星

胎元：甲申

大運

9 壬辰

19 辛卯

29 庚寅

39 己丑

49 戊子

59 丁亥

69 丙戌

79 乙酉

89 甲申

特殊格局：

1.大衍虛一，常人必無

庚子見壬子，為大衍虛一。

2. 棣萼聯芳，必有蟬聯富貴。
庚子見辛丑，爲棣萼聯芳。

3. 眞武當權，知是大才而分端。
壬癸爲北方黑煞之辰，壬癸生人而値子巳丑，乃合此格，蓋子正北方，巳中有蛇，丑中有龜，是謂眞武當權。

4. 庚辛値於巽宮，乃嘯風之猛虎。
庚辛爲西方白虎之位，巳爲風，庚辛得巳，乃嘯風之猛虎。

5. 黑煞朝於北斗，胸中志氣蓋乾坤。
壬癸乃玄武，爲黑煞，北斗乃丑宮，壬癸生人得丑者，合格。

正五行論

壬水生巳月，失時，然天干得庚辛癸生助，得支得兩子，巳丑夾酉，弱中轉旺，以月令巳火爲用神，此謂眞神得用，出身富貴，父張作霖有東北王之稱，巳中藏丙戊庚爲日主之偏財、偏官、偏印，得財、官、印可稱三奇，天干壬、癸、辛衍爲人中三奇，得貴於巳，金白水清，母旺子相，格局絕清。

身旺以木、火、土爲喜用，庚運壬申年，刃與梟併，旺越其度，値倭寇九一八入侵，半壁江山，失之一旦。一生以寅運爲最得意時代，蓋喜用薈萃（寅爲甲故也），一度位至全國副總司令，三十九歲行己丑運，土之剋水，反激其怒，斯有西安之變，戊子運，刃旺復行刃地（大運重地支），而後此所行又屬丑子亥北方水忌神運，是以被軟禁數十年。

以財爲用神，又有紅艷，故年少風流，女人緣佳，能得趙四小姐紅粉知己，陪伴一生，殺弱故威權不足，有天、月德、天乙貴人，神佛庇佑，故能逢凶化吉，八十九歲行甲運爲喜神，解禁移居美國。

例四：

鄧麗君（農曆：民國42年11月20日丑時）

天德

丙七殺

傷官癸巳戊偏印

庚比肩

偏財甲子癸傷官

一

亥

大運

5 乙丑

15 丙寅

25 丁卯

35 戊辰

45 己巳

日主庚戌　丁正官
　　　　　戊偏印紅鸞、紅艷
　　　　　辛劫財

正官丁丑　己正印
　　　　　辛劫財天乙貴人
　　　　　癸傷財

胎元乙卯桃花

特殊格局：

*1.*庚辛値於巽宮，乃嘯風之猛虎。

庚辛爲西方白虎之位，巳爲風，庚辛得巳，乃嘯風之猛虎。

*2.*異香滿路，而間產英豪

甲、庚天乙貴人在丑，丁貴人在亥（戊、子夾亥），癸貴人在巳、四天干在地支均見貴人。

*3.*眞武當權，知是大才而分端

壬癸爲北方黑煞之辰，壬癸生人而値子巳丑，乃合此格，蓋子正北方，巳有有蛇，丑中有龜，是謂眞武當權。

4.黑煞朝於北斗，胸中志氣蓋乾坤

壬癸乃玄武，爲黑煞，北斗乃丑宮，壬癸生人得丑者，合格

正五行論

庚金生於子月，失時，身弱，以印爲用神，金寒水冷，調候爲先，丁火正官透出，得根於巳，印星戌丑，團結有力，一生多貴人，官殺爲喜神，故異性緣佳，金水傷官聰明，但女命不宜官殺混雜，傷官太旺，必主婚姻感情多波折，或刑剋配偶。

地支戌刑丑，戌剋子，子剋巳，巳與丑遙合，形成合、刑、剋、混而不清之局，故表面光鮮亮麗，名利雙收，但內心世界卻複雜多變而波折。

日柱庚戌爲魁罡，女命不宜，主剛倔自剋剋人，魁罡見官殺本破格，幸命中有水星來制，且爲喜神。

巳爲巽，爲風，卯（胎元）爲震，爲雷，藏風雷二卦，故能成爲一代歌星，又暗藏「亥子酉」（即天干之壬癸辛三奇，戌子夾亥，巳丑夾酉）三台貴神，故能名利雙收，金水旺，是以皮膚白嫩，神煞有紅鸞，異性緣佳，帶桃花，紅艷，多情多慾，感情複雜。

大運丙寅，丁卯，戊辰一路官印相生，喜用神連貫，10歲參加中華電台黃梅調

比賽以「訪英台」奪得生涯首次歌唱冠軍，16歲演電影「謝謝總經理」，到東南亞大轟動，在日本首度出道就以「空港」，拿下唱片大賞新人獎，歌謠大賞放送音樂獎。30歲後二度到日本，再度大成功，日本人至今仍懷念這位「泰瑞莎·鄧」。

鄧麗君不幸於乙亥年（84年）辛巳月，因氣喘病發作，病逝，享年43歲，流年干支均爲忌神，且犯歲破（流年亥沖年支巳），大運辰支沖日支戌。

鄧麗君以一首「何日君再來」風靡海內外，有「軍中情人」、「愛國藝人」、「永遠的情人」、中國大陸「夜間鄧主席」（鄧小平爲日間主席，晚上大陸歌迷均偷聽鄧麗君歌曲）之稱，雖已往生多年，但歌迷仍懷念不已，期盼「何日君再來」（早日轉世投胎，乘願再來）。

例五：

林青霞（農曆民國43年10月8日酉時）

傷官甲午　丁偏財
　　　　　己七殺
傷官甲戌　丁偏財
　　　　　戊正官
　　　　　辛偏印

大運
10癸酉
20壬申
30辛未

日主癸亥 壬劫財 甲傷官　40 庚午
天德合　50 己巳
偏印辛酉 辛偏印 紅鸞　60 戊辰
月德合　70 丁卯
胎元乙丑　80 丙寅

特殊格局：

1. 居三隔三，象三才既分之後。

辛酉見癸亥。

2. 異香滿路，而間產英豪

癸天乙貴人在巳（時柱辛酉與胎元乙丑夾巳），甲貴人在丑（胎元），辛貴人在午，四天干在地支均見貴人。

3. 黑煞朝於北斗，胸中志氣蓋乾坤

壬癸乃玄武，爲黑煞，北斗乃丑宮，壬癸生人得丑者，合格。（胎元乙丑）

正五行論

日主癸水生於戌月，土星正官當令。會午火成火局，年月甲木長生於亥，身弱，以金水為用神，父為少校軍醫，金陵女中畢業，從酉運出道後，歷經壬申，辛未，庚25年大運，一路金水喜用相逢，故能屹立影壇25年，有「影后」「學生情人」之稱。

金水不弱，故細皮嫩肉，傷官旺，不宜早婚，多情多慾，早年與秦漢、秦祥林難分難解，神煞帶紅鸞，異性緣佳，華蓋有藝術天份，適合演藝界發展，且與神佛有緣。

暗藏「亥子酉」（亥丑夾子）三台貴神，故能成一代影后，名利雙收，未運尾結婚，嫁入豪門，夫婿為香港服裝大亨刑李源，「女命傷官大不利，帶財帶印反為福」，本造雖傷官旺，但有印有財，且午戌半會財局，五行流通（辛金生癸水，癸水生甲，甲木生午火，午火生戌土），故能名利雙收，嫁入豪門，一生福厚。

例六：

蕭薔（農曆：民國59年7月18日子時）

丁七殺
劫財庚戌戊正印
辛比肩

大運
4 癸未

戊正印
正財甲申庚劫財
壬傷官
乙偏財
日主辛未丁七殺
己偏印
天德合
正印戊子癸食神文昌桃花
胎元乙亥

14 壬午
24 辛巳
34 庚辰
44 己卯
54 戊寅
64 丁丑
74 丙子
84 乙亥

特殊格局

1. 三奇拱貴，則勳業超群

甲、戊、庚爲天上三奇，天乙貴人在丑未。

2. 地天交泰，負經邦論道之才。

申爲坤，坤爲地，亥（胎元）爲天門，爲乾，有坤有乾，是爲地天交泰。

3. 五星七星拱揖，輕清者，學士翰林，重濁者，冑子武弁。

甲申見戊子，甲至戊，申至子爲五星。

4. 麟逢鳳沼，辰命跨於金牛

辰爲龍，爲麟，爲龍宮，酉爲雞，爲鳳，若辰人得酉，酉人得辰，爲麟逢鳳沼，申戌夾酉，申子夾辰，合此格。

正五行論

日主辛金，生於七月，得令，三土二金，申戌復夾酉，身旺以食神生財爲用，八字有生有洩，申子會水局，金水旺，故天生麗質，皮膚白細，神煞有紅艷（申戌夾酉，酉爲紅艷）、桃花，異性緣重，多情多慾，號稱「萬人迷」，「台灣第一美女」，甲、戊、庚、天上三奇，又帶乾（亥）、坤（申）二卦之地天交泰，暗藏「亥子酉」（申戌夾酉）三台貴格，故能名利雙收，自20歲出道以來，穩站台灣第一名模15年，近年來才被後起之秀林志玲比下去。

八字無官，官星入墓，日支與時支子未相害，均主婚緣不順，早婚會剋，桃花重，緋聞不斷，但均無結果，95年（丙戌）96年（丁亥）有婚緣，宜把握，本造須36歲以後結婚，方能白首偕老，八字雖無官，惟有正財甲木、植根於日支未及胎元亥，財星有根，財能生官故會有婚緣。

據聞蕭薔之所以會成爲「萬人迷」「台灣第一美女」，且持續十幾年，乃因拜「狐仙」之故（取材自「壹週刊」，民國93年8月26日，170期）。

例七：

倪敏然（民國35年10月7日卯時）

天月德

丁正印
偏印丙戌戊比肩華蓋
辛傷官

丁正印
比肩戊戌戊比肩華蓋
辛傷官

甲七殺
日正戊寅丙偏印
戊比肩

正官乙卯乙正官桃花

胎元己丑　天乙貴人

大運
3 己亥
13 庚子
23 辛丑
33 壬寅
43 癸卯
53 甲辰

特殊格局：

*1.*虎臥荒坵，少脫身於白屋

寅爲虎，爲艮，艮爲山，故虎藏於山林，辰、戌、丑、未爲土，借爲荒坵，若寅生人，有辰、戌、丑、未皆合於此格，若二位，一位者，主福亦輕，倪敏然合此格，故少脫身於白屋（少年得志），然僅二位，故福較輕。

2. 二十四統得之者，青雲得路

戊寅見乙卯，爲二十四統（一歲有二十四節氣），乙卯數至戊寅爲二十四。

3. 大衍虛一，常人必無。

大衍之數五十，其有四十九之數，得之者，合於大衍，自本命數至四十九位是也，五十而虛一，丙戌數至戊戌爲四十九。

正五行論

戊土生於戌月，得令，年干丙火高透，月干戊土比肩助身，植根於年支、月支戌土，長生於日支寅，寅戌夾一午火，身旺喜剋喜洩，乙木正官高透，槇根於卯乃「官印相生」之貴格，所憾者，四柱無傷官、食神、財星洩身，且過於乾燥偏枯，喜金（傷官、食神）、水（財）、木（官）。

戊土中正，爲人誠信，天月德於年干，心地善良，八字過於乾燥，性慾強，桃花於時柱，乃「牆外桃花」，不安於室，喜向外劈腿，喜財而無財，大男人主義，有女人緣，亦愛女人，無女人則不能活。

八字缺金水，所喜者月令戌爲金之餘氣，胎元己丑濕土，丑又爲金庫，暗藏辛金、癸水以洩秀潤身，帶「華蓋」，與宗教有緣，富表演藝術細胞，大運13歲起走庚金食神洩秀，展露表演才華，連走子、辛、丑、壬、二十年好運，寅運（與戌暗夾午火），癸運（戊癸合火、轉喜爲忌），卯運（卯戌合火成忌神）不得志，甲運，殺印相生，重出江湖，再創演藝事業第二高峰。

倪敏然曾自述人生三不幸，其皆有之，即「少年得志，中年潦倒，臨老入花叢」，又勘不破情關，終於在乙酉（民國94年）年自殺身亡。

倪敏然當兵時服務於藝工隊，退伍後即進入演藝圈表演，在「七重天」歌廳駐唱，即今之「眞善美」戲院，月薪爲七千元，其父時任上校軍官，月薪僅二千五百元，連走二十多年好運，爲一代諧星，「七先生」一炮而紅，有「北菲、南豬、中刑、倪總管、草上飛高凌風」的雅號，即北部是張菲，南部是豬哥亮，中部是刑峰，倪敏然則全台通吃，自謂一天趕十場作秀亦不稀奇。

妻宮坐七殺爲喜神，娶妻賢美，但個性強悍，倪敏然又花心，喜劈腿，故第一任妻子凌菲以離婚收場，第二任妻子李麗華分居，遠赴美國，身旺，劫財重剋妻（離婚亦是剋），婚姻不美，一生財來財去，重情義，但常被朋友拖累（財被劫），曾多次投資生意失敗。

五十九歲走甲辰大運，與月柱戊戌天剋地沖，大運辰與寅、卯會東方木、殺旺攻身，今年（94年）乙酉，與時柱乙卯，天比地沖，用神卯被沖，連根拔，又沖大限（時柱），因此勘不破情關，以自殺了此殘生。

以「財」爲喜神，甚得女人緣，身亡後，前妻淩菲，妻子李麗華，閨中密友夏禕均哀痛欲絕，一生多紅紛知己，此爲以「財」星爲喜神之特徵。

以生肖姓名學論，名一（敏）論感情，男重陰邊，敏字陰邊有一「母」字，母在八卦爲坤卦，坤爲申，申與日支寅（妻宮）正沖，是以婚姻不美，生肖姓名學只論生肖與姓名之關係，如能與八字合參，當能更準。時柱（乙卯）爲用神，是以子女優秀，尤以次子倪嘉昇，聰明俊秀，古靈精怪，如從事演藝事業，成就當不在其父之下。「然」字下四點爲「火」，火在地支爲「午」，午與生肖戌三合，名二看子息，與生肖三合，代表子息賢孝。

例八：

林志玲（民國63年11月29日（農曆10月16日）申時）

月德

比肩甲寅 甲比肩 丙食神 戊偏財

天德

劫財乙亥 壬偏印 甲比肩 福德、學堂

月

日主甲戌 丁傷官 戊偏財 辛正官 華蓋

偏印壬申 庚七殺 戊偏財 壬偏印 驛馬

胎元丙寅

大運

8 甲戌
18 癸酉
28 壬申
38 辛未
48 庚午
58 己巳
68 戊辰
78 丁卯
88 丙寅

特殊格局：

1. 棣萼聯芳，必有蟬聯富貴

甲戌見乙亥爲棣萼聯芳

2.箕豹隱於山林，名冠百僚

寅爲豹，又爲山，（胎元丙寅），寅生人得寅時，合格。

3.虎臥荒坵，少脫身於白屋

寅爲虎，爲艮，艮爲山，故藏於山林，辰、戌、丑、未、爲土，借爲荒坵，若寅生人有辰、戌、丑、未，皆合此格。

4.透頂連榮，而提生賢輔

亥藏壬、甲均透天干

5.虛一待用，文主諫台，武主將壇

壬申見甲戌，虛拱一「癸酉」爲虛一待用

6.大衍虛一，常人必無

甲寅見丙寅（胎元），爲大衍虛一

7.五星七星拱揖，輕清者，學士翰林。

丙寅（胎元）見壬申爲七星拱揖

8.四字俱生，抱出群之大器

甲乙同長生在亥，丙（胎元）長生在寅，壬長生在申

9. 水火即濟，何憂雁塔題名，

甲寅納音水，甲戌納音火，爲水火既濟。

10. 地天交泰，負經邦論道之才

亥爲乾爲天，申爲坤爲地，亥見申爲地天交泰

正五行論

甲木生於亥月，得令，植根於年支寅，月令亥爲甲木之長生，寅爲甲木之祿，寅亥又合木，年干甲、月干乙高透，比劫幫身，壬水坐申長生來生甲木，身旺已極，身旺喜剋喜洩，所喜胎元丙火食神透出以洩秀，五行氣勢流通，從日支戌土生時支申金，申金生時干壬水，壬水生日干甲木，甲木生胎元丙火，戌土生金，金生水，水生木，木生火，土金水木火，五行氣勢流通，甲木生於十月，天寒，所辛胎元丙火高透坐寅長生以暖身，乃「寒木向陽」，寒暖濕燥中和，五行流通，財官印（戌偏財，申偏官，壬偏印）俱全，財官印號稱「三寶」（亦稱三奇），書云：「財官印綬三般物，女命逢之必旺夫」，誠難得之佳命。

甲木參天，得月令身旺，是以身材高挑，金水旺，亥爲水，時柱壬申，爲金水，

壬申與日柱甲戌夾「癸酉」，金水旺者，皮膚白嫩細膩，聰明美麗，書云：「金水若相逢，必招美麗容」，亭亭玉立，高雅秀麗，巧笑美盼，風情萬種，柔情萬千，眞可謂「回眸一笑百媚生，八方粉黛無顏色」，近幾年突然爆紅，接手「萬人迷」蕭薔「台灣第一美女」之雅號，摘取「漂亮寶貝」王靜瑩「台灣第一名模」之桂冠，風靡二岸三地，僅民國93年即進帳四千萬元（相當於陽春教授包括年終將金三十年之所得）。93年首度代言房地產酬勞爲三百五十萬元，今年（二〇〇五）則暴增至千萬元（中國時報民國九十四年十二月十二日D3）。

得「天德」、「月德」貴人，本性仁慈好善，貴人明現，神佛庇佑，帶「華蓋」，有藝術、設計、審美、音樂等天份，從事演藝事業，服裝表演（模特兒）易出人頭地，寅戌夾午，午爲紅艷，主人見人愛，具浪漫氣質，男女相貌俊秀美麗，演藝人員有此星最佳，能成功受大家喜愛，五行有生有洩，秀氣流通，又帶「學堂」，聰明好學，乃加拿大多倫多大學經濟與西洋美術史雙學士。

身旺喜財官，日支坐財，嫁夫賢良，唯劫財重，不宜早婚，早婚不利，錢財須小心，勿爲人作保、背書及參加互助會，不要隨便借錢給人，常有去無回，作生意須以現金爲主，如以支票交易，常會收到空頭支票。

民國九十四年七月八日（農曆6月3日）於大連拍廣告時不慎墜馬受傷，本命寅申對沖，即常會因意外事件受傷，（如車禍，摔傷等），七月八日爲癸未月癸巳日，本命巳有寅申對沖，現壬申大運，申又沖寅，即在此大運中易有意外事件，今年（94年）爲乙酉，與本命會成申酉戌西方金沖寅，意外事件應在今年，七月八日爲癸未月，未與戌刑，癸巳日，與本命成寅、巳、申三刑逢沖，是以當月會墜馬受傷，欲完全復元，須待農曆十月（丁亥月），因亥爲水，通金木之關。（據報載林志玲於10月31日舉行復出茶會，是日爲丁亥月戊子日，月、日地支均爲水）申爲驛馬（寅、申、巳、亥爲廣意之馬）四馬之中帶三馬，表示一生多變動，常因事業或旅遊在國內外飛來飛去，申藏戊（偏財）、庚（偏官）、壬（偏印），馬中帶官表示可能爲有異國婚姻（嫁到國外或婚後移居到外國），財官印俱全，所嫁對象若非有身份、地位之公教職人員，即是企業界之豪門望族，年支寅藏丙戊，丙爲食神，戊爲偏財，均爲喜神，表示祖先風水佳。

近幾年突然爆紅，乃因28歲起行壬申大運，是殺印相生運，書云：「殺印相生，功名顯達」，申又藏戊士偏財，故名利雙收，申運（33-37）歲爲偏官運，辛運（38-42）爲正官運，當有婚緣，以戊子（民國97年35歲），庚寅（民國99年37

歲），辛卯（民國100年38歲）可能性較大。

之後行辛未、庚午、己巳、戊辰、丁卯、丙寅大運，均爲喜用神，可謂一路福星，惟庚運（48歲-52歲）先生可能向外劈腿，因大運庚與月干乙合，乙乃劫財，代表其他女人，其他女人與他搶先生（庚金偏官代表先生），須未雨綢繆，小心防患。

例九：

王靜瑩（農曆民國60年6月11日申時）

傷官辛亥	壬偏財 甲七殺		
正官乙未	乙正官 丁正印 己劫財	天乙貴人 華蓋	
日主戊午	丁正印 己劫財	六秀暗祿 十靈日羊刃龍德	
食神庚申	戊比肩 庚食神 壬偏財	暗祿福德 文昌驛馬	
胎元丙戌			

大運

3 丙申
13 丁酉
23 戊戌
33 己亥
43 庚子
53 辛丑
63 壬寅
73 癸卯
83 甲辰

特殊格局：

1.地天交泰，負經邦論道之才

亥爲乾屬天，申爲坤屬地，兩見者爲地天交泰。

2.一路連珠，早擅四方之譽

午未申一路連珠

3.虛一待用，文主諫臺，武主將壇

戊午見庚申，虛拱一己未，爲虛一待用

4.異香滿路，而間產英豪

戊庚天乙在未，乙天乙在申，辛天乙在午，四干皆見貴人（胎元丙天乙在亥，爲五干皆見貴人，誠屬少見到）。

5.二十四統得之者，青雲得路

乙未見戊午，爲二十四統

6.三十六大貴値之者，黃甲標名

乙未見庚申，丙戌（胎元）見辛亥爲三十六大貴。

正五行論

戊土生於未月得令，午未合火，乙木値根於未，亥未合木，木從火勢，胎元丙戌，助長火勢，火炎土燥，調候爲先，喜金水，以傷官食神洩秀生財爲用，年柱辛亥，時柱庚申，均爲喜用，從年干辛金生亥水，亥水生乙木，乙木生午火，午火生戊土，戊土生庚金，五行皆備，氣勢流通，寒暖濕燥中和，誠屬佳命，所憾者傷官、食神，高透，植根於申，「傷官剋官，爲禍百端」，所幸年支亥水洩傷官之氣，日支午火剋傷食，書云：「女命傷官大不利，帶財帶印反爲福。」本命雖是傷食高透，然帶財（亥水）帶印（午火），故不爲剋，惟藏地支不透，與先生較易爭執，宜多涵養，方能美滿幸福。

以傷官食神爲用神，聰明富才藝，八字有生有洩，男俊女美，金水旺，皮膚白晳細膩，書云：「金水若相逢，必招美麗容」，是以身材高挑，五官秀麗，氣質高雅，以食傷喜用神，一生可衣食無缺，有才氣名聲顯揚，女命則子女孝順得力。神煞則有「天乙貴人」，主聰明靈敏，有才藝，文筆佳，可逢凶化吉；「六秀」，主秀氣聰明，有才藝；「華蓋」爲藝術星，藝術昇華之寶蓋也，於美術、音樂、繪畫、服裝、佈置、裝潢等有天份，與神佛有緣；「十靈日」主靈敏聰明，易出名；「龍德」，主逢凶化吉，貴人提拔、名利雙收；「福德」，主多福多壽，諸事吉慶，財官如意，難中有救。綜上所述，從事「模特兒」及「演藝」事業，可名利雙收，大運8歲起「申」運為食神洩秀，小學時即顯露才華，18歲起「酉」運為傷官洩秀喜神運，高中畢業後即加入模特兒經紀公司「凱渥」，成為洪偉明愛徒，一秀成名，有「漂亮寶貝」之稱，與蕭薔齊名，而五官之秀麗，更勝蕭薔，同時開始拍電影，首部作品為「異域」，演劉德華之女友；之後接演「東方不敗2」，與林青霞、王祖賢合作；在「黃飛鴻」第四、五集演「十三姨」關之琳的妹妹「十四姨」；在「黃飛鴻之鐵猴子」中與甄子丹合作挑大樑演女主角。電視劇則有「施公奇案」、「玉卿嫂」「天下無雙」；並出《靜瑩剔透》，《靚媽味養成書》二本書，及《脫掉高跟鞋》的寫眞集，與「最壞的寶貝」唱片。民國九十三年十月（甲申年甲戌月）與南港輪胎董事陳威陶結婚，甲為偏官，戊與日支午夫宮三合，是以成婚，民國九十四（乙酉）年六月發生家暴案，被毆傷眼角，乙為正官，本命年干為傷官，「傷官剋官，為禍百端」，正官為夫星，傷官剋官表示夫妻爭執，本命辛金傷官剋乙木正官，顯示夫妻易爭執而導致家暴，亥未夾卯木，卯木為日支午火之桃花，即夫星暗坐在桃花上，代表丈夫容易偷腥，然有財（亥水）洩傷官之氣，正印（午火）剋傷官，且日支夫宮「午」與月支姻緣宮「未」爲六合，未又是乙木正官之庫，亥未又夾卯，爲正官夫星之祿，有根有氣，此皆顯示夫妻個性強，一個愛玩，一個愛管，爭執難免，十一月（丁亥）水進氣，通金木之關，因此會「復合」，十一月二十五日（丁亥月癸丑日）雙雙連袂出席好友陳孝萱詹仁雄兒子雙滿月酒加結婚喜宴，二十五日爲「癸丑」日，「癸」爲水，通金木之關，因此夫妻裝扮輕鬆參加好友滿月酒席，一副恩愛狀，夫星暗坐桃花，表示先生女人緣佳，容易向外發展，本造又傷害剋官，個性強，須用心經營，婚姻方能美滿。時柱「庚申」食神爲喜神，且爲子息星，大運中晚運俱佳，表示子女賢孝，申爲「文昌」，又帶「華蓋」，因此晚年會有宗教信仰，且以文才出名，將有文學、藝術、宗教、哲學等之作品問世揚名。「申」又爲「驛馬」（亥爲廣義之馬），因此常爲演藝事業而國內外奔波，「申」既是馬，又是「文昌」，且藏財（藏壬水爲偏財）在時支，代表晚年，因此晚年仍不得清閒，常爲文藝事業奔波而名利雙收，時柱代表子女，庚申食神又爲子息星，子息星帶「文昌」又爲喜神，子女不僅賢孝，且學業有成，學術見長，能揚名聲以顯父母。

例十：

馬英九（農曆民國39年7月13日亥時）

甲傷官

正印庚寅丙正財
戊正官

傷官甲申庚正印紅艷
戊正官
壬劫財

天德

日主癸巳戊正官日貴
丙正財天乙貴人
庚正印

天德

比肩癸亥壬劫財驛馬
甲傷官

胎元乙亥

大運									
5	15	25	35	45	55	56	75	85	95
乙酉	丙戌	丁亥	戊子	己丑	庚寅	辛卯	壬辰	癸巳	甲午

特殊格局：

*1.*位極功高，列四方之位

子午卯酉爲四正，寅申巳亥爲四維，辰戌丑未爲四庫，得之者衍爲大方面格局，文武經邦，若非帝王，則爲邦國柱石，威權震主，明太祖得辰、戌、丑、未，雍正、乾隆得子、午、卯、酉，道光得辰、戌、丑、未、民初徐世昌總統得寅、申、巳、亥。

2.五星七星拱揖，輕清者學士翰林

庚寅見甲申爲七星拱揖

3.天地中分，奇才以產

癸巳見癸亥爲天地中分

4.庚辛値於巽宮，爲嘯風之猛虎

巳爲巽宮，巽爲風，庚辛肅殺之氣，譬喻白虎，故曰嘯風之猛虎。

5.地天交泰，負經邦論道之才

亥爲乾爲天，申爲坤爲地，亥見申爲地天交泰

6.四字俱生，抱出群之大器

壬癸同長生於申，甲長生於亥，庚長生於巳，是爲四字俱生

7.水火既濟，何憂雁塔題名

癸巳納音爲水，乙亥（胎元）納音爲火，是爲水火既濟。

正五行論

癸水生於七月，母旺子相，得年干庚金坐祿於申生之，時柱癸亥助之，身旺，喜木火土，癸水長生於申，甲木長生於亥，庚金長生於巳，寅藏甲丙戊，巳藏丙戊庚，俱爲喜神，祖上風水佳，娶妻賢美，五行金、水、木、火相生，源遠流長，福澤深厚，大運丙戌、丁亥、戊子、己丑、庚寅、辛卯，一路火、土、木，佳運五十年，生於「日貴」日，得天德，天乙貴人，心善性慈，得神佛庇佑，傷官洩秀，聰明過人，然帶財帶印，爲人中規中矩，謙和有禮，不致恃才傲物。建中、台大法律系、美國哈佛大學法學博士，曾任總統府英文祕書，第一局副局長，國民黨中央黨部副祕書長，陸委會副主委、法務部長、台北市長，二〇〇五年七月以壓倒性多數當選國民黨主席，二〇〇五年十二月帶領國民黨在縣市長選戰中大勝，跨越濁水溪，進逼八掌溪，泛綠只守住雲林縣、嘉義縣、台南縣、台南市、高雄縣、屏東縣，顯示民進黨氣勢已盡，陳水扁總統身邊家臣、佞臣、權臣所做所爲天怒人怨，才會兵敗如山倒，連民進黨創黨元老、素有「聖人」、「人格者」之稱的前主席林義雄先生都對民進黨徹底失望，而於二〇〇六年一月二十三日發表「爲退出民主進步黨告同志書」公開宣佈退出民進黨（之前中央研究院院長李遠哲先生亦曾公開表示對陳水扁總統及民進黨徹底失望），呂秀蓮副總統亦坦言民進黨執政這幾年是「風不調，雨不順，國不泰，民不安」，在在顯示民進黨之作爲已是人神共憤，執政就是這八年，之後將永遠淪爲在野黨。二〇〇八年中華民國行憲後第十二任總統非馬英九先生莫屬。

以上及附錄之明太祖、雍正、乾隆、道光及民初徐世昌總統之八字爲中華民國九十五年二月增訂再版時之初稿。

以下爲中華民國九十八年二月增訂三版之續稿。

馬英九先生與蕭萬長先生於二〇〇八年三月中華民國行憲後第十二任總統、副總統大選中大勝謝長廷先生與蘇貞昌先生約二二一萬票（馬蕭爲七六五多萬票，謝蘇爲五四四多萬票），而之前之立法委員選舉，在一一三席中，泛藍得八十六席，民進黨僅得二十七席，泛藍之席次超過三分之二（七十六席）與四分之三（八十五席），可謂「完全執政」。

民進黨之所以會在此二次大選中大輸（二〇〇四年縣市長選舉民進黨亦僅贏雲林縣、嘉義縣、台南縣市、高雄縣、屏東縣六縣市）乃在民進黨執政後已失去其「創黨理念之黨外精神與傳統價值」：反對威權、追求民主；反對特權、追求公義；台灣主體、永續經營。「清廉」、「勤政」、「愛鄉土」乃民進黨之基本價值，然在民進黨執政這幾年中已漸消失，尤其在陳水扁第二任總統任期中，更是蕩然無存：「清廉」則爲第一家庭與政務官之貪瀆。「勤政」－勇於卡位怯於任事，如素有「陳青天」形象牌之稱的陳定南都不顧輿論之反對，而執意任用僅有高中學歷且毫無公務員任用資格之司機爲十二職等之機要秘書。「愛鄉土」－將「愛台灣」作爲撕裂族群之藉口。

二〇〇八年大選有三大憲政意義：完成「第二次政黨輪替」（美國著名學者杭丁頓之名言）；國民黨「完全執政」；解嚴二十周年，剛滿二十歲之「解嚴兒女」參與投票，而破除「種族標籤」、「統獨惡鬥」（新台灣人跨越族群），「外來政權」三大魔咒。

馬英九總統上任後即提出「以台灣爲主，對人民有利」之施政主軸，兩岸關係則主張「不統、不獨、不武」，而有「江陳會」（江炳坤、陳雲林），與中共「海協會」會長陳雲林之訪台，並於二〇〇八年十一月四日與海基會董事長江炳坤於圓山飯店代表兩岸政府簽署「空運」、「海運」、「郵政」、「食品安全」四項協議，開放海空直航與通郵，兩岸進入通商、通郵、通航全面三通（大三通）之新紀元。馬英九總統並於二〇〇八年十一月六日於「台北賓館」會見陳雲林會長時，宣示「正視現實、互不否認，爲民興利，兩岸和平」之十六字箴言，中共國家主席胡錦濤也於二〇〇八年十二月三十一日發表《攜手推動兩岸關係和平發展，同心實現中華民族偉大復興》之六點意見的善意回應，倡議兩岸協商涉外事務，探討國家尚未統一之特殊情況的政治關係、探討建立兩岸軍事互信機制，結束兩岸敵對狀態，達成和平協議。即兩岸關係從李登輝、陳水扁主政時期之「緊張對峙」（一九九六年的「台海飛彈危機」、一九九九年的「兩國論」、二〇〇三年的「公投綁大選」、二〇〇六年的廢除「國統綱領」及二〇〇七年的「入聯公投」、「正名」、「制憲」）進入「共創雙贏」之「和平共存」時期，相信在兩岸人民之互信互助求同存異共同攜手下，兩岸終將「和平統一」（筆者根據《推背圖》之研究，兩岸將於二〇二六年「和平統一」，請參閱附錄《推背圖》解說）必然能實現中華民族之偉大復興，再開創第三週期之「漢唐盛世」。

附明太祖、雍正、乾隆、道光及徐世昌總統等之八字於後，以証馬英九先生爲「眞命天子」。（民國九十三年二月增訂再版時之初稿）

附一：**明太祖**（引自徐樂吾著，《古今名人命鑑》，一九七三，台北，樂天出版社，頁二）

傷官戊辰傷官癸亥
正官壬戌傷官甲子
乙丑
丙寅
日主丁丑食神丁卯
戊辰
比肩丁未食神己巳
庚午

胎元：癸丑

辰戌丑未，四庫全備，名貴人黃樞，奇格也，妙在辰戌丑未順序，天乙陰陽全備，包舉四方而有之，宜其貴爲創業天子，戌未居於月時，日元有氣，年坐官庫，日坐財庫，戊土元神出，吐露菁英，初運癸亥、甲子，窮無所歸，乙丑漸發展，丙寅、丁卯、盛極一時，戊辰、己巳精神盡洩矣，洪武元年四十一歲登基，在位三十一年而終。

附二：**清世宗**（雍正）（引自陳道隱著，《八字特殊格局彙解》，台北，武陵，一九九五，頁二九—三十）

傷官戊午比肩乙丑　　丙寅

正印甲子七殺丁卯　　戊辰

日主丁酉偏財天乙　　己巳　庚午

七殺癸卯偏印

胎元乙卯

丁祿在午，而子緊沖之，印刃在卯，而酉緊沖之，一點根腳，全被沖去，十一月丁火，正値天寒地凍，非甲引丙暄，其性不暖，非戊土剋癸融子，去其病神，午火之大用不彰，無如印星無氣，戊不當令，所幸胎元乙卯，甲木坐刃，用在胎印，固主一生福澤，不離祖基：丁自坐酉天乙，癸貴在卯，官印互換祿地，尤爲貴徵。

附三·**清高宗**（乾隆）（引自同附二，頁三十一—三十二）

劫財辛卯正財 丙申 乙未

正官丁酉劫財 甲午 癸巳

日主庚午正官 壬辰 辛卯

七殺丙子傷官 庚寅 己丑

胎元戊子

庚金刃於酉，丙丁刃於午，表面視之，似乎身殺而停，勢均力敵，顧細按之，庚坐午敗地，丙坐子敗地，子可沖午，而卯不可沖酉，酉金當旺，干透庚辛，其勢不可得而侮也，卯木辛金蓋頭，其氣已竭，不能生火，置之無用可也，以官殺爲用，殺刃相資，而威被四海，則以格局宏偉（子午卯酉四極衍爲大方面格局），縱橫捭闔，皆在我之範圍內也。二十五歲登基，在甲午運，癸巳以後，一路食傷生財，英華發越，在位六十年，宮室之美，妃妾之奉，各臻其極，此又遍野桃花之所由致也，自稱「十全老人」，「文開四庫」，「武功十全」，亨壽八十九，福澤綿長，雍正雖亦子午卯酉衍爲大方面格局，然丁火無根，午被子沖，根本被傷，枝葉自必無從附麗，故在位十三年，被「江南八俠」之一女俠呂四娘所殺，身首異處，較之乾隆，同一格局，而豐墻之間，其判如此，可知論斷格局，固須著重外格，而福澤順逆，仍須視正五行之去留配舒。

附四：**清宣宗**（道光）（引自同附二，頁三十五-三十六）

比肩壬寅食神　　8 庚戌

正官己酉正印　　18 辛亥

日主壬申偏印　　28 壬子

劫財癸卯傷官　　38 癸丑

　　　　　　　　48 甲寅

胎元庚子　　　　58 乙卯

申酉虛邀未戌，寅卯虛邀丑辰，辰戌丑未四極全備，寅卯艮位，申酉坤宮兩象對照，各居一方，拱衛四維，尤見氣象宏偉。癸運辛巳年登基，巳去刑寅，財官由刑而動也，甲運甲己合土，官食之情自洽，寅運財官得地，交入乙卯，乙之剋己，官星被褫，斯有洪楊之變，終於卯運己酉歲，在位二十九年，亨壽六十八。

附五：**徐世昌總統**（清咸豐五年九月十三日辰時，引自同附二，頁九十一-九十三）

食神乙卯食神
正財丙戌正官
日主癸酉偏印
正財丙辰正官
胎元丁丑

5	15	25	35	45	55	65	75
乙酉	甲申	癸未	壬午	辛巳	庚辰	己卯	戊寅

卯辰邀寅巳，酉戌邀申亥，寅申巳亥俱爲虛邀而得，衍爲大方面格局，辰酉合金，卯戌合火，四沖見四合，由合解沖，金火各立門戶，金爲日主之印，火爲日主之財，兩氣成象，各不相犯。三秋癸水，已逢進氣，更喜引歸時支辰庫，得辰酉合印，轉弱爲強，年月火土，財官乘旺，戌中丁火迴光返照，以酉爲源，生發癸水，以木洩秀，生助丙火，食神生財備印爲用。五行不強不弱，運行水金火之鄉，均可發福，此乃就正五行之論，至於地支坤離對照，財星適爲天德，寅申巳亥，虛邀四生，局面宏偉，氣呑全牛，初行癸未運，中丙戌進士，少年科第，歷任東三省總督，軍機大臣，內閣協理大臣，授太子太保、太傅，庚辰正印得用，袁世凱當國，直授爲國務卿，民國七年，戊午流年，馮國璋卸任，國會遂推之爲民國第四任大總統，己卯運，殺之剋身，坎水不得流通，安於頤養，戊去合癸，寅運己卯歲，歲年俱逆逝世，享年八十五，壽登耄耋，爲一時人瑞。

四、紫微斗數

紫微斗數乃北宋修道士陳摶（陳希夷）所創，論命理根據與四柱八字學一樣是中國傳統的陰陽五行學說，也是依據各人出生年月日時來排命盤，因以「紫微」星爲主，星又分爲「南斗」星、「北斗」星，故稱爲「紫微斗數」，命盤分爲十二宮，命宮—代表先天的運勢，一生的歷程；兄弟宮—主個人與兄弟姊妹的關係；夫妻宮—表徵配偶的個性、才華、家世、婚姻生活的美滿與否；子女宮—表徵子女的個性、才華、賢孝與否；財帛宮—表徵個人賺錢或理財能力的優劣，宜從事何種行業；疾厄宮—表徵個人身體健康情形，與體質的強弱；遷移宮—表徵在外的變遷運，人生的機運，老運的走勢（老運以享福爲基）；奴僕宮（交友宮）—表徵朋友、同事的關係深淺，人際關係的好壞；官祿宮（事業宮）—論功名及官運之通塞、吉凶，適合的職業種類；田宅宮—表徵生活環境的美惡，祖業的有無及不動產的多寡；福德宮—表徵福氣、道德，又名因果位，所謂上承祖德、祖業，下蔭兒孫，中含己身因緣果報，是故惜福、行善、積德，猶如再造八字，故又名造化宮；父母宮—表徵父母與我緣份的厚薄及庇蔭的有無。

斗數以星曜來論命，主星二十八顆—紫微、天機、太陽、武曲、天同、廉貞、天府、太陰、貪狼、巨門、天相、天梁、七殺、破軍、祿存、天馬、左輔、右弼、文昌、文曲、天魁、天鉞、火星、鈴星、擎羊、陀羅、天空、地劫，看星曜在十二宮中所代表之意義來論吉凶，是爲靜盤，配合四化，是爲動盤，四化即化祿—代表財祿、食祿、福祿，含福報、慧報；化權—表徵權勢、權柄、威嚴；化科—表科甲、科名、功名、貴人、風度；化忌—表變動、不順、是非、災厄、動盪不安。四化有生年四化，大運四化，流年四化，流月四化，流日四化，流時四化。

論格局之高低，子平八字較準，論人物對待，則斗數較細密，兩者合參，更能深入。

例一：袁世凱（清咸豐九年八月二十日未時）

鈴星地 陀羅陷 破軍平 武曲平 化祿 己巳 田宅 官	地劫陷 祿存 太陽旺 庚午 官祿 旺	擎羊廟 天府廟 辛未 奴僕 衰	天鉞 太陰利 天機地 壬申 遷移 病
天空陷 火星陷 天同平 戊辰 身宮 福德 冠	陰陽 男女 己未年八月二十日生於 未時 年 己未 月 癸酉 日 丁巳 時 丁未 姓名：袁世凱 地址： 電話：		貪狼利 化權 紫微旺 56-65 癸酉 疾厄 死
文昌利 右弼 丁卯 父母 沐	火六局 身主：天相 命主：祿存		巨門陷 46-55 甲戌 財帛 墓
6-15 丙寅 命宮 生	七殺廟 廉貞利 16-25 丁丑 兄弟 養	天魁 天梁廟 化科 26-35 丙子 妻妾 胎	左輔 文曲旺 化忌 天相地 36-45 乙亥 子女 絕

格局

1. 命宮無主星，借對宮天機，太陰為星，主聰敏慧達，善權謀。

2. 紫微、天府夾遷移宮，主尊貴。

3. 命宮與亥合有天相、文曲、左輔、身宮與酉合，有紫微、貪狼、化權、官祿宮在午，太陽、祿存守之，雖非守命垣，然宦途亦可借用，況太陽為官祿宮主，祿存守之，曰：「日麗中天」，財官昭著，極品之論，文武皆宜。

行運

1. 丁丑大限（十六歲至二十五歲）

「殺破貪」格局，會化權、化祿，對宮天府，三合天相及文曲、左輔、武曲，主高第恩榮。

2. 丙子大限（二十六歲至三十五歲）

「機月同粱」格局，丙限天同化祿（大限官祿宮），天機化權來拱，又呈「三奇嘉會格局」，主聲譽昭彰，地位提升。

3. 乙亥大限（三十六歲至四十五歲）

天相會左、右、昌、曲、天府、武曲，威權日隆。

4. 甲戌大限(四十六歲至五十五歲)

此限會太陽,祿存於午宮,乃「日麗中天」格局,民國元年繼孫中山先生爲第一任中華民國大總統。

5. 癸酉大限(五十六歲至六十五歲)

此限爲「武昌陀鈴,限至投河」的凶局,民國五年,皇帝夢碎,羞憤而死。

例二：**杜月笙**（清光緒十四年七月十五日午時）

天空廟 地劫陷 祿存 太陽旺 32-41 丁巳 官 田宅 絕	擎羊陷 破軍廟 自空 42-51 戊午 旺 官祿 胎	天鉞 天機陷 化忌 52-61 己未 衰 奴僕 養	火星陷 天府地 紫微旺 62-71 庚申 病 遷移 生
鈴星陷 陀羅廟 文昌地 右弼 化科 武曲廟 22-31 丙辰 冠 福德 墓	陰陽 男女 戊子年 七月 十五 日生於 午時 年 戊子 月 庚申 日 乙丑 時 壬午 姓名：杜月笙 地址： 電話：		太陰旺 化權 辛酉 死 疾厄 沐
天同平 12-21 乙卯 沐 父母 死	水二局 命主：祿存 身主：火星		文曲陷 左輔 貪狼廟 化祿 壬戌 墓 財帛 冠
七殺廟 2-11 甲寅 生 身命宮 病	天魁 天梁旺 乙丑 養 兄弟 衰	天相廟 廉貞平 甲子 胎 夫妻 旺	巨門旺 癸亥 絕 子女 官

格局

1. 七殺守身命垣在寅，對宮紫微、天府，爲「七殺朝斗」格，主武職權貴。
2. 官祿宮破軍居午，爲「英星入廟」格，宜經商習藝。
3. 財帛宮左輔、文曲、貪狼坐守，對宮武曲文昌、右弼，成「武貪」格，清顯忠良。

行運

1. 乙卯大限（十二歲至二十一歲）
天同守命，對宮太陰化權，會天鉞，外出吉利。
2. 丙辰大限（二十二歲至三十一歲）
武曲、文昌、右弼坐守，對宮貪狼、化祿文曲、左輔、會紫微、天府、天相、廉貞，成「武貪」格，主橫發。
3. 丁巳大限（三十二歲至四十一歲）
太陽、祿存坐守，三方有天梁、天魁、太陰化權拱照，如日東昇，貴人多助。
4. 戊午大限（四十二歲至五一歲）
破軍在午乃「英星入廟」格，旬空在午，「火空則發」，會貪狼、七殺，主財權兩旺。

5.己未大限（五十二歲至六十一歲）

天機天鉞坐守，對宮天梁、天魁、天機爲「善」，天梁爲「蔭」，己干天梁化科，主有「名士」佳評。

6.庚申大限（六十二歲至七十一歲）

紫府同宮主孤，子生人忌寅申限，庚之化忌天同入大限疾厄宮，主重病死亡，民國四十年病逝香港。

例三：林志玲（農曆民國63年10月16日申時）

天機 天馬 106-115 福德 己巳 絕	紫微 天刑 龍池 96-105 田宅 庚午 墓	天鉞 天喜 86-95 官祿 身宮 辛未 死	破軍 化權 鳳閣 76-85 僕役 壬申 疾
七殺 解神 116-125 父母 戊辰 胎	陽 陰、男女 六十三年十月十六日亥時 年 甲寅　姓名：林志玲 月 乙亥　地址： 日 甲戌　電話： 時 壬申 火六局 身主：文曲 命主：天梁		火星 66-75 遷移 癸酉 衰
太陽 化忌 天梁 擎羊 6-15 命宮 丁卯 養			廉貞 化祿 天府 天姚 華蓋 56-65 疾厄 甲戌 旺
武曲 化科 天相 文昌 祿存 16-25 兄弟 丙寅 生	天同 天魁 巨門 紅鸞 左輔 右弼 陀羅 26-35 夫妻 丁丑 沐	貪狼 文曲 36-45 子女 丙子 冠	太陰 鈴星 46-55 財帛 乙亥 官

格局

1.府相同梁性必好，陰陽左右最慈祥。

天府、天相、天同、天梁乃南斗之星，得中和之氣，故性必良，太陽、太陰左輔、右弼無煞到，則是敦厚慈悲和藹之輩。太陽、天梁守命，會太陰、鈴星、天鉞、天喜、火星。太陽在卯入廟，表示才華高，名聲好，為巾幗英雄，女強人型，賢淑、能幹、貞潔，性善心慈，樂於助人，異性緣佳，如陽光普照萬物，予人溫馨和煦之感。天梁為蔭星，又名老人星，喜助人有愛心，本身亦能得長輩之蔭福，女命聰明能幹，有老大姐氣概，天生為領袖人物，天梁亦為藥星、宗教星、命理、玄學星，對此方面有興趣，亦可從事研究，會天喜，聰明秀麗。

2.日照雷門，富貴榮華

卯宮安命太陽坐守，三方左、右、昌、曲、魁、鉞、守照，富貴之極；本命太陽守命在卯會天鉞，合此格

3.月朗天門，進爵封侯

亥宮太陰坐守，三方吉星來拱，主大富大貴。

本造太陰入廟坐守於財帛亥宮，會太陽、天梁、天機、天馬、天鉞、天喜、合此

格。

4. 天魁天鉞，蓋世文章

天鉞守命於於身宮（官祿），對宮爲天魁，爲「坐貴對貴」。

5. 明珠出海—三合明珠生旺地，穩步蟾宮

命宮在未（本造爲身宮在未），太陽在卯太陰在亥，則日月會在三方居廟旺之地，拱照命宮，稱「明珠出海格」，主其人才學出衆，多學多能，又會天魁、天鉞、左輔、右弼、主貴人多助，名利雙收。

行運

1. 第二大限（十六至二十五歲）

紫府朝垣，祿合鴛鴦，權祿重逢

武曲、天相、文昌、祿存守命，會紫微、天刑、廉貞、化祿、天府、天姚、華蓋、破軍、化權，本限學業優異，乃加拿大多倫多大學經濟與西洋美術雙學士，乃因文昌祿存坐命，爲「祿文拱命」，會華蓋，華蓋爲藝術之星。

2. 第三大限（二十六至三十五歲）

坐貴對貴，左右守垣

天同、巨門、左輔、右弼、天魁、紅鸞、守命，會天機、天馬、火星、天鉞、紅鸞、天喜、太陽、天梁，火星遇天馬爲戰馬，動中得利；「巨梁相會廉貞併，合祿鴛鴦一世榮」，本限宮干丁天同自化權，天機化科，巨梁相會，科祿巡逢，坐貴對貴，左右守垣，會紅鸞、天喜，文昌、文曲夾命，貴人明現，異性緣佳，此限爆紅，名利雙收，取代蕭薔、王靜瑩「台灣第一美女」「第一名模」之桂冠。

3. 第四大限（三十六至四十五歲）

殺破狼

貪狼、文曲、守命，會七殺、紫微、破軍化權、龍池、鳳閣，本限將有突破性發展，貪狼爲多才多藝之星，好玄學五術，神仙之術，文曲主科名，溫文儒雅，本限將有宗教信仰，文學、藝術作品問世

4. 第五大限（四十六至五十五歲）

機月同梁，月朗天門

太陰鈴星守命，會太陽、天梁、天鉞、天喜、天機、天馬，宮干乙天機化祿，天梁化權入命，成「祿馬交馳」、「權祿重逢」，本限能名利雙收。

5. 第六大限（五十六至六十五歲）

紫府朝垣，科祿巡逢，祿文拱命

廉貞化祿、天府、天姚、華蓋守命，會紫微、天刑、龍池、武曲、天相、文昌、祿存、七殺、解神，格成「紫府朝垣」「紫府廉」之貴格，本限事業聲名能更上一層樓。

夫妻宮天同、巨門、天魁、紅鸞、陀羅、左輔、右弼坐守，會天機、火星、太陽、天梁（借對宮）、天鉞，格成「坐貴向貴」「左右守垣」，宮干丁天同自化權，天機化科，成「科權巡逢」貴格，主嫁夫為社會名流，丁太陰化祿於本命財帛，天同化權於本命官祿（借對宮），天機化科於福德，表示先生有助於本人事業，所憾者，左輔右弼坐於夫妻宮，顯示結婚前易有「雙龍奪珠」、「三角習題」之困擾，婚後先生亦易金屋藏嬌，向外劈腿，宜未雨綢繆。

例四．蕭薔（農曆民國59年7月18日子時）

紅鸞 天同 化忌 32-41 子女 辛巳 官	天府 武曲 化權 22-31 夫妻 壬午 冠	陀羅 天姚 天鉞 太陰 化科 太陽 化祿 12-21 兄弟 癸未 沐	祿存 貪狼 2-11 身宮 命宮 甲申 生
右弼 文曲 破軍 42-51 財帛 庚辰 旺	陰陽 男女　五十九年七月十八日　亥時 姓名：蕭　薔 地址： 電話： 年 庚戌 月 甲申 日 辛未 時 戊子	水二局 身主：文曲 命主：廉貞	擎羊 巨門 天機 112-121 父母 乙酉 養
天刑 鈴星 52-61 疾厄 己卯 衰			左輔 文昌 天相 紫微 102-111 福德 丙戌 胎
龍池 解神 天馬 廉貞 62-71 遷移 戊寅 病	天魁 火星 72-81 僕役 己丑 死	鳳閣 七殺 82-91 官祿 戊子 墓	天喜 天梁 92-101 田宅 丁亥 絕

格局：

1.殺破貪（貪坐生鄉壽考如彭祖）

七殺、破軍、貪狼之一守命，主膽大、獨立、改革、創新、愛冒險，屬開拓江山創業型者。本造貪狼守命，除上述特徵外，貪狼又是多才多藝，多情多慾之星，可從事演藝、摸特兒事業，也喜好玄學五術、神仙之術，能參禪悟道靈竅易開，可得天地之玄奥，如彭祖壽高八百歲。本造在林志玲爆紅之前有「台灣第一美女」、「台灣第一名模」之稱，据《一週刊》報導也曾拜過「狐仙」。

2.祿馬交馳

祿存與天馬會合於三方四正，未見空亡化忌，主人財富福祿深厚，本造祿存守命，天馬在遷移，未見空亡化忌合此格。

3.祿文拱命

三方四正有祿存，合文昌、文曲，本造祿存守命，文曲在財帛，主聰明，名利雙收。

4.天祿天馬驚人甲第

在寅申巳亥安命有天祿及天馬同守，更會三方吉星，必然貴顯，是謂「祿馬交馳」。

5.左輔文昌會吉星尊居八座

命宮有左輔、右弼，文昌、文曲會聚，必富貴顯達，本造福德宮有左輔、文昌、紫微、天相，會右弼、文曲、合此格，本造以福德宮最佳《骨髓賦》：（「第一先看福德，再三細考遷移，分對宮之體用，定三合之源流。」，即首要看福德之好壞，如福德宮不佳，天要降福氣財祿予你，亦無福消受，再三仔細研判命宮與遷移，以命宮為主體，遷移宮則為發動用神，財帛、官祿與命宮乃三才合一，須明察其根源與會合產生之靈動力。）

行運

1.第二大限（十二至二十一歲）

坐貴對貴（天鉞坐命，天魁在遷移），蓋世文章，日月同聚—官居侯伯；科祿巡逢，周勃欣然入相（太陽化祿，太陰化科），此限高中畢後即投身摸特兒走秀，並演電視劇，一炮而紅。

2.第三大限（二十二至三十一歲）

將星得地—武曲廟垣，威名顯赫，武曲化權；左輔會文昌，尊居八座。府相同來會命宮，全家食祿。

本限聲名大噪，有「台灣第一美女」；「台灣第一名模」之美譽。

3. 第四大限（三十二至四十一歲）

機月同梁，會天魁，科祿巡逢（太陽化祿，太陰化科於大財，借對宮），大限宮干辛巨門化祿於大官，太陽化權於大財，是爲「科權巡拱命譽昭彰」本限雖有林志玲後起之秀爭輝，但聲名依然不墜，據媒體報導，陪企業大亨出席與客戶之宴會，酬勞爲三百五十萬。

4. 第五大限（四十二至五十一歲）

殺破狼─會紫、微天相、左輔、右弼、文昌、文曲，破軍守命，代表開創，又會紫微、天相、左右昌曲，本限將開創另一翻事業。

5. 第六大限（五十二至六十一歲）

機同巨宮，公卿之位─天機、巨門在卯酉兩宮同守，遇昌曲左右，三方合會祿存爲上格。

本限天機、巨門守命（借對宮），雖不會昌曲左右，但太陽化祿，太陰化科，大限宮干己天粱化科，會天刑、天粱、太陰、天機、巨門均爲中醫藥、宗教、命理、玄學之星，本限天梁化科，會本命太陰化科，在宗教、玄學上將有突出成就。本命夫妻宮坐武曲化權、天府，會紫微、天相、左輔、文昌、廉貞、七殺，代表所嫁之夫乃事業有成之社會名流，夫妻宮干壬天梁化祿於田宅，紫微化權於福德，左輔化科於福德，武曲自化忌，表示先生有助本造事業之發展，然武曲為將星，又化權，顯示先生個性剛烈，又自化忌，代表易爭執，早婚不吉，婚後宜多涵養，以溫柔取勝。

例五：王靜瑩（農曆民國60年6月11日申時）

<table>
<tr>
<td>天馬 右弼 火星 天梁
63-72
癸巳 遷移 病</td>
<td>天魁 天姚 鈴星 七殺
73-82
甲午 疾厄 死</td>
<td>華蓋
83-92
乙未 財帛 墓</td>
<td>陀羅 廉貞
76-85
丙申 子女 絕</td>
</tr>
<tr>
<td>紅鸞 天相 紫微
53-62
壬辰 僕役 衰</td>
<td colspan="2" rowspan="2">陰陽、男女 六十年六月十一日 申時
年 辛亥
月 乙未
日 戊午
時 庚申
姓名：王靜瑩
地址：
電話：
木三局
身主：巨門
命主：天機</td>
<td>祿存 左輔
103-112
丁酉 夫妻 胎</td>
</tr>
<tr>
<td>龍池 巨門 化祿 天機
43-52
辛卯 身宮 官祿 旺</td>
<td>天喜 擎羊 破軍
113-122
戊戌 兄弟 養</td>
</tr>
<tr>
<td>天鉞 天刑 文昌 忌 貪狼
33-42
庚寅 田宅 官</td>
<td>太陰 太陽 化權
23-32
辛丑 福德 冠</td>
<td>解神 文曲 化科 天府 武曲
13-22
庚子 父母 沐</td>
<td>鳳閣 天同
3-12
己亥 命宮 生</td>
</tr>
</table>

格局

1.府相同梁性必好，陰陽左右最慈祥

天府、天相、天同、天梁，乃南斗之星，得中和之氣，故性必良。天同守命，天梁在對宮遷移，天同為福星，福德之主，可延壽，德性像小孩，眉清目秀，聰明伶俐，柔情似水，善解人意，異性緣佳，唯會火星於遷移，故外柔內剛，心慈喜助人，多才多藝，有藝術天份。天梁在對宮遷移，天梁主壽，乃延壽之星，化氣為蔭，蔭星又名老人星，喜助人有愛心，本身亦能得長輩之蔭福，女命聰明能幹，有老大姐之氣概，天生為領袖人物。

2.機月同梁

命宮及三方四正會天機、太陰、天同、天梁，為機月同梁格，適合於公教界，本命雖在演藝界，然亦有文學藝術作品問世，亦合此格。《太微賦》「蔭福聚不怕凶危」，天梁、天同居命身會吉，有逢凶化吉之功，不怕凶危，天同、天梁、天機太陰、巨門均是命理、宗教星，天梁又是藥星，偏中藥，因此對命理、宗教、中醫藥有興趣，亦可從事研究，會華蓋，亦主對靈異、宗教、玄學、命理之感受力超乎常人

3.王袖添香

「福安文曜，謂之玉袖添香」，天同守命、文昌、文曲會於福德宮，本命雖文昌之曲不在福德宮，但夾福德宮，亦可成格，乃福德隆厚職大權重，如古代大臣穿著玉袖錦衣，天香漂然，現今社會可解爲在各行各業有傑出表現，名利雙收。

4.合祿拱祿定爲巨擘之臣

財官兩宮有祿存化祿合命，或命有化祿，遷移有天祿（祿存）來拱，皆主富貴之局，本命身宮巨門化祿，對宮祿存，合此格。

5.祿馬交馳

天馬與祿存或化祿會合於命宮三方四正，本命巨門化祿於官祿，對宮夫妻祿存，遷移天馬，合此格，主人財富福祿深厚。

行運

1.第二大限（十三至二十二歲）

紫府朝垣，府相朝垣

命坐天府、武曲，文曲化科，會紫微、天相、紅鸞、七殺、天姚、廉貞，十八歲出道，進入模特兒圈，文曲化科有聲名，會天姚、紅鸞異性緣佳，有「漂亮寶貝」

之稱。

2.第三大限(二十三至三十二歲)

祿馬交馳，權祿重逢

太陰入廟守命，太陽落陷，會天梁、右弼、天馬、華蓋、左輔、祿存太陽化權，為祿馬交馳，權祿相逢，左輔、右弼拱照，又會華蓋藝術之星，此運聲名大噪，橫跨，模特兒、電影、電視界，並有作品問世。

3.第四大限(三十三至四十二歲)

殺破狼、天乙拱命

貪狼守命，會七殺、破軍，為殺破狼，此限多變動，有開創新事業，天鉞守命天魁在官祿，為天乙拱命格，事業多貴人。太陽化權巨門化祿夾命宮，為權祿夾命，此限事業能更上一層樓，唯貪狼遇文昌為「政事顛倒」，文昌又化忌，須注意文書、契約、支票問題，勿為人作保、背書，否則會遭人陷害連累。

4.第五大限(四十三至五十二)

祿合鴛鴦

天機、巨門化祿守命，會華蓋、天同、左輔、祿存，為祿合鴛鴦，華蓋為宗教、藝術之星，此限會有宗教信仰，及有關文學、宗教、藝術作品問世。

5.第六大限（五十三至六十二）

紫府朝垣、府相朝垣

紫微、天相守命，會武曲、天府、文曲化科、廉貞、破軍，此限宮壬天梁化祿於父母，與本命巨門化祿夾命宮，爲雙祿夾命，紫微自化權，會文曲化科爲「甲第登庸」格，此限聲明不墜，唯武曲財星化忌守財帛，須意注錢財，否則容易破財。

6.第七大限（六十三至七十二歲）

權祿重逢

天梁、右弼守命、會太陽化權、太陰、左輔、祿存、天同，爲「權祿重逢」格，宮干癸太陰化科，爲科祿巡逢，甲第登庸（化科會化權），老運彌佳。

本命夫妻宮左輔、祿存守命，會天梁、右弼、天馬、太陽、太陰、天機、巨門化祿、格成「祿合鴛鴦」、「權祿重逢」「左右守垣」，表示先生事業有成，所憾者左輔在夫妻宮，表示先生婚前婚後均易享齊人之福，向外劈腿，宜多涵養，經營婚姻。

夫妻宮宮干丁太陰化祿於福德，天同化權於命宮，天機化科於官祿，表示先生有助於本人事業、聲名，唯巨門化忌於官祿，表示夫妻間常有口舌是非。

例六：馬英九（農曆民國39年7月13日亥時）

<table>
<tr>
<td>82-91
財帛 辛巳
絕</td>
<td>龍池
天機
92-101
子女 壬午
胎</td>
<td>天喜
天鉞
陀羅
天姚
破軍
紫微
102-111
夫妻 身宮 癸未
養</td>
<td>鳳閣
祿存
113-121
兄弟 甲申
生</td>
</tr>
<tr>
<td>右弼
太陽 化祿
72-81
疾厄 庚辰
墓</td>
<td colspan="2" rowspan="2">陰陽 男女 六十年六月十一日 申時
年 辛亥
月 乙未
日 戊午
時 庚申
姓名：王靜瑩
地址：
電話：
木三局
身主：巨門
命主：天機</td>
<td>擎羊
天府
2-11
命宮 乙酉
沐</td>
</tr>
<tr>
<td>天刑
文曲
七殺
武曲 化權
62-71
遷移 己卯
死</td>
<td>左輔
太陰 化科
12-21
父母 丙戌
冠</td>
</tr>
<tr>
<td>天巫
解神
天馬
鈴星
天梁
天同 化忌
52-61
僕役 戊寅
病</td>
<td>紅鸞
天魁
天相
42-51
官祿 己丑
衰</td>
<td>火星
巨門
32-41
田宅 戊子
旺</td>
<td>天月
文昌
貪狼
廉貞
22-31
福德 丁亥
官</td>
</tr>
</table>

格局：

1. 君臣慶會

君臣慶會，才善經邦，位至三公，富貴極品。紫微坐身宮，會文昌、文曲、天魁、天鉞、天相爲君臣慶會格。紫微爲帝星，喜會文昌、文曲、天魁、天鉞、左輔、右弼，文昌、文曲代表聰明、科名會讀書，天魁、天鉞爲貴人，代表一生多貴人提拔，左輔、右弼如左右宰相，帝王而無左輔、右弼，代表幕僚較弱，馬總統必須增強其幕僚陣容，現恢復總統府資政、國策顧問之聘用，以之爲諮詢國事之國家重臣，乃明智之舉。

2. 府相朝垣

府相朝垣格最良，出仕爲官大吉昌，天府坐命，天相在官祿。

3. 坐貴向貴

天魁天鉞，蓋世文章，魁鉞同行，位居台輔，天魁在身宮，天鉞在對宮。

4. 科祿巡逢，周勃欣然入相

化科、化祿在財官位之三方會入命中，命宮主星廟旺有吉星，猶如昔時周勃入相之貴。本造—祿存在兄弟，化科在父母爲科祿夾命，亦有此功能。

5.文星暗拱賈誼允矣登科

命宮吉利三方四正有文昌、文曲來拱會，必有科甲之名，本造天府坐命，文昌，文曲拱會。

6.府相同梁性必好，昌曲祿機清秀巧

天府守命，會文昌文曲，心慈性善，清秀光明磊落有貴氣。

行運

1.丙戌大限（十二歲至廿一歲）

太陰化科守命，太陽化祿在對宮，爲「科祿巡逢」，太陽在辰，太陰在戌均爲旺宮，格成「丹墀桂墀，早遂青雲之志」，會左輔、右弼，成績優異，建中、台大

2.丁亥大限（二十二歲至三十一歲）

文昌守命，紫微、武曲、文曲、天鉞拱照，爲「文華文桂，九重顯貴」，美國哈佛大學博士，本限任職國民黨中央黨部副秘書長。

3.戊子大限（三十二歲至四十一歲）

太陽化祿於官祿，祿存守財帛，爲「雙祿朝垣」，本限任職總統府英文秘書，第一局副局長

4.己丑大限（四十二歲至五十一歲）

天相守命，會天府、天魁、天鉞，爲「府相朝垣」，「坐貴向貴」，本限任法務部長，台北市長

5.戊寅大限（五十二歲至六十一歲）

天同天梁天馬守命，對宮祿存，會天機、太陰、左輔，「天祿天馬，驚人甲第」，爲祿馬交馳，本命太陰化科，大限太陰化權，爲「科權對拱，躍三汲於禹門」又會龍池鳳閣，本運必能更上層樓。

6.己卯大限（六十二歲至七十一歲）

武曲、文曲守命，紫微、天鉞、天府、文昌、廉貞拱照，爲「紫府朝垣，食祿萬鍾」。

7.庚辰大限（七十二歲至八十一歲）

太陽守命，太陰在對宮，均入廟旺，爲「日月並明」，太陽化祿會祿存，爲「雙祿朝垣」，富貴雙全。

五、奇門遁甲

「卜」的占術，大致可分成占卜、選吉、測局等三種，在這三種的代表性占術中，「占卜」一項有「五行易」、「六壬」、「梅花易數」，「測局」一項中有「太乙神數」，「選吉」一項中則爲「奇門遁甲」，換言之，要在某時間內選取「吉日」、「方位」，叫「選吉」，即是使用「奇門遁甲」。何謂奇門遁甲？十天干中乙、丙、丁叫做「三奇」，戊、己、庚、辛、壬、癸叫做「六儀」，甲不用故稱「遁甲」，配合「八門」—休門、生門、傷門、杜門、景門、死門、驚門、開門來論吉凶，故稱「奇門遁甲」，除了「三奇」、「六儀」、「八門」外，還有「九星」—天蓬星、天芮星、天沖星、天輔星、天禽星、天心星、天柱星、天任星、天英星。「九宮」—一白、二黑、三碧、四綠、五黃、六白、七赤、八白、九紫。「八神」—直符、騰蛇、太陰、六合、勾陳、朱雀、九地、九天。

在「奇門遁甲盤」中以「天」、「地」的「十干」爲一組，「九星」與「八門」爲一組，「九宮」與「八神」爲一組，稱之爲「天地」、「星門」、「宮神」，「奇門遁甲」是利用「天地」、「星門」、「宮神」等三組所構成的「遁甲盤」來判斷吉凶。如參加「考試」，必須選取考試當天指向考場爲吉方的地方，並事先在該地點住三天以上，到考試當天，由該地點前往考場。但考試以「實力」爲主，「選吉」只有加分的效果，例如假定錄取分數爲九十分以上的學校，有一個只能得七十分的考生要投考，這個考生憑他怎樣用吉方，還是無濟於事的，至少其能力在八十分至九十分之間的考生，才能夠利用吉方位，得到九十分而考取的。奇門遁甲共有陰陽遁時盤一千零八十局，茲舉陽九局戊癸日之十二時盤如下：

日癸戊局九陽

壬子時

壬符八 壬景輔	戊蛇四 戊死英	庚陰六 庚驚芮
辛天七 辛杜沖	癸　九 癸　禽	丙合二 丙開柱
乙地三 乙傷任	己雀五 己生蓬	丁陳一 丁休心

癸丑時

乙地八 壬杜沖	辛天四 戊景任	壬符六 庚死蓬
己雀七 辛傷芮	癸　九 癸　禽	戊蛇二 丙驚心
丁陳三 乙生柱	丙合五 己休英	庚陰一 丁開禽

甲寅時

壬地八 壬杜輔	戊天四 戊景英	庚符六 庚死芮
辛雀七 辛傷沖	癸　九 癸　禽	丙蛇二 丙驚柱
乙陳三 乙生任	己合五 己休蓬	丁陰一 丁開心

乙卯時

丁陰八 壬生蓬	己合四 戊傷心	乙陳六 庚杜任
丙蛇七 辛休英	癸　九 癸　芮	辛雀二 丙景輔
庚符三 乙開禽	戊天五 己驚柱	壬地一 丁死沖

丙辰時

辛雀八 壬傷芮	壬地四 戊杜柱	戊天六 庚景英
乙陳七 辛生蓬	癸　九 癸　沖	庚符二 丙死禽
己合三 乙休心	丁陰五 己開任	丙蛇一 丁驚輔

丁巳時

乙陳八 壬開沖	辛雀四 戊休任	壬地六 庚生蓬
己合七 辛驚芮	癸　九 癸　輔	戊天二 丙傷心
丁陰三 乙死柱	丙蛇五 己景英	庚符一 丁杜禽

日癸戊局九陽

辛酉時

丙蛇八 壬驚心	丁陰四 戊開芮	己合六 庚休輔
庚符七 辛死禽	癸　九 癸　柱	乙陳三 丙生英
戊天三 乙景蓬	壬地五 己杜沖	辛雀一 丁傷任

戊午時

戊天八 壬景英	庚符四 戊死禽	丙蛇六 庚驚柱
壬地七 辛杜任	癸　九 癸　蓬	丁陰二 丙開沖
辛雀三 乙傷輔	乙陳五 己生心	己合一 丁休芮

壬戌時

庚符八 壬死禽	丙蛇四 戊驚蓬	丁陰六 庚開沖
戊天七 辛景輔	癸　九 癸　心	己合二 丙休任
壬地三 乙杜英	辛雀五 己傷芮	乙陳一 丁生柱

己未時

己合八 壬休任	乙陳四 戊生輔	辛雀六 庚傷心
丁陰七 辛開柱	癸　九 癸　英	壬地二 丙杜芮
丙蛇三 乙驚沖	庚符五 己死禽	戊天一 丁景蓬

癸亥時

壬地八 壬杜輔	戊天四 戊景英	庚符六 庚死芮
辛雀七 辛傷沖	癸　九 癸　禽	丙蛇二 丙驚柱
乙陳三 乙生任	己合五 己休蓬	丁陰一 丁開心

庚申時

壬地八 壬杜柱	戊天四 戊景沖	庚符六 庚死禽
辛雀七 辛傷心	癸　九 癸　任	丙蛇二 丙驚蓬
乙陳三 乙生芮	己合五 己休輔	丁陰一 丁開英

六、陽宅學

陽宅學是「堪輿學」之一部分，堪輿學包括「陰宅」—墳墓，「陽宅」—住宅。《說文解字》：「堪，天道也，輿，地道也。」堪輿學即天道與地道兩相配合而成之學說，亦即地氣之應驗是因天象之靈動，含有「天文」與「地理」之意，〈繫辭〉：「在天成象，在地成形。」「仰以觀於天文，俯以察於地理，是故知幽冥之故。」是以堪輿之學乃天文星象與山川形勢互相配合之學問。《葬經》曰：「風水法，得水為上，藏風次之。」因為「葬地」之好壞，須看它是否有「生氣」，所謂「生氣」乃指「生命之元氣」，亦即「陰陽之氣」，乃是「萬物之根源」，「生氣」須使之聚集，所以要「藏風」，最怕「乘風而散」，氣之來，導以水，氣之止，界以水，是以《葬經》曰：「氣乘風而散，界水則止，古人聚之使不散，行之使有止，故謂之風水。」

不論陽宅、陰宅都要「藏風得水」，陰宅比較深奧，本文只簡介陽宅，陽宅論法有「八宅明鏡」法與「紫白飛星」法。「八宅明鏡法」，乃將人之命卦分為東四命與西四命，離、坎、震、巽四命卦為東四命，乾坤艮兌四命卦為西四命，東四命住東四宅，西四命住西四宅則為吉，東四命住西四宅，西四命住東四宅則為凶，東四宅離、坎、震、巽四方位為吉，乾、坎、艮、兌四方位為凶，西四宅乾、坎、艮、兌四方位為吉，離、坎、震、巽四方位為凶，並將八個方位分為生氣、天醫、延年、伏位四吉方，絕命、禍害、五鬼、六煞四凶方。

男女之婚配，東四命配東四命，西四命配西四命則吉，東四命配西四命則凶。

「八宅明鏡法」是靜態的，「紫白飛星法」則是動態的，紫白飛星法乃根據元運來論吉凶，所謂元運乃三元九運，上元、中元、下元，每一元管三運，三元共九運，每一元六十年，每一運二十年，三元九運共一百八十年，即天星之運轉以一百八十年為一週期，上元一運自一八六四年至一八八三年，現在是下元七運（一九八四—二〇〇三），二〇〇四年即進入下元八運，並以洛書九宮法論其吉凶，九星為一坎水（白），二坤土（黑），三震木（碧），四巽木（綠），五黃（男寄坤卦，女寄艮卦），六乾金（白），七兌金（赤），八艮土（白），九離火（紫）。以坐山代入中宮飛佈九星論其吉凶，如坎宅（坐北朝南）一入中宮飛佈九星，生我為生—金（六乾、七兌），同我為旺—水（一坎），我生為退—木（三震、四綠），剋我爲煞—土（二坤、五黃、八艮），我剋爲死—火（九離），生旺方爲吉，退、煞、死方爲凶，九星中一白爲官星，四綠爲文昌，六白爲官星，八白爲財星，九紫爲喜氣，因一爲白，九爲紫，故稱紫白飛星，並以流年之飛星與坐山之飛星論其吉凶（即九星加會訣），如一、四同宮發科名，一、六合水主催官，六、八爲庫財帛旺，八、九輔弼耀田孫，九、七穿途遭回祿，二、五交加必損主，八逢三、四損小口。

紫白飛星法是動態的較準確，如能與八宅明鏡法合參則更爲實用。

八宅明鏡法

八宅明鏡是將人的命卦分爲東四命與西四命，屋宅分爲東四宅與西四宅（以坐山爲準），東四命人住東四宅則吉，住西四宅則凶，西四命人住西四宅則吉，住東四宅則凶。

火水木木　離宅—坐南朝北　乾宅—坐西北朝東南

東四命：離坎震巽

金土土金　坎宅—坐北朝南　坤宅—坐西南朝東北

西四命：乾坤艮兌

震宅—坐東朝西　　艮宅—坐東北朝西南

巽宅—坐東南朝西北　　兌宅—坐西朝東

　　　　火水木木
東四宅：離坎震巽

　　　　金土土金
西四宅：乾坤艮兌

九星吉凶如下：

第一吉星—生氣貪狼木—出丁、催官，百慶交集，發長房。

第二吉星—天醫巨門土—去疾、得財，富有千金，發二房。

第三吉星—延年武曲金—夫妻和睦，早得姻緣，中富大壽，發小房。

第四吉星—伏位輔弼木—小富中壽，女多男少，發長房。

第一凶星—絕命破軍金—絕嗣、多疾、退財，敗長房。

第二凶星—五鬼廉貞火—官訟、退財、失竊、火災，敗長房。

第三凶星—六煞文曲水—失財，損人口，敗小房。

第四凶星—禍害祿存土—官非、疾病、退財，敗二房。

1. 四大吉方宜宅向、開門、安床、書房、神祖位。

2. 四大凶方宜廁所、儲藏室、磨房。

3.欲求財、求子，催官出貴，用生氣貪狼方。

4.欲卻病除災，用天醫巨門方。

5.卻求姻緣，增壽，用延年武曲方。

6.凡疾病死亡，均犯絕命破軍方。

7.凡爭鬥仇殺，均犯禍害祿存方。

8.凡官訟口舌，均犯五鬼廉貞方。

9.凡耗散盜脫，均犯六煞文曲方。

命卦求法

排山掌訣法：

依民國年次數字十位數與個位數相加求其和數。

男命卦求法：

從「七兌」的位置爲起點逆數到其出生年次的和數。

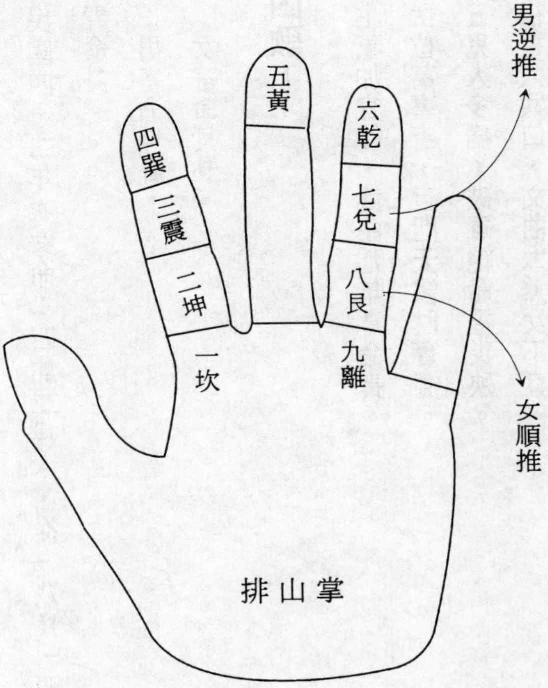

例：民國三十八年生男命，三加八為十一，從「七兌」逆數至十一，落點為「六乾」，即乾命卦。

女命求卦法：

從「八艮」順數到其和數。

例：民國四十二年次女命：四加二為六，從「八艮」順數至六，落點為「四巽」，即巽命卦。

五黃：男寄命坤卦。

女寄命艮卦。

九星吉凶歌：

貪狼生氣加官祿，武曲延年壽命長。

輔弼伏位萬事吉，巨門天醫財寶鄉。

廉貞五鬼人多病，破軍絕命罹災殃。

祿存禍害人共口，文曲六煞女不良。

東四卦宅命吉凶方位便覽表

東四卦宅命		☲離	☵坎	☳震	☴巽	爻變
四吉方	生氣	☳震	☴巽	☲離	☵坎	上爻變
	天醫	☴巽	☳震	☵坎	☲離	中下爻變
	延年	☵坎	☲離	☴巽	☳震	上中下爻全變
	伏位	☲離	☵坎	☳震	☴巽	不變
四凶方	絕命	☰乾	☷坤	☱兌	☶艮	中爻變
	禍害	☶艮	☱兌	☷坤	☰乾	下爻變
	五鬼	☱兌	☶艮	☰乾	☷坤	上中爻變
	六煞	☷坤	☰乾	☶艮	☱兌	上下爻變

西四卦宅命吉凶方位便覽表

	西四卦宅命	乾 ☰	坤 ☷	艮 ☶	兌 ☱	爻變
四吉方	生氣	兌 ☱	艮 ☶	坤 ☷	乾 ☰	上爻變
	天醫	艮 ☶	兌 ☱	乾 ☰	坤 ☷	中下爻變
	延年	坤 ☷	乾 ☰	兌 ☱	艮 ☶	上中下爻全變
	伏位	乾 ☰	坤 ☷	艮 ☶	兌 ☱	不變
四凶方	絕命	離 ☲	坎 ☵	巽 ☴	震 ☳	中爻變
	禍害	巽 ☴	震 ☳	離 ☲	坎 ☵	下爻變
	五鬼	震 ☳	巽 ☴	坎 ☵	離 ☲	上中爻變
	六煞	坎 ☵	離 ☲	震 ☳	巽 ☴	上下爻變

紫白飛星法：

紫白飛星法是以三元九運來論陽宅之吉凶禍福，三元爲上元、中元、下元，每元六十年，每一元又有三小運，每一運是二十年，三元九運共一百八十年，爲一大循環，如八字裡推大運與流年一樣，如要推測一小運二十年之吉凶，則將元運統運星入中宮去挨排各宮位是何星，再以此星與宮比較，與宅比較吉凶，即知禍福。如要推每一流年運之吉凶，則將流年星入中宮挨排各宮位上至何星，再以此星與宮比較，與宅比較吉凶。因一坎爲白，九離爲紫，故稱紫白飛星。

三元九運表如下：

上元六十年：

一運：甲子－癸未二十年，清同治三年－光緒九年（一八六四－一八八三），一白坎水，貪狼。

二運：甲申－癸卯二十年，光緒十年－光緒二十九年（一八八四－一九〇三），二黑坤土，巨門。

三運：甲辰－癸亥二十年，光緒三十年－民國十二年（一九〇四－一九二

中元六十年：

四運：甲子—癸未二十年，民國十三年—民國三十二年（一九二四—一九四三），四綠巽木，文曲。

五運：甲申—癸卯二十年，民國三十三年—民國五十二年（一九四四—一九六三），五黃中，廉貞，前十年（甲申—癸巳），寄四綠巽，後十年（甲午—癸卯）寄六白乾。

六運：甲辰—癸亥二十年，民國五十三年—民國七十二年（一九六四—一九八三），六白乾金，武曲。

下元六十年：

七運：甲子—癸未二十年，民國七十三年—民國九十二年（一九八四年—二〇〇三年），七赤兌金，破軍。

八運：甲申—癸卯二十年，民國九十三年—民國一一二年（二〇〇四—二〇二三），八白艮土，輔星。

九運：甲辰—癸亥二十年，民國一一三年—民國一三二年（二〇二四—二〇四二），九紫離火，弼星。

陽宅三元九運，一運二十年，自一坎至九離順行，大運一、二、三爲上元運，四、五、六爲中元運，七、八、九爲下元運。

民國十三年—三十二年—行四巽運。

民國三十三年—五十二年—行五黃運。

民國五十三年—七十二年—行六乾運。

民國七十三年—九十二年—行七兌運。

民國九十三年—一一二年—行八艮運。

民國一一三年—一三二年—行九離運。

流年氣運

依九星逆行，每年輪值

上元甲子起一白，乙丑年起九紫，依次逆行。

中元甲子起四綠，乙丑年起三碧，依次逆行。

下元甲子起七赤，乙丑年起六白，依次逆行。

流月氣運（逆行）

子午卯酉年，寅月起八白，卯月起七赤。

辰戌丑未年，寅月起五黃，卯月起四綠。

寅申巳亥年，寅月起二黑，卯月起一白。

元運挨星之生旺衰死

元運挨星的生旺衰死劃分，以當運為旺，將來者為生，已過者衰，過久者為死。

以七運為例，七赤當運，故為旺，八白為未來生氣，九紫繼之而來，亦為生，六白已過為衰，五黃更衰，至於四綠，三碧、二黑、一白等則因過七運已久為死氣。

民國九十三年起為八艮當運，故八白為旺，九紫為未來生氣，一坎繼之而來，亦為生，七赤已過為衰，六白更衰，五黃、四綠、三碧、二黑因過八運已久，為死氣。

繪表如下：

運別	生	旺	衰	死
一運	二、三	一	九、八	七、六、五、四
二運	三、四	二	一、九	八、七、六、五
三運	四、五	三	二、一	九、八、七、六
四運	五、六	四	三、二	一、九、八、七
五運	六、七	五	四、三	二、一、九、八
六運	七、八	六	五、四	三、二、一、九
七運	八、九	七	六、五	四、三、二、一
八運	九、一	八	七、六	五、四、三、二
九運	一、二	九	八、七	六、五、四、三

九星逢運星生旺，則可用，若逢衰死，則不宜用，另參考先後天卦位，後天之兌坐於先天坎位，先天之兌坐於後天之巽位，故一坎、四巽若值於七運，亦可以旺視之，所以將先後天卦歸納後，則知每運可用之旺星有：

一運：一、二、七
二運：二、一、七
三運：三、八、九
四運：四、二、七
五運：五、二、八
六運：六、八、九
七運：七、一、四
八運：八、三、六
九運：九、三、六

先天八卦　　後天八卦

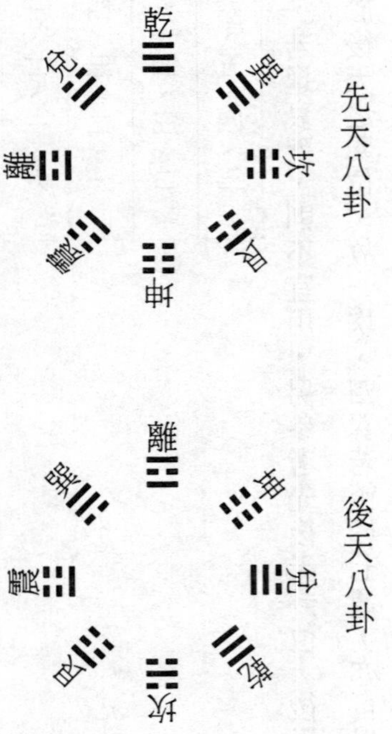

元運水法

羅盤上的八卦和天干地支的配合而成二十四方位，「乾巽坤艮」，「子午卯酉」，居八卦之上爻，取義象天，故爲天元。「乙辛丁癸」，「寅申巳亥」，居八卦之中爻，取義象人，故爲人元。「辰戌丑未」，「甲庚丙壬」，居八卦之下爻，取義象地，故爲地元。

三元大卦分布二十四山

三元大卦	陽	陰
天元	子午卯酉	乾巽坤艮
人元	乙辛丁癸	寅申巳亥
地元	甲庚丙壬	辰戌丑未

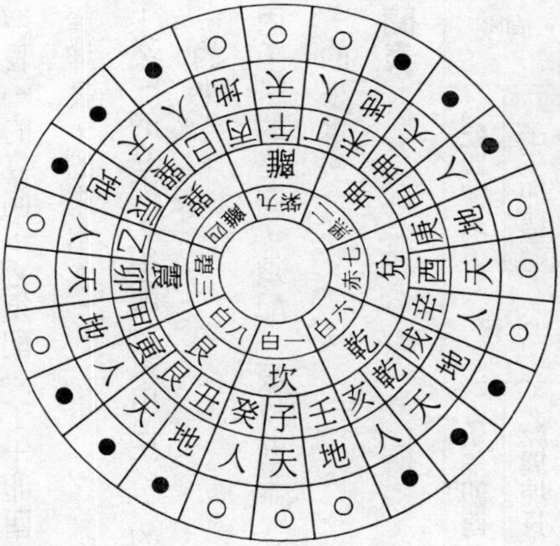

1.「乾巽坤艮」的立向，必須配「子午卯酉」的來水，「子午卯酉」的立向，須配合「乾巽坤艮」的來水。

2.「乙辛丁癸」的立向，須配「寅申巳亥」的來水；「寅申巳亥」的立向，須配「乙辛丁癸」的來水。

3.「甲庚丙壬」的立向，須配「辰戌丑未」的來水；「辰戌丑未」的立向，須配甲庚丙壬」的來水。

元運水法簡表

	宅向	來水
天元	乾巽坤艮	子午卯酉
	子午卯酉	乾巽坤艮
人元	乙辛丁癸	寅申巳亥
	寅申巳亥	乙辛丁癸
地元	甲庚丙壬	辰戌丑未
	辰戌丑未	甲庚丙壬

●陰
○陽

註：開門立向時，天元可以人元互兼，但地元是單獨地位，不可與天元、人元相兼，兼則混亂不吉。

星宮生剋：

生：飛到各方之星來生中宮之星—吉

旺：飛到各方之星與中宮之星比和—吉

退：中宮之星去生各方之星—凶

殺：飛到各方之星來剋中宮之星—凶

死：中宮之星去剋飛方之星—凶

生：生我（中宮之星）為生—吉

旺：比和我（中宮之星）為旺—吉

退：我（中宮之星）生為退（洩）—凶

殺：剋我（中宮之星）為殺—凶

死：我（中宮之星）剋為死—凶

如一白入中宮，一白屬水，遇六白、七赤金為生，遇一白水為旺，遇三碧、四綠木為退，遇二黑、八白土為殺，遇九紫火為死。

河圖之數：

天一生水，地六成之，故一、六俱屬水。

地二生火，天七成之，故二、七俱屬火。
天三生木，地八成之，故三、八俱屬木。
地四生金，天九成之，故四、九俱屬金。
天五生土，地十成之，故五、十俱屬土。

順挨其序

甲子十二年爲水運
丙子十二年爲火運
戊子十二年爲木運
庚子十二年爲金運
壬子十二年爲土運

一、六水運	甲子	乙丑	丙寅	丁卯	戊辰	己巳	庚午	辛未	壬申	癸酉	甲戌	乙亥
二、七火運	丙子	丁丑	戊寅	己卯	庚辰	辛巳	壬午	癸未	甲申	乙酉	丙戌	丁亥
三、八木運	戊子	己丑	庚寅	辛卯	壬辰	癸巳	甲午	乙未	丙申	丁酉	戊戌	己亥
四、九金運	庚子	辛丑	壬寅	癸卯	甲辰	乙巳	丙午	丁未	戊申	己酉	庚戌	辛亥
五、十土運	壬子	癸丑	甲寅	乙卯	丙辰	丁巳	戊午	己未	庚申	辛酉	壬戌	癸亥

紫白吉凶性質

一坎白水（吉）—貪狼，官星（文曲星），主科名，會四綠主科名之喜，亦爲桃花星，有遷動之兆，亦主財星。

二坤黑土（凶）—巨門，病符星，主退財，疾病。

三震碧木（凶）—祿存，蚩尤星，主是非、鬥爭、刑傷。

四巽綠木（吉）—文昌星，主文名官職，會一白有科名之喜，或文人遇知己，得貴人助力，亦主桃花。

五黃正關煞火（凶）—廉貞星，最凶，主死傷、重病、破財。

六乾白金（吉）—武曲星，主武貴、升官、進職，亦主財星。

七兌赤金（凶）—破軍星，主肅殺、破財、官非。

八艮白土（吉）—左輔星，主進財、添丁，得意外機緣，亦主財星。

九離紫火（吉）—右弼星，主喜慶，生女，亦主婚緣、桃花。

九星加會訣：

1. 一、四同宮準發科甲之顯，號青雲得路。
2. 一、六合水主催官，遇旺水秀峰，官居極品。

3. 六、八為庫旺財帛，武科發跡，韜略榮身。八、六文士參軍，異運擢用。
4. 二、六相逢主財利，田宅致富。
5. 八、九相逢，耀田孫，吉慶綿延，婚喜重來。
6. 九、七穿途遭回祿。
7. 二、五交加必損主。
8. 八逢三、四損小口。
9. 三、七疊臨盜劫官非。
10. 二、四交加主桃花。
11. 七、八相逢主富。

宅與棟、層、間論吉凶：

以棟、層、間為「我」，要宅生之、年生之，忌宅剋之、年剋之，生我、比和為吉，我生、我剋為半凶，剋我為最凶。

一、六水，二、七火，三、八木，四、九金，五、十土。

坎宅：一、六棟、層、間為吉，愼防放蕩不聚財。三、八棟、層、間為吉，則丁旺，大發秀氣。

離宅：二、七棟、層、間為吉，愼防火災、目疾。

五、十棟、層、間為吉，有財少丁。

震宅、巽宅：二、七棟、層、間為吉，人財大旺。

三、八棟、層、間為吉，人財旺。

乾、兌宅：一、六棟、層、間為吉，財丁旺發秀，風流。

四、九棟、層、間為吉，男吉女忌。

坤、艮宅：四、九棟、層、間為吉，人財兩旺，發秀。

五、十棟、層、間為吉，財多丁少。

河圖之剋應如下：層生向，層（古稱進）

⑴ 一、六為水，居震、巽向為生（水生木），居坎向比和為旺，居離向為剋，生旺發科甲，主功名。

⑵ 二、七為火，坤、艮向為生（火生土），居離向比和為旺，居乾、兌向為剋（火剋金），生旺主發財，但不主揚名（因水主貴，火主富）。

⑶ 三、八為木，居離向為生，居震、巽向為旺，居坤、艮向為剋，居乾向為煞，生旺主旺男丁，為文才，員工衆多之公司可用離、震、巽三向。

⑷四、九爲金，居坎向爲生，乾、兌向爲旺，震、巽向爲剋，生旺主富、好義、多男。

⑸五、十爲土，居乾、兌向爲生，坤、艮向爲旺，坎向爲剋，生旺主暴發，且多子孫。

棟、層、間爲「主」與五子運論生剋（棟、層、間之數與運之五行，河圖五行：一六水、二七火、三八木、四九金、五十土。）

運生數（生我）爲生氣，發丁顯榮，吉。

數運同（比和）爲旺氣，發財發貴，吉。

數生運（我生）爲退氣，數剋運（我剋）爲死氣，運剋數（剋我）凶。

一、六棟、層、間喜甲子水運、庚子金運。忌戊子木運，壬子土運。

二、七棟、層、間喜丙子火運、戊子木運。忌壬子土運，甲子水運。

三、八棟、層、間喜戊子木運、甲子水運。忌丙子火運，庚子金運。

四、九棟、層、間喜庚子金運、壬子土運。忌甲子水運，丙子火運。

五、十棟、層、間喜壬子土運、丙子火運。忌庚子金運，戊子木運。

房屋之五行

水形屋：低而平，或下堂與兩床簷位齊者。屋頂波浪狀，圍牆起伏像水波。

木形屋：高而聳，長而橫，或兩廂太長而堂前入深者。

火形屋：中高而兩端低，或正房爲樓而兩廂平房者。屋簷四角翹起如火舌：廟、三角形、尖形。

金形屋：正房如品字樣，或前後有兩廂者。圓形，圓頂者。

土形屋：上有堆造，下有掩心，方正厚實，四合院，四方形大廈。

屋形與宅山五行生剋論吉凶：

宅之坐山與屋形五行相生爲吉，相剋爲凶，屋形管人，坐山管財，屋受剋則丁衰，遇生則丁盛，坐山受剋則財敗，遇生則財旺。如坤宅屬土，建水形屋，坐山之土剋屋形之水，主丁衰，宜造火形屋或金形屋，以屋形之火來生坐山之土，即「火見土時家富足」主財旺。若以坐山之土來生金形之屋，則丁盛，更兼男女壽年高，「八宅賦」：宅以坐山爲主，坐以門爲先，老少務要相宜，剛柔必須相兼，若夫乾門坤宅，坤門乾宅，本土金之相生，洵男雄而女烈，艮宅兌門，兌宅艮門，要山澤之通氣，致家室之怡悅，此四局陰陽兩得，若夫坎宅離門，離宅坎門，以中男配中女，信水火之相濟，震宅離門，離宅震門，乃木火之通明，且夫婦之綿延，此東四宅配合兩均。

屋形與宅山五行生剋論吉凶：「宮若剋形人不利，形若剋宮財不生」，「宮」：坐山，「形」：房屋形狀。屋形五行與房屋坐山五行相生，比和為吉。

金形屋：離宅：對婦女不利，殘疾。

坎宅：金水相生，子女聰明，富足，廣置田產。

震、巽宅：形剋宮，眼疾、退財。

乾、兌宅：形宮比旺，家道興旺。

坤、艮宅：形宮相生，大旺財利，子秀孫賢。

木形屋：乾、兌宅：宮剋形，對男人不利。

離宅：木火相生，旺人才，子秀孫賢。

坤、艮宅：木剋土，不利田宅。

坎宅：水木清華，人丁旺，發富。

震、巽宅：木木比和，田財旺，貌美。

水形屋：乾、兌宅：宅宮生屋形，富貴榮華。

離宅：水入火鄉，妻不利。

震、巽宅：水木相生，中年發跡。

坎宅：比和，陰盛陽衰。

坤、艮宅：宮剋形，少人丁，不榮顯。

火形屋：乾、兌宅：形剋宮，損少年郎。

坤、艮宅：火生土，家富足。

震、巽宅：形洩宅氣，人丁不旺。

坎宅：火水未濟，財難聚。

離宅：兩火比和，陽盛陰衰，男吉女不吉。

土形屋：乾、兌宅：土形金宅，最吉，榮華富貴。

坎宅：土入水宮，事業田園亂如麻。

離宅：火土相生，生女吉，嫁富商。

震、巽宅：土形木剋，一生辛苦。

坤、艮宅：形宅兩土比旺，財發富足。

擇地建屋之禁忌：

1. 高絕—不可住於特別凸高或疏離的房子，此謂「孤峰獨聳」，主丁財兩敗。
2. 低逼—太低凹或左右有斷崖殘壁高矗，陰氣重，有陰祟。
3. 靈煞：「靈煞之地」：寺廟、醫院、墳墓、古戰場、刑場、兇殺火災、震災慘案之遺址：用「大悲咒水」先由屋內向外灑淨，然後用清竹削去一層皮，寫上「嗡，度魯、度魯，地尾，梭哈。」的安土眞言，插入土中，用以制煞，或誦經法事超度。最好能避開。
4. 畸零—地形呈尖形或掃把形，不規則形，氣雜，不吉。
5. 沙質或石質的土地，無雄厚的地氣，不吉。

通論：

1. 陽宅以收天氣爲主，陰宅以納地氣本。
2. 十層樓以上大樓，前院（明堂）必須開闊，氣局大，住者可升官發財。倒塔形建築（即每層樓愈來愈寬），主管容易流動。曲折形水塘（魚池），代表住戶常在外應酬，少在家。

3.不論坐何向，東方向陽有窗即吉向。

4.扁平屋：寬度大於深度，因深度不夠，氣不易聚，財亦不聚，福澤淺之相。

5.孤峰獨聳：陽宅如只有自己一棟沖天獨聳，四周無屏障，容易犯上孤傲、獨大，摩天大樓只可做辦公室用，不可當住宅。

6.玻璃帷幕：光線太亮，不易聚氣，易導致不孕。

7.屋高地窄者人財兩退，地闊屋矮者一代發福。

8.面前有屋，猶之賓客，左右有屋如雙翼，屋之從也，主宜高，從宜卑，從屋高大主受欺凌，從屋太低主孤露，皆凶。

9.俗云光廳暗房，未可採信，暗則陰盛，多怪異，多生女。

10.富貴造屋多取美觀，不問法度，以致太高太深太闊，不知高大招風，太闊氣散，太深黑暗而陰氣盛，宅之大忌。

11.巽高女有權，坤高不可言，離兌皆高聳，通庫奪夫權。

12.屋若三棟並排，中棟高一尺，左右棟微矮，名爲三吉，大吉。

13.有東無西家無老妻，有西無東家無老翁（東左爲龍陽，西右爲虎爲陰。）。

14.龍虎平均對稱，「龍高虎長」或「龍長虎高」，白虎長、高過青龍不是「奴欺主」

就是「陰勝陽」。

15.破「反弓」「你反我也反」：如住在圓環周圍的大建築物，用同樣弧度，把煞氣消除於無形。「你反我就凸」：針對「反弓」之弧度，設計出同樣弧度的凸型建築，給返回去。

16.左右有抱，背後有靠，前面有照，左右有抱：「砂手」，代表貴人有護衛。

17.後有靠山：房子後面宜有靠，表示事業穩定，財庫有聚，家庭安定，但後山不宜太高、太陡，會形成壓迫感，或太貼近山壁而蓋的房子也不宜，即後面沒有迴旋空間，表示後無退路，氣運閉塞不通，事業發展有限。

18.前高後低：家運、財運節節敗退，如果一樓與二樓的坐向相反，則謂「陰陽反背」，會有奴僕不忠，子女不肖的現象。

19.外形鋸齒狀的房子，是爲切角煞，即前棟的牆壁切角煞到後棟，主是非，婚姻不和，如是辦公大樓，則員工不和，易犯桃花，如是未婚女性，則不易找到良緣，或抱單身主義的另類女性。

20.陰陽兩宅，凡吉星所到之方宜高，兇星所到之方宜低，陰陽兩宅皆不宜欠缺坐山或向首所居先天卦位的宮垣，如乾山之宅，先天乾卦在離宮，故離宮不宜有所欠缺，同理，坎宅則不宜缺兌宮。

21. 一進屋內，無人，但覺鬧烘氣象，似有多人在內喧烘一般，其家必大發，如陰冷，其家必漸敗退。
至空屋時，於屋之中心處，閉目靜立少許時間，若覺腳底湧泉處逐漸發熱：吉屋，陰冷或全身不適：凶屋。
寵物放在中心點，安祥如常：吉屋。毛髮豎立呈驚懼狀：凶屋。

22. 旺山旺向，山要有山，向要有水，方主大吉。

23. 「上山下水」：山之旺星到向，向之旺星到山：丁財兩敗，但如坐山有水，亦主財利。

24. 屋後泛稱爲「山」，屋前稱爲「水」，背後有高屋可視之爲山，屋前有馬路可視之爲水，若屋前雖有馬路，但屋後卻有大洋、河流、高速公路、天橋，則須視之爲水，屋前有比自己高的屋，則須視之爲山，「背山面水」：「坐滿朝空」。「背水面山」：「坐空朝滿」：「倒騎龍」。
山主人丁，向管財祿，山宜靜而高，如高墩、樓閣、殿塔，水宜動而低，道路、門戶屬之。

25. 凡人賤而富，多爲遠墳失地而新墳得地之故；貴而貧，多山龍得運而向水失運；富貴而夭絕者，必是旺運已過，而煞運管事之緣故，貧賤而丁壽者，必地非吉地，而向水得令，有吉無兇之故也。遠墳所主者乃生貴之地，新墳所主者係催貴之地，因新喪之骨墳效力比舊墳大。

26. 橋樑宜在星盤之生旺方，不宜在衰死退氣方，比屋高之橋，如天橋以山視之，比屋低者可視爲水，天橋、高架橋不宜近屋逼壓，否則不利財丁，宜遠，如於山星之生旺方，可以催貴，因其具有迴風反氣之作用。橋形以圓者爲金，波浪者爲水，方形爲土，長形爲木，土形及金形多主富，木形及水形則主貴，橋不宜位於星盤之一四方，對考試功名有礙。

27. 神廟、佛寺宜遠不宜近，更忌開門便見，廟宇之造形多爲飛簷尖脊，尖者屬火，因火性烈而炎上，近者爲煞，遠者爲秀爲貴。廟在生旺方，主登科發財出秀人。

28. 八煞位：坎龍坤兔震山猴，乾馬巽雞兌蛇頭，艮虎離豬是煞曜，逢之主兇，台北市文化城理髮廳坐南朝北爲離宅，逢豬（亥）方砂水（來路）自屬不利，故遭建管虎拆牌樓。

29. 售屋中心，櫃檯應置財位或文昌位，如子山午向，正北(6)爲財位，東北爲文昌(4)，有利於成交與簽約。

30.坐南朝北（離宅）門若開西北方，值一白水星到門，水星剋火，故為煞氣臨門，在玄關處擺闊葉盆栽，則水氣洩於木，木氣又可生火，稱為「通關」。

31.「穿心煞」：破財、災病，宜擺闊葉盆栽隔開。

32.魚缸擺財位，財位如不在客廳，則擺生旺方，魚：單數，不要黑色。

33.「廳高堂屋高，富貴出賢豪，廳高堂屋低，財退被人欺。」進口處高，而本宅低小者，名為「口大喉小」，納氣不順，不利財氣，如圓山飯店、中正紀念堂，門廳均高，有氣勢。

34.「橋衝市房西或東，橫削直劈似刀斧，若開鐵店與肉舖，必然大發盈財庫。」橋側可開修車廠、診所、理髮廳、刀剪舖、五金行。

35.杜鵑、龍柏、榕樹屬陰不能種，小庭園不可種大樹，水池宜添高蓄水，不可挖過深。

36.道路自門內望出，以左高右低者，財氣較佳。

37.大台北華城和豐特區，因東北艮方高，利生男。（陽卦方高利生男）

38.兩戶門相對，必主一家退。

39.低簷矮屋常多風流事，秦准河、淡水河、愛河，河畔多娼，自古皆然，低矮的房屋屬「水形」，如簷披門破，格局歪斜，必多淫佚之事。

40.「陽宅須教擇地形，背山面水最稱心，山有來龍昇秀發，水須圍抱作環形。」金形（圓形山）、土形（平頂山）都是富貴鄉。「門開生旺方，書房逢文昌，灶安震離卦，香火居財位。」

41.高山居家，乏水氣無財利。

42.無論陽宅陰宅，案前有水來朝，皆主聚財。尤其湖泊、水池等，平靜少波，氣緩而聚，更易納福。

43.單行道水自龍邊來（左側），自然旺財……寶慶路遠東百貨公司，大門在寶慶路。

44.「水火不宜外露」，瓦斯爐台及水龍頭，切記不宜朝外，犯之破財，餐館爐灶位置更重要，凡安於生旺方，主財源廣進，如坐南朝北店，東北及正南恰為生旺方，作灶最宜。

45.公司負責人坐財位，企劃部門坐文昌位，在家看電視作股票，要在屋宅的生旺方或財位，而座椅宜有牆或櫃子可靠。

46.財位：開門大利，次安香火，次作灶，次安床，若無法利用，則宜置盆栽或魚缸，以生旺家中財氣，公司則由負責人或會計佔用，才能納氣受福。

47.七赤、五黃、九紫方都不宜有大樹，有礙地氣。

48.銷售中心大門或銷控位置，碰到五黃煞時，「水缸」擺上，成交立成。

49.財神不入暗門，玄關要亮，門開生旺方，納生旺氣，大型建物，玄關不宜太淺，身大嘴短，必難吃飽，不利財氣。

50.門窗多洩氣，席不暇暖，平面宜方正。

51.貨物宜堆於「洩氣方」，一放就散，銷貨必定順暢，若置於生旺方，存貨愈擺愈多，不利出貨：食品、塑化、紡品、行銷業、倉儲。

52.大馬路旁開店，正面不宜太窄，內部不宜太深，否則長龍吃水不足，財利必差。

53.保險櫃（置珠寶），保險箱（放現金），須置於生旺或財方，倉庫則置於洩氣方。

54.警察、軍人、法務單位可化「陰間」煞氣。

55.斜門適合軍警、司法與刀槍相關行業，及特種營業的特殊行業。

56.屋頂長芒草，家運走下坡。

57.屋頂樹以樹幹堅實，葉子向上，展現強壯生命的樹爲宜，及紅色、粉紅色、鮮黃等喜氣的花。

58.「上下有順序，陰陽得其利」，「仰」望、「平」望陰宅，不利財官運、健康，眼望在眼「下」則無妨。
59.家有水兩口，好運不長久，庭前水池、屋內魚缸，僅能一口，兩口成哭。
60.屋纏長春藤，健康不易有。
61.屋角若對沖，化煞有訣竅，在陽台種一排盆栽，在靠盆景的牆上方，掛一個有角度、非圓球形的白水晶，植物有吸收煞氣的功能，水晶有分散磁的功能。
62.開門見筆架，功名文昌佳，「開門見山」，此山須在視野平形線以下之位，「仰之彌高」之山不利文昌，群山包圍，適合道，「求道在山，求財在水」，此山須形狀有如筆架，尖起部分線條柔圓，而不是尖銳如齒。
63.擋煞：用海鎮山如山之高，如海之闊），上書「我家如山海，對我正生財」。
64.五黃：以水缸或魚缸化煞，二黑：以盆栽木氣化之。
65.人氣不足陰生，可用照明、暖色系擺飾，及生旺方安神位來改，或在向陽位置開窗引進陽氣。
66.只旺一樓（速食店），是因爲一樓外觀，尤其水泥支柱的顏色和樓上（精品店）不同，因而整個旺氣接不上去，如屈臣氏，此集團店面通常在一樓，但賣場有兩層，整個裝潢是一到二或三樓連成一氣，地面旺氣就會整個帶動；地氣上高樓，財氣一路昇。

67.無尾巷破解法：獅咬劍，山海鎮。

68.明堂向內凹，財緣利市好，明堂寬廣生意好，如凱悅飯店，明堂成一弓形，建物如雙手抱珠。

69.原佛堂作房間：

用一包粗鹽和米，清淨符燒成灰，泡陰陽水，放七片（代表北斗七星）茉草或榕樹葉，用帶有七片樹葉的樹枝，由內向外清淨房間三天。

70.「白虎山頭起高峰，老婆必然打老公」，倘住家門前馬路左低右高，或右方地勢或建築物顯著高於左方，即有此印證。

71.房子基地高過馬路，表示住者出路順暢，反之則出路受阻，不臨八尺大馬路的房子，住者名利難求。

72.「前低後高，世出英豪」；「前高後低，一世被欺」；「前窄後寬，富貴如山」；「前寬後窄，子孫外移」。「前圓後方，富貴雙全」。

73.宅前馬路斜坡，左邊高，開文市，以男性爲主管；右邊高，開武市，以女性掌理大權。

74.騎樓無大柱支撐，名為過頭屋，如公司不利負責人，住家不利長輩。

75.捷運破風水，水晶掛窗口。

76.開門見灶，財畜多耗。

77.家多小人偶，小人天天有。

78.橫樑：在樑的兩端掛紅色五福炮，或底下掛葫蘆（葫蘆瓜曬乾，其他無效）。

79.住在樓中樓，發達不易求。

80.要睡二手床，桔（橘的簡寫）葉先擦床，（或黃皮葉、柚葉），開水煮開。

81.五黃方位，不安神位。

82.二四同宮，桃花多發（無法結正果）：未婚常換異性伴侶，已婚則出軌出牆。

83.白虎位佳，最適女性：女強人。

金融、軍人、警察等和金屬有關行業，適合住白虎位好房子：要寬廣明亮。

84.屋前昏暗，財神不入：點黃色的登在門口、玄關，紅柑燈只適用於供桌上供神。

85.路衝的房子可以用為警察局、市政府、寺廟：用圓柱化煞。

86.宅星應以宅之坐山為主，如坐北朝南屋宅，雖門為東西向，仍應稱坎宅。

87.「直路沖門損少年，直路沖屋散金錢」，或反弓路，但對純銷業而言，反而是商品暢銷的吉向：可當倉庫。

88.橋在生旺方能受蔭，落衰死方主招殃。

89.「開旺門，收旺水，建高嶠迴吉氣」：高樓、高塔、高樹林。

90.山運之正神（旺氣）方、生氣方，宜高、凸、實厚，可安神位、辦公桌、櫃檯、金庫、收銀機、廚位、臥房床鋪。休囚退氣方，忌高凸壓逼，忌有高樹、高塔、尖塔、尖物、大石、煙囪等。

91.前方有高架橋、捷運或外六事雜亂之建築，高樓可避開一切，正前方來氣無阻，納氣較旺平穩：宜住頂樓。

92.後有環山，或前有遠山，案平有朝（比屋宅低），案前有水此皆佳妙之形勢。

93.凹鏡：可以散氣避煞，對面有尖塔或穢物時用。

94.凸鏡：集中吉氣，要將吉方攝入。

95.一排房子的邊間，氣較不聚，除大權在握者可居住外，一班人不宜。

96.反弓利軍、警、醫、商（外務）等武人。

97.「衰」位放仙人掌或有刺、尖葉植物，可收「化煞之效」，「旺」位放富貴花（如牡丹）、闊葉植物（如萬年青）。

98. 房子漏水，漏財如流水。

99. 大廈頂樓台北好，高雄差，因台北爲盆地，四面環山，其氣聚而不散。

100. 兩路交叉尖角不可住人，可作飲食生意：興旺。

101. 《宅經》：「屋頂蓋涼亭必損主。」

102. 屋形須方正，如爲三角嶇形，主人必破敗，易得精神病及婚變。

103. 《地理三字經》：「若方圓，倉庫地，浮水印，最爲貴，爲國印，得地位。」

104. 凡巷道橋樑直沖之屋，在屋前立「泰山石敢當」，可化煞，選甲辰、庚辰、戊辰、庚辰、壬辰、甲寅、丙寅、戊寅、庚寅、壬寅此十日爲龍虎日，於夜間用生肉三片祭之，於寅時立於門首，莫與外人見。

105. 官府、衙門、寺廟、宮殿在門前擺一對石獅子，可避邪降福，但須一雄一雌，彼此回顧對方，獅頭須朝外，如朝內爲回頭獅，會咬到自己。

大門：

1. 大門位向影響家宅運勢：大門代表事業，大門不可低於一九〇公分，否則會影響一家人的貴人運與職場運程。大門直通後門：「穿堂煞」會漏財，可用玄關屏風化解。面對別戶屋角或屋簷，家宅不安，財運不旺。不要對戶外電線桿或燈柱，流年不利，意外官非纏身。對著山壁，在十公尺以內，男無正財，女姻緣弱。開門見廁，家人不合，桃花。路沖或三叉沖路沖，家宅不安。門前堆放臭鞋一堆，俗稱「跑路煞」。「天斬煞」，易生怪病，禍事不斷。不要面對廟堂或警局，人氣易被鎮殺，事業、學業發展受限。開門見往下走之樓梯，應改門向或作收的玄關，否則學業事業都走下坡。開門見往下走之樓梯，代表事業事倍功半，辛苦而少成，亦須改門向。一般住宅以在房子中央向前看之方向爲基準，前面是南方，即以坐北向南論，大樓則以整座的基座，地面的門向爲準。大門外掛個小銅鈴，清脆悅耳之聲能招來好運。

2. 門開生旺方，如坎宅坤門、離宅艮門，居者每多旺發，震宅乾門，文昌旺方，久居必旺，文昌門最利文教、上班族。忌開在八煞位，開門在八煞，福未至，禍先來。

3. 「進門見梯，坎坎坷坷」，學業、事業不順，波折多。

4. 大門對電梯門，不吉，電梯門經常上上下下，開開合合，如老虎開口，多是非，不聚財，宜在大門進口處設一玄關。

5.大門要正，不能開斜門，俗云：「門正得人疼」。

6.住家大門顏色應避免大紅、深藍、黑色、白色，機關、學校、廟宇大門可紅色，代表人氣旺。

7.大門如開一大一小，夫妻失和。

8.大門宜向裡面開，表示「歡迎」，門外獅像需面對前門，表「肅迎」，大門前路宜漸大，更要有「朝水」。

9.「水神」由虎邊流向龍邊，即地勢右高於左（站在家中向外看），河流的水向左流，大門要開龍邊，反之則開虎邊，正前方是湖海可開中門。

10.門前有兩顆不同的樹，容易有家庭糾紛或兩姓同居現象，男人有雙妻之患，女人有寡宿之虞，老人家則孤獨少伴。

11.門前有藤類植物：會被牽連而捲入訴訟。

12.「前也塘兮後也塘，徒教婦人守空房，莫植大樹當門庭，橫事多端著急病。」

13.門前有池塘，如娥眉半月形狀照向大門，旺財丁，福澤綿長，但池水反射光不可照入廳內，若照入爲「血盆照鏡」，主兇。

14.門前大樹茂盛俊美：在左邊，利文官，在右邊，利武將。內勤主管：文官，外務主管：武將。

15.「龍長水闊當代發」，門開生旺方，偏財然自來。

16.大門開右邊，女權高漲，房子右後方有大樓，左後方樓層比自己的樓層低，表示屬下以女性居多或女性員工比交較忠心、可靠、能力好。

17.門開左邊（屋內面向大門）有利男丁仕途，門開右邊，有利女士仕途。

18.門開文昌方最利公教，筆者住坎宅，門開東北（艮）四綠文昌，民國九十一年七入中宮，一白飛艮，乃一、四同宮，書云：「一、四同宮準發科甲之名」，是年內人當選「全國模範公務人員」。（內人曾任教育部會計處科長，政治大學會計室專門委員，現爲外交部會計處十一職等專門委員。）

19.大門開左邊，左邊代表「青龍開口，金銀萬斗」

20.大門壓樑，在門前掛張喜帳，或印有五福臨門的布幔，可化解。

21.開門見向下樓梯，宜在往下樓梯的牆上或轉角處安置鏡子，鏡中折射使得樓梯成爲向上走勢，或張貼飛禽圖案，讓振翅高飛的鳥禽提昇運勢。

22.三門相通，如打開客廳大門，即可看到廚房門及後門，爲風水大忌，不能存錢，後門須常關或加以門簾間隔。

23.在捷運站出口附近開店，出口在房子右邊，櫃台和大門要開在左邊，如出口在房子左邊，則櫃台和大門要開在右邊，才能吸納財氣。

24.門庭如有芭蕉、椰子、大王椰、檳榔樹、柳樹易招陰邪入屋，長葉子之樹最易招陰邪，如房子又坐在空亡線上更驗。

25.如屋子坐在空亡線上（卦與卦之間）應將大門改爲吉祥方位，並在大門安奉桃木靈獅咬劍以化煞。

客廳：

1.客廳象徵男主人，廚房象徵女主人，「入門不見廳，行事不光明」，前陽台象徵主人的內明堂，「明堂方正，財官兩盛」，「明堂明亮，官至卿相」，前陽台植物盆栽不宜太高太茂盛（高過鼻子）會阻礙的進入，可植紅色小盆栽，如狀元紅、聖誕紅，表示孔雀、鳳凰到來，盆栽宜左高右低，如右高左低，女主人霸道。

2.客廳家具顏色不宜超過三個（含）色系∴雜亂，三人座沙發∴主位，宜靠牆，不宜壓樑，主位能看到大門及前面窗戶∴穩定感、安全感。

3.沙發主位後面不宜有水、鏡子，也不宜掛海浪圖、夕陽夕照圖、楓葉秋紅蕭瑟圖、孤影獨舟圖，沙漠浪人圖、寒冬圖等淒美的圖畫，宜掛有積極、圓滿、豐盛之圖：吉祥如意圖、福祿壽三星圖、花開富貴牡丹圖、蓮花、錦鯉、山水圖，宜橫放不宜直放，沙發如有樑壓，宜在沙發兩旁擺放一對鼻子朝上捲起石象，以形象剋化之。

4. 客廳光線要適中，太亮，氣存不住，散氣；太暗，藏氣必腐，陰祟，。「藏氣」的地方，空氣緩慢而流通。

5. 入門見梯如同出門見柱：「坎坎坷坷」。豪華巨宅的大廳樓梯：「沒落的象徵物」。一般居家「入門見梯」：「意外」的象徵物。

6. 沙發椅背忌背向神明。

7. 客人坐在客廳沙發上，不宜看到廁所門。

8. 宅內不宜隨便擺設刀、劍、牛角、獅頭之飾物。

臥房床位：

1. 家裡套房是主位，誰當家就給誰住。

2.主臥房宜在西北、西南，在西南，妻權較重，老公較不易「心生二念」。長子宜東方，次子宜北方，幼子宜東北方，長女宜東南方，次女宜南方，幼女宜西方，並配合命卦。

3.臥室太狹長易得風寒，長度是寬度的二倍以上，須用廚櫃或屏風隔成二部分。

4.兩人同睡的床，床頭須靠牆，兩側則宜留空，以利上下床，如一側靠牆，則睡於內側（靠牆）的人運勢較差。

5.女人臥室不正：不能當正室，只能當小老婆。睡覺腳對鏡子，男人會外遇。

6.女人的臥房切忌「孤、寒」的氣氛，不宜白色（空虛）大理石地板，鐵床也嫌「冷」、「硬」。

7.天花板以「清」、「單純」，不可有凹凸或浮懸物，臥房以「厚、暖、柔」為主，不宜「冷、硬、堅」之設施，臥房忌「圓形」佈置，圓主動，方主靜，臥房宜靜不宜動。

8.臥室關係到「後代」：

氣虛：無情：子女少或無，「陽多陰少」：生男。

氣聚：有情：有子女，「陰多陽少」：生女。

太大的落地長窗，往往使氣散而不聚，天花板太高則無情∴冷冷冰。

9. 強樑莫壓床，臥時見門板（勿背門而睡），床勿對門。

10. 臥房的床尾切不可正對大門（名曰勾魂），否則容易流產。

11. 臥房前忌種芭蕉，主血症久而起怪異，亦忌樓上作房而樓下裝倉作灶，更忌在祖祠香火下面。

12. 二樓以上廳堂不宜比正廳（宜放在低層樓）大，易造成客壓主，小孩拂逆，夫妻反目。

13. 床位安在門之斜對角方位，並在命宮之吉方最爲生旺方。

14. 未婚或離婚男性睡陽卦方，但乾方不宜，須配東西四命。未婚或離婚女性睡陰卦方，但坤方不宜，須配東西四命。

15. 楊公「分房安床法」∴子女凡東四卦之命，不論男女，均須安床在父母床位之陽方，即父母床位之乾坎艮震方，凡屬西四卦之命，不分男女，均須安床在父母床位之陰方，即巽離坤兌方。不論距離遠近，不分樓上樓下，雖一尺一丈之隔均是，兄弟姊妹亦然，東四命宜住東，西四命宜住西。假如妻病，岳母來看護，病人是東四命，而床位在岳母床位之西，則病更重，若在岳母床位之東，則病可速癒。

16.大人臥房宜在後，小孩臥房在前，如大人臥房在前，小孩臥房在後，則小孩較叛逆，不聽話。

17.床位安在門之斜對角方位，並且在命宮之吉方，最爲生旺氣。

18.安床在吉方，床頭向吉方爲最吉。

19.床頭向吉方，亦可向生旺方，避免向艮方，艮方爲鬼方。

20.不在東北方開房門或安床位，艮方爲鬼方，常做夢失眠。

21.床頭要靠緊牆避，最好床兩邊靠壁，自然氣聚足安居，居中不著壁，多生女。

22.房門沖床或房門在艮方，以屏風隔之，轉移來路化爲吉。

23.「光廳暗房」，古早俗語不可信，床向宜明不可在暗處，近陽光之吉方亦好。

24.臥室窗前艷花盛開主風流。

25.若夫妻命卦不同，則以宅之吉方論之，然後再論其睡在床上時，男左女右或男右女左安枕在各人吉方則吉。

26.主臥室宜在「乾」、「坤」兩位，「乾」位可增加男主人的權勢，「坤」位可增加女主人的權勢，小孩子會比較聽話，但若乾坤兩位無法選用時，主臥室宜擇中間或後面的房間爲宜。

27.主臥室不宜比客廳大，太大易「氣」散，夫妻感情會變淡，且容易感情出軌，屋小人多可也，屋大人稀不宜，但房子也不宜太小，太小不易發達聚財。

28.主臥室之掛畫：牡丹畫有增進融洽作用，夫妻之大幅結婚照，於新婚一年後就不宜再掛，應收而藏之，更換其他的畫來掛。

29.床頭不宜朝西，如必須朝西，則在房間掛一支洞簫或紅綠太極以化煞。

30.臥室門對沖主口舌是非。

31.臥室門沖神位，夫妻易吵架。

32.臥室廁所沖床位，桃花不斷。

33.臥室門沖廁所門，桃花是非。

34.床頭靠廁所，桃花不斷。

35.臥室外有他人屋角、獸頭沖射，易流產。

36.床頭不可放在爐灶、廁所之上、下方（透天厝）。

書房：

1.書房最好在「文昌位」—四綠—讀書、考試、升遷的方位。

2. 文昌位不可在廁所或廚房。

3. 乾宅—坐西北向東南，文昌位在東方。

坤宅—坐西南向東北，文昌位在西方。

艮宅—坐東北向西南，文昌位在北方。

兌宅—坐西向東，文昌位在西南方。

離宅—坐南向北，文昌位在南方。

坎宅—坐北向南，文昌位在東北方。

震宅—坐東向西，文昌位在西北方。

巽宅—坐東南向西北，文昌位在中央。

4. 書桌不可背向門。

5. 在書房擺闊葉盆栽，增加文昌氣。

6. 考試，每日清晨七點前，在屋宅東南角（文昌）焚一柱香聚氣，必有神效，勿間斷。

廚房、廁所、陽台與後院：

1.廚房不宜在房子的正中央。

2.廚房之樓上、樓下不宜是神位、臥室、廁所。

3.灶前不可有門路沖（屏牆隔之可也）。

4.客廳見灶火主災厄，官訟是非。

5.爐灶要壓凶向吉，灶口（瓦斯開關）向吉方，東四宅灶口向南方大吉，向東方次吉，西四宅灶口向西方大吉。

6.灶口朝外，除漏財損丁外，夫婦一方亦容易有外遇。

7.廚房門對灶口，外遇（男）。

8.浴廁在中間（心臟）：夫妻說再見。房間對廁所，感情難持久。

9.在辦公室大門可見廁所，主管容易有婚外情、漏財。

10.在廁所擺闊葉植物、一碟鹽、除濕機、方解石、木炭：可吸穢氣，廁所門掛紅色飾物。

11.廁所沖臥房門：阻礙姻緣。廚房與廁所同一房間，不易出丁，子女難成大器，婚姻緣晚，廁所多，洩氣多：散財。

12.化糞池忌屋宅正後本位，如坐北朝南，挖在正北，不利主人。

13. 進門見廁，穢氣外洩，犯桃花，破財盜竊。廚房臨廁所，錢財不易守。
14. 水龍頭對火爐：淫亂、酗酒，男女均犯桃花。
15. 爐台、瓦斯爐、熱水器、鍋爐、電爐、電鍋……不可放在餐館的正中央，廚房不可開天窗：出意外。
16. 廚房不宜在西北、西南方，西北為男主人座位，西南為女主人座位，對主人健康不利。
17. 爐台火口（開關）不可朝門：漏財、損丁。
18. 洩氣方，如離宅二黑方（火生土故洩）：廁所最宜。
19. 灶不可安樑下。
20. 爐灶位置與健康關係：

一、「壓殺向吉」：壓「宅主」「本命殺方」，而非房屋殺方，如宅主為震命，殺方為乾、兌兩方，則灶壓彼兩處，朝震或巽方位，主健康：壓兇向吉（八宅明鏡）。

二、「安生旺方」：係指依「宅星」入中宮，飛布八方逢生旺方安之，如離宅九紫入中，正南、東北為生方，均宜作灶，以九星安灶法較靈驗（紫白飛星）。

21.廚房門不可與前後門相對—洩氣，不聚財，廚房為食物庫。

22.廚房與瓦斯爐不可同向，否則易得婦女病，如廚房為南北向，瓦斯爐即須東西向。

23.筷子宜用木質、玉質或大理石材質，不可用銀質或黑色系筷子。

24.後陽台要通氣，才能聚財。

25.前陽台為「前倉」，後陽台為「後庫」，不可隨意打掉，陽台具有安全、招財之意涵，洗衣機不可放在前陽台，須放在後陽台，洗衣、曬衣在後陽台，才會有財庫，洗衣機要放在後陽台之龍邊（左邊）。

26.後院不可放石器、石臼、石磨、亂絲、磚塊—易生病，腰骨痠疼。

27.後院白虎方（右後方）不可做水塔，應在青龍方（左後方），否則易得偏頭痛。

28.後院白虎方最好做化糞池。

29.後院白虎方不可做假山水池，會斷龍脈絕人丁。

30.後院白虎方不可放洗衣機—婦女易得子宮病。

31.後院花果不要種太多，陰濕氣重，婦女易得子宮病而開刀。

32.後院不可低於路面，沖宅易發生車禍。

神位（香火祖先牌位）

1. 神位（香火、祖先牌位）

自古不管寺廟、祠堂、祖宗廟、居家神位，都以本宅伏位（福德位）安神，家家戶戶順宅向安神最吉。（以小太極立之神位安在之伏位最吉、最莊嚴，或安在宅之三吉方亦吉，不可安凶方，不可安與宅向相反之方。）

乾宅安神乾位大吉，安坤位次吉。

坤宅安神坤位大吉，安乾位次吉。

艮宅安神艮位大吉，安乾位次吉。

兌宅安神兌位大吉，安乾坤位次吉。

震宅安神震位大吉，安巽位次吉。

巽宅安神巽位大吉，安離震位次吉。

坎宅安神坎位大吉，安震位次吉。

離宅安神離位大吉，安震位次吉。

2. 神位安吉方，神桌向總門而出（順宅向出爲吉），若能安旺運吉向，更能納福聚

財。

3. 神位通常位於住宅的中央，故須看中宮立極交會之星，以向星生山星爲吉，若坐山向首又爲旺山旺向之局更佳。

若神位非位於中宮，則須安於山盤挨星之生氣方，或一、六、八等三星吉星方，間位既定，又要將向盤挨星之生氣星或三白星挨排於神位前即內路上。

4. 神位以正向爲第一考慮，或向左向右，不宜與房子坐向相反（即倒向）如是即陰陽反背，奴僕不忠，子女不孝，家運財運倒退，神明廳宜安客廳，不宜安置在頂樓加蓋之獨立小屋或鐵皮屋，意謂將祖先趕出去，不受歡迎與尊敬，會子女不孝。

5. 神位有三面牆壁最吉，香爐，陶、瓷最佳，次銅質，不宜用大理石，祖先香爐有把手（耳朵），神明爐則無。

6. 雙姓祖先，主姓在左，副姓在右，中以紅線或紅紙板隔開。

7. 安神日以擇天德日、月德日，農曆初一或十五，避開主人夫婦之生肖，及避開神位坐山之三煞方，如神位坐北朝南，則不宜用寅、午、戌之年、月、日、時。

8. 清理爐灰，宜在農曆十二月二十四日（從權日），可移動香爐，其餘則擇每月初一、十五有吉日方可爲之。

9. 祖先牌位不能供比佛菩薩高的層樓，否則家宅不安，重者犯官司，佛菩薩宜安頂樓，能興家旺財，福澤長久，門不宜作網狀形鐵門，易引起糾紛，凡事多阻礙。
10. 神架上下左右不可空（窗）：「神氣不穩」。
11. 神位之前方若有兩棵不同種的雙樹（左右各一），或雙娥眉水，或屋後有雙娥眉水，主「雙妻雙妾」，淋頭水在神位後方，主亂倫及逆上。
12. 地下室之臥房，須選陽星飛到之處，香火勿安地下室（公媽或土地神沒關係。）
13. 神位不宜與對門房屋中之神位相對。
14. 佛堂神位及客廳須在前面，「臥房」連接的牆壁上，最忌安置神位。
15. 樑下不可安神。
16. 樓梯下不可安神。
17. 通道不可安神。
18. 穢重的地方不可安神。
19. 走動的地方不可以安神。
20. 「廁所」連接的牆避上不可安神。
21. 「廚房」連接的牆壁上，不可安神。

安奉祖先必須是已婚：表示傳宗接代，傳遞香火。

22. 神明爐無環扣，祖先爐有環扣：代表生生不息，環環相扣。

23. 安神位祖先：

㈠寅午戌年煞北，莫安坐北向南。

㈡亥卯未年煞西，莫安坐西向東。

㈢巳酉丑年煞東，莫安坐東向西。

㈣申子辰年煞南，莫安坐南向北。

24. 祖靈：

直系祖先靈具有執行祖先業報的最大權利，後代子孫有義務執行對直系祖先靈的供養義務，旁系祖先靈沒有直接的血緣關係，只能稱「宗親」，而不能稱「祖先」，倒房的祖先靈因無人供奉，會找上血親最接近的祖先靈體子孫。

25. 女孩子未婚往生、離婚，不能上祖先牌位。（女孩子未婚不可上祖先牌位，乃封建時代文權社會之觀念，現宜改之，離婚則已不是夫家之人，當然不能上祖先牌位，並宜在祖宗牌位前梵化疏文，稟告前夫家祖先，已與其子孫離婚，今後已不是其夫家之人。）

26.「孤陽祖先牌位」（只有男性祖先而無祖先配偶資料）：將導致夫妻失和、陰陽不協調。

27.「空亡煞」：祖先牌位裡沒有資料，會造成子女不孝、破財不順。

28.祖先骨骸積水，後代子孫變酒鬼。

29.痲衣神相：面上「丘陵」、「墳墓」、「印堂」三部位如出現黑色的氣籠罩：祖先靈障。

30.有兩姓公媽，須兩個牌位，兩個香爐，中間用紅線或紅木板隔開。

31.靈魂由頭頂出去：超生佛國的聖人。

靈魂由眼睛出去：往生天堂。

靈魂由心出去：人。

靈魂由腹出去：惡鬼。

靈魂由膝蓋出去：畜生。

32.花瓶一對，各插三枝「萬年青」置法相兩邊：靠山。

33.祭拜神明大禮：兩束鮮花、五種水果。

34.敬台三個水杯：「禮敬三界」：天地及衆神。

35. 神桌上雜物過多：妨礙事業。

36. 法相以外的小神像：代表主家易犯小人（如布袋和尚、小如來）。

37. 神祖位左右物件擺設原則：

(1)虎重山林，龍重水。

(2)青龍怕臭，白虎怕鬧（動）。

(3)逼龍升天，逼虎傷人。龍高虎低。

38. 佛壇不可安在公司負責人坐位之後方，乃因神應安置在人之前面。

39. 神位須安在一樓，如女性主管之位子在神位正上方（二、三樓），會不利公司之發展。

財位：

1. 財庫位，門的對角位，須有兩面堅實的牆，才能藏風聚氣，放「萬年青」、「棕櫚竹」、「金魚缸」。（八宅明鏡）

2. 財位者一宅之生旺方，逢財星加臨之卦位，一、三、六、八。（紫白飛星）

3. 魚缸擺對，財源就來：

(1)不可犯「沒頂水」：超過一九〇公分，運勢反遭壓抑。

(2)不可犯「割腳水」：魚缸直接放地上而無墊高，阻擋貴人，財運不順。

(3)不宜三角形，宜圓形、橢圓形、四角形。

(4)金魚最能招財，黑色易招小人，只有特殊職業可養（如軍人、學者），魚數根據生肖，豬、鼠爲一或六，虎、兔爲三或八，蛇、馬爲二或七，猴、雞爲四或九，狗、龍、牛、羊爲五或十。

(5)放書房東南角，可提升文昌氣，爲智慧水。

4. 財星臨門主進財，如八一年八白入中，坎宅六白飛正東，門開正東；坎宅三碧飛南，門開正南；震宅三碧飛南，門開正南；兌宅六白飛東，門開正東（流年）。

5. 一白、六白、八白、三碧爲財星，財星飛臨之處，作爲接待中心，企業的財務室、開門，財氣較旺。

6. 坎宅財位在正北。

震宅財位在中宮及正東。

巽宅財位在西南。

離宅財位在東北。

乾宅財位在正西及中宮。

坤宅財位在西南。

艮宅財位在中宮。

兌宅財位在西北。

7. 魚缸高度不高於成人之心臟，亦不可低於膝蓋。魚缸之形狀須配合位置，如在牆角，宜用三角形，如近門口，宜用圓形，如在牆中間，宜用方形。

8. 財位可安置財神爺，福、祿、壽三星，琉璃聚寶盆，或十二生肖聚寶盒。

9. 財位不宜放針葉（如仙人掌）及會開花之盆栽，應以葉大、葉厚、葉圓，且有泥土栽培之非水生植物爲佳。

10. 財位最宜擺放辦公桌、收銀機、安床、安神位及祖宗牌位。

求子：

1. 要生兒子，門要開在陽卦方（乾、坎、艮、震）。

2. 床安在三白方（一、六、八），或房門在三白方。

3. 灶口（瓦斯開關）向四吉方（生氣、天醫、延年、伏位）。

4.新娘房應在北方、東方開窗納陽氣，西北、東北方亦可。早上晨跑向太陽東昇之方向運動，吸納陽氣。蔬菜、水果屬陽性，魚肉葷菜屬陰性，夫婦多吃蔬菜、水果、素食，使陽氣更旺。

5.體質太寒的對治法，把床位放在陽光照得到的地方，陽氣充足，才能受孕。

6.床頭枕在陽卦方，男女交媾時在月紫白：一白、六白、八白、三碧方成孕，必生男。

7.勿把枕頭放太歲方，會不受孕，如卯年生人，勿放卯方（東方），酉年生人，勿放西方（西方）。

8.陽星入中宮，生男機會多，如月紫白逢三碧入中宮，假如臥房也遇白星入值（一、六、八）懷男胎。

9.坐北朝南屋宅，安床位於西南方，因坤卦屬陰，且紫白九星逢七赤到方，七赤屬陰，生女機率大。

10.求子：吃蓮子、金針，擺「蓮蕉花」、「石榴」、「芙蓉花」、「百子圖」、「麒麟送子圖」、「如意圖」。

11.八字金寒水冷，得子在木火土流年，火炎土燥，得子在金水流年。

求姻緣催桃花：

1.無論男女，睡在父母床位之延年方，並將灶口也朝向本命延年方。
2.父母不同住，則將床位移於本命延年方，灶口亦向本命延年方。
3.在本命或流年桃花位擺花（不能有刺，要紅色、粉紅色）、粉晶、魚缸。
4.穿著、佈置溫暖色系。
5.睡流年飛星九紫位。
6.朝陽照臥房，愛情運旺，西曬房子不利正緣桃花，容易碰上劈腿族，專搞一夜情，讓妳在愛情生活方面充滿無奈與遺憾，房間窗戶開東南方，迎朝陽，這股正面能量可以牽引妳認識良人，覓得良緣。早上五點到十一點之間，是太陽能量最強的時間，在此間所訂下的約會、計畫通常比較容易成功，即使人約黃昏後，可是，如果在上午就已安排好的話，那麼，見面時兩人的互動也比較優良，感情也會加溫。
7.九紫星代表姻緣、喜慶（紅鸞），今年（九二）六入中宮，九紫到東北方，門開東北，有辦喜事機會，將床位或辦公桌「喬」成坐東北向西南，也有相同的效果。

桌子前面按男左女右的原則，放粉色水晶柱，或七顆粉晶球（一顆大的在中間，六棵小的圍在周圍），其次，女性把窗簾和床單換成粉色系，男生可換成淺紫色。臥房化妝台抽屜放大剪刀會趕走桃花，文具用的小剪刀則不會。

8. 綠文昌助你「紅袖添香」：在書房、書桌旁擺綠色植物，可加強自己的表達能力，綠色植物屬陰，必須繫上紅色的彩帶，一則去陰，二則紅色屬火，即桃花愛情的代表色，利用綠色的植物來生火（桃花），也會提升透過文昌增加愛情的機會，古時文人眷屬一起舞文弄墨，吟詩作對，稱之為「紅袖添香」，用綠色文昌催桃花，兩人的關係會接近這種組合。

爛桃花

(一)桃花屋的形成：房子須方正，如成鋸齒狀（乚）為桃花屋。

男：(1)水龍頭正對灶火。

(2)正門之外，左右旁兩棵樹。

(3)屋前水地形如婦女娥眉樣：父子代代娶雙妻。

(4)屋子前面，有山如案，但斜斜而側，如舞蹈之姿（喜好遊蕩）。

(5)屋前藤纏樹（死纏活纏）。

(6)西北（乾方）有缺角，男主人易外遇。

女：(1)屋子前面水勢反向而行（不守婦道）。

(2)屋子前面有二水直奔而去（淫奔）。

(3)屋子前面有古井（桃花）。

(4)屋樑雕刻了許多花（花癲）。

(5)白虎旁有交叉路，即屋子的虎邊正對交叉路口（男子多）。

(6)牆上鏡子同時映出床與窗外景象（外遇）。

(7)大門旁連著小便門（兩者都要）。

(8)西南（坤方）有缺角，女主人易外遇。

(二)催艷煞：

風水學上謂，宅有近水噴泉湍流為催淫，男子易有桃花外遇，女子紅杏出牆，只有飯店或娛樂場所可造噴泉，居家不宜，除非是百步之外的靜水，才是催財格局。

(三)斬桃花：在流年桃花位或本命桃花位放紫水昌、仙人掌、垃圾筒。

(四)招爛桃花：睡和室房、電動床、水床，床上天花板有鏡子，臥室開天窗。

(五)外遇破除術：

如先生外遇，將新的紅紙，剪成圓形，用新的黑筆，吸一大口氣，在紅紙上寫個「定」字，並在紅紙背面，寫上先生的出生年月日時及姓名，然後把紅紙貼在睡床背面，近先生心臟處（最好在子時或午時），三密加持，觀想先生的心安定下來，用大手印向外彈九下，唸九遍六字大明咒：「嗡、嘛、呢、叭、咪、吽」。

太太外遇，先生也可做此密。施法者應讓心靜下來，在早上起床前或晚上就寢時，在床上唸九遍靜心咒：「揭諦，揭諦，波羅揭諦，波羅僧揭諦，菩提薩婆訶」。

公司、辦公室：

1.上任主管：刻一枚吉祥話「三羊開泰」、「步步高昇」、「一帆風順」、「五福臨門」、「吉祥如意」、「馬上封侯」的印章，擇吉時將印章用紅印泥印在黃紙上，再用紅布包起來，放置在桌子的抽屜中（最主要的一個抽屜），若是商人（或銀行主管）則將七個外圓內方銅板用紅布包起來，配合吉時置於錢櫃中。

2.爲官忌穿麻布衣，多用絲、綢等錦布。

3.前任若非高升，而是鞠躬盡瘁，最好換張桌子，另放平安符在抽屜內，以去煞避邪。

4.座位背後不能有鏡子：背空。

5.辦公桌、書桌：不沖門、不背門，靠堅實、靠要近。擇日：擇「定」、「滿」日搬動，吉祥圓滿。

6.套房辦公室最忌廁所佔了財位，人氣財氣都留不住，化解之道，在馬桶旁的浴缸內長期蓄水，約七八分滿，以聚氣。

7.書桌(辦公桌)兩邊不靠牆，左右逢源，早上從桌子左邊走到座位上，下班時從桌子右手邊走出去，可使你行政上得心應手，經濟上財帛裕如。

8.老闆坐高高，財源滾滾到，老闆應坐頂樓或倒數第一層，不可在地下室或低層樓，業務型老闆，最好看到馬路，管理型老闆隱密一點即可，不可面對馬路，亦不背向馬路，須符合座位與路平行原則，及車子(水氣、財源)自龍邊來。董事長、總經理不可同一辦公室，以免造成相爭。

9.公司靠馬路，業務留得住：業務人員座位宜在一樓辦公室靠馬路，二樓以上辦公室則宜在靠門邊地方，業務主管應坐在最高層，老闆的前一個房間。

10.五十人以上的公司，必須面臨二十米的大馬路，兩個各五十坪的層樓加起來一百坪，比不上一個一百坪的平面聚氣。

11.會計的後方及正側方不宜有門，左前方、右前方則妨。

12.在保險櫃或大衣櫃內擺玉或石雕獅子（或牛、馬，住家不可放獅子）以「鎮財」，不可放抽屜，以免拉進拉出時會震動，金融業，如號子、投資公司，更需要在財位聚氣，因此宜供「財神」安香火。

13.公司的人事以安定為主，人事主任不必坐生旺方，坐在代表「安定」的「死」氣即可，如坐北朝南辦公室的東南方，以人為主的服務業，如直銷、保險，人事主管財應坐在類似業務主管的位置。

14.四樓四方，武業興旺：四馬之地，「動則得財」∴適合業務人員、郵務士、記者、偵探、旅行業。

15.主管欲得得力助手，辦公室兩旁以男左女右為原則放置盆栽（如發財樹），並以紅紙寫上「流年大利」，左邊後方放盆栽有利功名，屬下亦較得力（男左女右），右邊比較高（大形盆栽、大書櫃）屬下女性多。

16.從事企劃或設計規劃人員，其辦公室可安排在文昌方或屬於洩氣的卦位上，如坎宅以東北方(4)、西方(3)爲宜，也可作爲顧問或諮詢、會議等類性質的空間使用。

17.座位勿背對窗戶或陽台。

18.桌子背後不宜有走道。

19.桌子應與馬路成九十度直角，坐在位置上由上往下看，車子由右前方駛向右後方，財利較佳。

20.辦公室附帶三層抽屜櫃，男性或文職適合放在左邊，女性或武職（業務、外務）放右邊。

21.房門成對角線的角落即房間的財位，適合放保險櫃、伍斗櫃、衣橱，不宜放電器如音響、電視屬火的擺設。

22.在辦公桌最下面通常也是最大的那個抽屜，擺一個紅色袋，裡面放一個五元及三個一元銅板（一個五十元加三個十元亦可），或九九九純金金幣一枚，此法也適用於家中保險櫃與五斗櫃。

23.坐背後宜有靠，如是窗，戶則掛一幅大的世界地圖，以作靠山。

24.座向相同，主僱同心，座向相向，老闆有權威，僱員有壓力，最忌背對背，部屬會陽奉陰違。

25.老闆或主管，座位須在員工後面，業務部門要靠門口，財務、管理、人事須靠近老闆，才會大權在握。

26.座位忌壓樑，及正沖柱子或大面鏡子，前者輕者頭痛，重則易出車禍、中風，後者則使人說話較衝。

27.董事長辦公桌應放在「左龍」有窗戶之地方，但窗戶不宜太大。

28.電腦須放在當人站在座位前時，面對電腦桌之左邊（龍邊），可在電腦前放水晶柱或太極石或戴佛珠、水晶以化解磁波。

29.談判之準則：不可背對門口，須選一個可綜觀全場之位子，背後不可有窗戶，不可坐在橫樑下方，不要坐在有尖角或尖銳物之正對面。

30.夫妻不要共用辦公室，須分開，分開時也不要面對面或背對背，須坐同一方向，先生門開左手邊，太太開開右手邊，如此可避免夫妻吵架及有利於業務之開展。

入宅、搬遷、開市：

入宅或新官上任之日時，除配合農民曆擇日說明外，尚須注意下列各項：

1.月破之日不用。（月支與年支相沖）

2. 日破之時不用。（日支與時支沖，日支與月支沖）
3. 沖宅主年命之日、時不用。
4. 沖當事人（新官上任）之日、時不用。
5. 配合八字喜用神。
6. 陽事用陽時，以上午時段爲宜，不可在下午以後。
如甲寅月，月破之日是甲申日不用，甲申日，日破之時是寅時不用。沖宅主年命之日，如辛酉年命，不可擇卯日、卯時搬遷、開市。
除上述外，尙須配合命造主人八字之喜用神，如命造主人以「木」爲喜用，則「甲子、乙亥」月柱、日柱爲最吉（因水生甲木，戌爲木之盛勢），時辰以「寅、卯」爲佳。
以「火」爲喜用，則「丙寅、丁卯」月柱、日柱爲最吉，時辰以「巳、午」時爲佳。
以「水」爲喜用，則「壬申、癸酉」月柱、日柱最吉，時辰以「子、亥」時爲吉。
以「金」爲喜用，則「庚辰、辛未」月柱、日柱最吉，時辰以「申、酉」時爲佳。
以「土」爲喜用，則「戊午、己巳」月柱、日柱最吉，時辰以「辰、戌、丑、未」

時為佳。

7. 日支與時支相同─日建、時建。
日支與時支相沖─日破、時破。
日支與時支六合─日合，時合。
日支與時支相害─日害、時害。
日支與時支相刑─日刑、時刑。

8. 取當日之天乙貴人時辰，或命造主人之天乙貴人時辰。

9. 搬入新房時，須待前人搬走後，加以清潔整修，在房子中央點燃靜香未淨化，再擇良辰吉時搬入。

10. 搬動東西時不要搬動每日胎神所在位子之東西（查閱農民曆）。

訂婚、結婚

訂婚、結婚應注意事項：

1. 須選吉日吉時：
甲、三奇：天上三奇─甲戊庚，地下三奇─乙丙丁，人中三奇─壬癸辛。

乙、天德、月德日。

丙、天德合日，月德合日。

丁、天赦日：春戊－寅，夏－甲午，秋－戊申，冬－甲子。

戊、天乙貴人。

己、新郎、新娘年支、月支不可沖流月、流日、流時。

庚、婚課地支日、時不可互沖。

2. 天嗣（女命之食神）－忌正偏沖。

眞夫星（女命之正宮）－忌正沖。

3. 不可沖陽氣、陰胎（胎元）。

4. 新人臥室婚禮前夕不可空著，由新郎邀一平輩或晚輩的男子同宿，謂爲「暖房」。

5. 迎娶當天由一、二位全福太太（有父、母、夫、子、女）牽新娘。

6. 手捧如意，腳下放一火爐，取「旺」之意，頭蒙紅巾避邪進花轎（禮車），米篩（太極圖、八卦圖）遮天（可用雨傘代替，意在避邪），口袋裝鉛（緣）、紅糖、五穀、豬心（同心）等吉祥物。

7. 「喜沖喜」，二名新娘互換頭花，可轉凶爲吉。

8.時間選在上午（陽時）。

與神佛、五術有緣

子平八字

一、地支四正（子、午、卯、酉）三見者。

二、官印旺，印星貼身、印剋傷食。

三、辰、戌、丑、未四庫，龍脈、人命得之，辰、戌多出帝王、聖賢，丑、未多出佛道、靈異。

四、子、丑爲宮、觀，天開於子，地闢於丑，人生於寅，生於丑時頭尾（即子交丑或丑交寅）者，容易有靈異能力，因丑、寅屬艮卦，爲「鬼門」，先天艮卦居後天「乾」卦，是爲「天門」，後天艮卦居先天「震」卦，是爲「雷門」，陰陽眼、法師、乩童多生於此時，八字有子、丑、寅者具天、地、人修行潛能。

五、乩童八字：身弱官殺旺或食傷洩秀，無印生或比劫禦敵，即陽神不旺，八字弱。

六、生於「十靈」日，或神煞有「華蓋」者。

紫微斗數

天同、天梁、天機、太陰、巨門、貪狼、文昌、文曲、天刑、華蓋、守命、身宮或福德宮。太陰會文曲於福德宮，第六感靈敏。

手面相

一、沖天紋。
二、神秘十字紋。
三、佛眼(鳳眼、孔子眼)。
四、直覺紋。
五、所羅門環。
六、金星帶。
七、月丘出現三角紋。
八、地丘(坎卦)出現三岔紋。
九、木星丘出現雙重弧線。
十、無名指超過中指且月丘厚實。
十一、生命線近手腕出現井字紋。

十二、異路紋。

十三、土星環。

十四、逸野紋，土星丘有二道直紋。

十五、拇指爲四節。

十六、掌中有菱形紋（◇）。

如欲成一代宗師則感情線、事業線、異路紋（健康線）須合成一大三角形（即異路紋須透出感情線）及頭有華陽骨。

小孩叛逆不聽話

一、八字月令（地支）傷官，或身弱時上（天干）傷官且通根有氣，叛逆。

二、七殺透干（任一柱）—霸道。

三、小孩姓名天格與外格五行相同—不聽話。

四、小孩睡西北方—唯我獨尊。

五、廚房設西北方，爲火燒天門—小孩不乖。

六、紫微斗數七殺坐命宮—霸道，父母命宮主星有紫微星小孩才會聽話，或找命宮有紫微星之長輩來管教。

七、川形掌紋女孩長大是女強人，從小就是小蠻女。

八、七殺透干會鴨霸，有印則殺印相生，會較理性，命中無印，逢印之大運流年也會加以制化。

九、日主身旺不怕傷官，傷官駕殺表示部屬有才華，自己輕鬆作老大，反而是大好局面的微兆。

十、叛逆小孩不能睡在五鬼方或六煞方，最好睡天醫方，因天醫也是文昌，頭腦常保清晰，增加記憶力，次爲延年方與生氣方，也不能睡伏位方，易懶惰而得過且過。

十一、父母房須在小孩房後方，小孩才會聽話，小孩床位與地板不能有空隙—不聽話。

十二、後院代表子孫，古時三合院後院常種果樹，結果纍纍，表示子孫滿堂，後代有發展，現代建築後陽台代表後代子孫，不宜擺熱水器、瓦斯爐、洗衣機，否則小孩肚量不大，脾氣卻很大，後陽台應保持寬敞、整潔，不能堆雜物。

十三、廚房與廁所在同一區位，小孩不聽話，尤其門相對更嚴重。

十四、室外代表主僕關係，也是和子女的關係，明堂避免沖煞及前有高壓或左右有高壓。

十五、注重胎教，懷孕期間少發脾氣，夫妻避免吵架，多聽古典音樂，多作禮拜，接觸寺廟或唸經、聽經唸大悲咒和地藏王菩薩本願經，可消除小孩前世業障。

桃花重之特徵

一、八字子午卯酉二個以上，大運、流年再遇上，易有桃花事件，八字有紅艷、紅鸞，異性緣佳，情慾重，金水旺，多情多慾（金水若相逢，必招美麗容）。

桃花在年、月爲「內桃花」，代表人緣佳，夫妻感情好，在日、時爲「外桃花」，易外遇，桃花生、剋日主，表示被動，外遇對象會纏住不放，撇不清，甩不開。日主生、尅桃花，表示本人主動，較易脫身。

二、紫微斗數

貪狼：愛慾糾纏，風流浪漫。

廉貞：烈焰狂愛，激情難抑。

文昌：溫文儒雅，雲淡風輕。

文曲：風流倜儻，才華洋溢。

左輔：穩重端莊，善解人意。

右弼：活潑純樸，不拘小節。

紅鸞：平易近人，我見猶憐。

天喜：開朗眞誠，不拘小節。

以上諸星守命身宮、福德宮，均主桃花，尤其在子午卯酉宮位，常會發生驚天動地桃花事件，其中以貪狼與羊陀齊會亥子宮爲有名的「泛水桃花」，乃最標準之爛桃花。

三、面相：

臥蠶豐滿、眼尾下垂、下眼瞼似波浪狀，垂肉鼻（如柯林頓總統、劉德華）、雙唇肥厚、眼帶桃花似笑非笑、眼睛水汪汪、奸門有痣或疤痕、氣色暗淡（配偶外遇），夫妻宮、田宅宮出現暗紅色，易有出軌行爲。

十二時辰經脈與健康

子時—膽，愛吃消夜者易發胖，可食用山茱萸、芍藥、柏子仁、酸棗仁。

丑時—肝，不要熬夜，養肝食品爲柴胡、枳實、麥芽。

寅時—肺，此時易咳嗽，氣喘疾者此時最難受，補肺可吃燕窩、銀耳、羅漢果、甜杏仁、百合、梨等，清晨醒來未開口時服最佳。

卯時—大腸，有大腸疾變者，早餐最好吃素，或吃水果、香蕉、牛蒡、海帶、糙米。

辰時—胃，早餐最好吃五穀，保胃食品有茯苓、四神湯、香砂六君子湯。

巳時—脾，可常吃歸脾湯，補中益氣湯、建中湯。

午時—心，中餐要吃好，重質不重量，飯後須休息，以養足精神。

未時—小腸，宜吃四物、丹參、丹皮等補養。

申時—膀胱，不宜熬夜，房事過度，此時可多喝水。

酉時—腎，補腎宜吃准山、海參、豬腰、荸薺、海產、六味地黃丸。

戌時—心包經，此時吃太多易導致胸悶，可服地骨皮飲、芩連四物湯、聖愈湯。

亥時—三焦，多吃紅色食品如當歸、枸杞、紅花、當歸補血湯。

遇衰事快速安心法

一、不小心壓死貓狗等動物，應就地掩埋，然後買金蓮花、金紙到附近廟宇焚香，化給他們，並默念：「一切恩怨、業障與因果已經入土，希望早日投胎好人家」，或是到廟宇補運。

二、佩戴已久之佛器或玉器會與主人身體磁場產生關聯，如忽然斷裂，表示幫主人擋災，可重新串起，使用前先以粗鹽浸泡，化解煞氣，唯再次擋煞效果會減半，如不忍丟棄，化煞後可用紅包袋內裝紅豆、黃豆、薏仁、黑豆、綠豆，再將破裂玉器一併放置收起即可。

三、捅手人家吵架或遇見衝突會倒楣，回家後將能除穢氣的艾草，芙蓉，代表貴氣的桂花與大吉大利的金桔浸泡全身，或洗臉、洗手腳，或在身上灑水，口唸：「一切因果與我無關，請那裡來，那裡去，急急如律令。」

四、如不小心打破鏡子，將碎片收起用紅紙包好，另在一張紅紙上寫著：「疏離災難，災難疏離，勒」，丟掉垃圾桶。

五、遇到凶殺案、自殺、喪事等血光之災，回家後衣服馬上清洗，並用碗裝鹽和米，面向門口向外灑，口唸：「人離難，難離身，一切災殃化為塵。」鹽代表化煞，米代表佈施。

六、遇有不順心之事，利用晚上十一點至一點（子時）在浴缸放七片榕樹葉，少許鹽，先放冷水再放熱水泡七分鐘，或洗臉，同時在心裡吶喊：「我是最幸運的」，去楣運。

七、平日可用茉草、雞糞藤泡水洗澡、洗臉，以去霉氣。

八、多佈施行善積德，多唸「心經」或「大悲咒」，或觀世音菩薩聖號及「嗡嘛呢叭咪吽」六字大明咒。

蔬果開運法

1. 金榜題名

一、在書桌左邊擺一把芹菜與蔥，代表勤奮與聰明。

二、讀書時在書桌上放一顆蘋果，可使頭腦清晰，記憶力集中。

三、在床頭擺柚子、葡萄柚或柚子氣味精油，可使思路清晰，祈求祖先保佑。

四、考前七天在書櫃上方擺一顆「好彩頭」，綁上一條有蝴蝶結的紅絲帶。

五、在書桌左前方擺花瓶，上插四支萬年青（四爲巽，代表文昌）。

2. 美好姻緣

將紅蕃茄、紅蘿蔔、水蜜桃不加水打汁，用卸妝棉浸泡三分鐘，敷在面相上夫妻宮三十分鐘，衣服穿大紅、粉紅色系，窗簾、被單亦然，唇膏要擦紅色、粉紅色，其他顏色均不行，以招桃花。

3. 貴人現身

犯小人時在客廳近門口處擺一盤火龍果，小指帶K金戒指，或留長指甲，可使小人遠離，貴人早現。

4. 添丁求子

在農曆十五月圓之夜於夫妻睡床床頭擺一顆柚子或八顆柳丁或柚子精油，可達生子效果（一爲坎，八爲艮，均是陽卦）。

5. 招財進寶

在農曆初二及十六兩日於客廳西北或東北方擺香蕉一串，鳳梨二顆，水梨五顆，取台語諧音「招旺來」（六白、八白爲財星）。

6. 驅離孽緣

想結束孽緣之人，在農曆初三準備些許「棗子」與「水梨」，步行前往住處正東或正西廟宇，將棗子、水梨放在供桌上，清楚默唸自己姓名與對方姓名，希望「早日分離」，請神明幫忙。

陽宅改運DIY

宅向與樓層須相生比和，如住在較差之樓層可在客廳中擺設與宅向相生相輔之五行以補救，如坐北朝南爲「水」宅，住五樓（土），可用「金」—放水晶，及「水」—養魚改善風水。

一、六樓—水
二、七樓—火
三、八樓—木
四、九樓—金
五、十樓—土

住在較差樓層，可依照住宅坐向找出應用何種五行以平衡。

宅向　平衡五行
坐東朝西（木宅）—水、木
坐東南朝西北（木宅）—水、木
坐南朝北（火宅）—木、火
坐西南朝東北（土宅）—火、土
坐東北朝西南（土宅）—火、土
坐西朝東（金宅）—土、金
坐西北朝東南（金宅）—土、金
坐北朝南（水宅）—金、水

木─盆栽、闊葉翠綠植物。

火─客廳擺紅色傢俱、沙發。

土─多用咖啡色、土黃色的酒櫃、櫥櫃。

金─安置紫水晶洞或水晶陣。

水─掛山水畫或養一缸魚。

紫白飛星改運法（紫白飛星除格局論斷外，更強調「與時俱進」，亦即隨時間之運轉，磁場之吉凶亦跟著變化）

紫白九星代表意義：

一白：官星、財星，求子位（貪狼）

二黑：病符、血光（巨門）

三碧：盜賊、爭鬥、是非（祿存）

四綠：文昌、桃花（文昌）

五黃：五鬼、關煞位、驛馬位、意外（關煞）

六白：官星、財星（武曲）

七赤：口舌、破耗、血光（破軍）

八白：官星、財星、動情位（左輔）

九紫：紅鸞、喜氣、婚姻位（右弼）

二〇〇九年（民國九十八年己丑年）九入中宮，九星飛星圖如下：

坤（西南）　兌（西）　乾（西北）

（南）離　坎（北）

巽（東南）　震（東）　艮（東北）

坤（西南）	兌（西）	乾（西北）
六白 官星 財星	二黑 病厄 血光	一白 官星 求子
四巽 文昌 桃花	九紫 婚緣 喜慶	五黃 意外 病災
八白 官星 財星	七赤 血光 口舌	三碧 是非 盜賊
巽（東南）	震（東）	艮（東北）

一白：財位、官星、求子，可擺聚寶盆或咬錢蟾蜍或金元寶。

二黑：病符、血光，臥室在此易染病，可放葫蘆，男掛左床頭，女掛右床頭，或擺節節高升綠竹、風鈴（銅）、音樂盒以制化。

三碧：盜賊、是非，臥房或辦公室在此宜防小人，勿跟會、借貸，可在桌下或床下擺七葉柳枝、放音樂盒以制化。

四綠：文昌、桃花，考生在此讀書事半功倍，可擺水族箱、運轉水車或掛山水圖、蓮花魚圖、紫水晶或四枝富貴竹（可放成一盆）增智慧。

五黃：關煞、意外，禍害多端，不宜動土，不宜當臥室、書房或辦公室，可擺時輪金剛七星陣、掛六六方陣圖或音樂盒、風鈴（銅）、錢幣等以制化。

六白：官星、財星，可擺五帝錢（順治、康熙、雍正、乾隆、嘉慶五朝所鑄的銅錢組成），有利升官。或擺八粒白色石頭（到園藝店或水族館購買）可增進財源。

七赤：口舌、是非、血光，可擺桃木劍或金錢劍，劍尖向牆角或放一杯水可制化。

八白：財星、官星，可擺黃色聚寶盆。

九紫：喜慶，如欲催化異性緣，可擺花瓶，上插三朵紅花（不能有刺），或擺粉晶，用紅色床單、窗簾。

祈求富貴

六白：在辦公桌、床位、保險庫放五帝錢。

八白：在辦公桌、床位、保險庫擺風水輪。

升官金榜題名

一白：在書桌、房門、床位擺文昌筆、水晶文昌塔、銅製文昌塔。

四綠：在辦公桌、書桌擺萬年青、開運竹，可讓文思泉湧。

穩定姻緣

九紫：在床位、房門、辦公桌擺粉水晶球，男性床單、窗簾用淺紫色，女性用粉紅色。

子秀孫賢

一白：在房門、床位擺觀音送子神像。

中獎偏財

八白：在床位、廚房擺觀音像、黃水晶，或與木炭放在一起的龍銀八枚。

斬爛桃花

四綠：在臥室擺觀音神像圖或達摩神像圖。

九紫：在臥室擺獅子造型飾品。

食來運轉

1. 水可改運

配合節氣飲用泉水或井水，有意想不到之效果，如飲用農曆2月2日清晨的泉水可增加財運，而清明節當天的井水用來煎藥則特別有效，端午節中午的「純陽水」用來泡茶、釀酒，有趨吉避邪及養生之作用，至於用農曆7月7日早上的泉水來洗臉泡澡，更有養顏美容及啓迪智慧之功效。

2. 水果可開運

鳳梨代表旺來、蘋果表示平安、柿子象徵著百事大吉，柑橘代表吉祥、柚子代表保佑，皆有定神以及助眠之療效，而番茄多吃可以防小人。拜拜時以香蕉、鳳梨、梨子、橘子、蘋果拜拜，代表「招旺來吉平」（台語）。

3. 紅豆除霉氣

紅色代表吉祥、喜氣，有避邪之作用，因此紅豆湯或紅豆粥可以助長一個人的陽氣與吉氣，驅除霉氣與瘟氣，尤其是陰邪鬼魅最怕由糯米及紅豆煮成的食物，閒來吃些可以趨吉避凶，此外以紅豆、糯米及乾果煮成的「八寶粥」，更是驅除鬼邪及瘟疫的聖品。

4.糕餅斬桃花

紅色代表吉祥及陽氣，因此桃花重的人可吃些紅色的糕餅或是太陽餅，能幫你擋掉一些爛桃花。

5.粽子增考運

要參加考試的人不妨吃點兒蔥（代表聰明）、芹菜（代表勤快）、蒜頭（可避邪、增考運）、蘿蔔（代表好彩頭）、竹筍（代表節節高升）、粽子（代表高中），或多喝桂花茶、金桔茶，皆可使你思緒清晰、考試順利，但切忌吃圓形的食物或是蛙肉，否則恐會陰溝裡翻船，抱個大鴨蛋回家。

6.煮蛋增陽氣

水煮蛋可以增加一個人的陽氣，常常走夜路或住在墳墓附近的人，沒事不妨煮一些來吃吃，才不容易被一些陰的東西給卡住，尤其是蛋黃更可驅邪制煞、增加財氣。

7.湯圓增貴人

湯圓代表圓滿，因此吃湯圓可以旺一個人之元氣，白色的小湯圓可以增加人緣與貴人運，粉紅色的小湯圓則可以增加姻緣及桃花運，至於所吃湯圓的數目，則以

9的倍數效果最佳，但切莫超過81個，因9爲陽數之極，81則爲9之9倍，意爲「久久」。

8.韮菜去邪穢

韮菜與大蒜有避邪之功效，因此參加完喪禮後，可吃些韮菜包或韮菜餅，能驅除穢氣，去墓地祭拜或是去醫院探病前，可吃點大蒜，以防止邪氣侵擾。

9.五黃可制煞

黃色代表高貴，因此同時吃五種黃色的食物如黃魚、黃豆、蛋黃、黃瓜、鹼粽等，可以制煞及避災。

10.草藥可補身

中草藥均有其特殊之功效，而艾草、菖蒲、黃耆、黃蓮及黃芩等藥性植物，可以視個人體質之狀況適當服用，會有制煞、祛病及保健之作用。

風水改運只有加分效果，不能根本改變個人命運，「命裡有時終須有，命裡無時莫強求」，盡人事，聽天命，多行善積德，自能改運。

風水可信，不可迷，天下沒有白吃的午餐，「三分靠打拼，七分天注定」，有其命有其運，再加後天努力，方能大發，安分守己，不作非份之想，不能妄求用風水改運，即能一步登天，富貴中人，須常行善積德，才能長保富貴，福澤子孫，如為富不仁，刻薄寡恩，仗勢欺人，必遭天譴，所謂「富無三代，貧無三代」，「古今來許多世家，無非積德」，巧取豪奪，貪贓枉法，常及身而敗，禍延子孫，天道好還，報應不爽。

格言

一、好田地，不如好子弟（台語）。
二、錢銀幾萬千，毋值子孫出人前（台語）。
三、萬般皆下品，唯有讀書高。
四、窮人想翻身，只有靠讀書。
五、書中自有黃金屋，書中自有顏如玉，書中自有千鍾粟。
六、十年寒窗無人問，一舉成名天下知。
七、壽命算不準，福報不相同。
八、拗不過命，巧不過運，能不過錢，算不過天。
九、君子愛財，取之有道，不義之財，一介不取。
十、命裡有時終須有，命裡無時莫強求。

十一、命中有帶仍得修，命中無帶難追求（台語）。

十二、福地福人居，福人居福地，有德方有福，有福方有壽。

十三、行善積德，福澤綿延，逆天違法，禍延子孫。

十四、壁立千仞，無欲則剛，海納百川，有容乃大。

十五、計利當計天下利，求名應求萬世名。

十六、平其心論天下之事，潛其心觀天下之理，定其心應天下之變，聖人之道太和而已。

其他：

1. 塔：文筆。

塔在巽方、辛方或離、艮方爲文筆，主發元魁，在坤方發女婿，申方兄弟同發秀，庚方二房好，丁方有壽，乾方遠亦好，巽山方位一白臨，科甲有準。

2. 立大太極論外六事（以整棟房屋中心立極），立小太極論內六事（以每間中心立極）。現代水塔安裝在大太極之吉方爲吉。

3. 遷入的二手屋，必須等上一手的人家搬完至少一週後，也就是別人家的家神、福

神的氣完全消除後再遷入，再安自己的神。

4.虎爺、狗爺等神適合「美」的行，尤其是服飾店、演藝園等工作場所，將虎爺、狗爺臉朝外，供在櫃檯（財位），可遠近馳名，財源廣進。

5.鞋櫃高度超過成人的肩膀，易得呼吸道的毛病，須將鞋子往下放，上面空間放雨傘、報紙。

6.樓上利官運（二樓以上），樓下可進財，如超過二十層以上的樓，則一、二樓都可歸爲靠近馬路、利於求財的店面。

7.破五黃煞：如民國八一年八入中宮，五黃廉貞火至西南，宜在西南方置水缸或魚缸以化五黃之煞氣：三尺以上，缸旁擺大盆栽，取水木相生。

8.防小人：勿置尖葉植物，多吃紅豆湯圓，書桌放置鵝毛筆、左前方放仙人掌，沙發後背忌向外，椅背掛五帝錢。

9.盆栽最宜擺在東方（震）、東南方（巽）、南（離）：木火相生、木木比和。

10.搬家首先搬金庫入宅，米、水入廚房，吉祥物：香蕉、鳳梨、梨子、桔子、蘋果（代表招旺來吉平—台語）、蘿蔔（好彩頭）。（鳳梨只能拜神明，不能拜祖先。）

11.墓前明堂漂亮，代表子孫前景好，所以墓前植物不可枯死、雜亂，墓前有花宜在旺運方，方爲好桃花，如在衰運方，會成桃花劫。

12.陽宅忌圓形，無方向感，圓形主婚姻不和睦、婚緣差，庭園水池忌大水噴出：散財之象。

13.賣屋求售法：重新油漆，拜地基主或當地土地公幫忙。

14.長久住套房，要存錢免談，但如從事指壓業、貿易、跑單幫原本工作性質就有驛馬者，正符合套房川流不息的特性，及畫家、律師、設計師。若是服務業，如仲介業、金融業就不適住在套房營業。

15.水塔要相互對稱，才呈吉祥。

16.水「流入」、「流出」二原則：

(1)「明入暗出」：明溝流入，暗溝流出。

(2)「直入曲出」：流入的水直入，流出的水曲折而出，錢財源源而入，一曲一折流出。

17.「前屋高，後屋低」：前屋代表前人，後屋代表後代，後屋低，表示必損後代，後屋可以高、可以平，但不能低。

18. 煞星臨門解法：如坐南朝北，西北爲煞方，若開門在此，係一白水星爲禍，此時以密集盆栽（屬木）洩水之氣，而生旺宅星之火神，或以陶瓷品（屬土）置門側，用土氣來剋水。

19. 「壁爐」屬火，不坐正中線的北方，因水火相剋，不坐正中線的南方，因火太旺，最好坐「東方」。

20. 求財：櫃內放船，大船進港，船頭朝向屋內。

求考運：把桂葉藏在左邊抽屜，桂與貴同音，古時秋闈正是桂花飄香時節，中舉曰「蟾宮折桂」。

求貴顯：把文房四寶放在私人書房的隱密處，可收「一碇好墨一支筆，富貴榮華金階立」的效果。

求平安：摘三片竹葉，上面寫「大吉」放在樑上或書櫃最高那一層。

求福祿：把二枚銅錢分別放在正樑的左右端，其中一面正面朝上，另一邊正面朝下，意爲「雙錢正樑左右分，壽期福祿正豐盈，夫榮子貴妻封贈，代代兒孫穿紫衣」，或放在客廳酒的兩端，更有福祿的涵意。

21.求功名：書桌或臥室置流年一白方。

睡本命吉方，灶向吉方。

書桌置正朱砂紅印泥。

掛皇冠圖、如意圖、馬上封侯圖、公雞。

前院或陽台放置桂花。

22.尖塔為文筆（火星），宜在生旺及一四方。

23.電柱屬火星，外局有塔，在一四、一六方主文秀，外局如有橋，在生旺之方作財星論，在衰死之方則作洩氣論。

24.後院亮於前庭，女人大權在握，客廳：男人，廚房：女人，前門：一家之主之運勢，後院：下一代運勢、成績、考試，宜整齊清潔，井然有序。

25.陰陽宅要訣：

兩邊（左右）有抱，背後有靠，前面有照。

26.推流年紫白：

如一九九三年七入中宮，一九九三相加為二二，二加二為四，以常數一一減四，餘數為七，即七入中宮。

又如二〇〇三年。相加爲五，一一減五，餘數爲六，即六入中宮。

27.到不乾淨的地方可唸「般若波羅密多心經」以驅邪。

28.魚不可養在進門左右角，否則不聚財。

七、結語

易經自古以來即被譽爲天下第一奇書，其理「知周乎萬物，而道濟天下……範圍天地而不過，曲成萬物而不遺。」（繫辭上傳第四章）包羅萬象，彌綸六合，三千年來，中國人上自達官貴人，下至販夫走卒，大自哲學思考，小自日常人倫，無不深受易經之影響，如不了解易經陰陽卦爻之變，及五行之生剋制化，則不能了中華文化之精髓，就中國學術發展來看，舉凡諸子百家之流，如儒家之致中和，道家之窮變化，名家之別同異，縱橫家之論長短，兵家之論奇正，法家之守法則，乃至陰陽家之二氣五行，無不是根據易經之思想理則所演繹而來。

易經賅括萬有，天文、地理、人道盡在其中，乃內聖外王之帝王學，上可治國平天下，下可使個人家族趨吉避凶，占卜（梅花易數、奇門遁甲）可使人知吉凶，陽宅可影響一個家庭之興衰，陰宅可影響一個家族之興衰，命理（子平八字、紫微斗數）可知一個人命運之軌跡，然風水之好壞，命格之高低（富貴貧賤），與前世之因果有必然之關係，所謂「福德」者，乃指有德方有福，「福地福人居，福人居福地。」「一命、二運、三風水，四積陰功、五讀書」，今生命好的人必是前世積有大功德，「朝中宰相與公侯，必是前生累劫修，前生作者今生受，何必勞力苦追求。」「積善之家必有餘慶，積不善之家必有餘殃。」所謂「君子知幾，達人識命」，研究易經即在「知幾」、「識命」，進而「掌運」，行善積德以改運，「命」先天不可改，「運」後天則可改，「改運」非靠別人做法，而是靠自己行善積德，「相由心生，命由己作」，有諸內必形諸外，一個行善積德者，必是慈眉善目，神佛庇佑，有二種人命算不準，一是「大善人」，一是「大惡人」，大善人因行善積德，神佛庇佑，助其渡過劫數，逢凶化吉，故算不準；大惡人，如殺人放火，花天酒地，貪官污吏者，因福享盡，勢用盡，而提前遭報應，非短命即身陷囹圄，甚或被槍斃，故算不準。因此立身處世，應當「知福」、「惜福」，「福不可享盡，勢不可使盡」，否則必遭報應，日常生活，清心寡慾，吃得飽，營養均衡，穿得暖，不失身份即可，不須錦衣玉食，穿戴要名牌，吃喝要燕窩魚刺，甚或花天酒地，勤儉節約以濟助貧困，此之謂「惜福」；居高位，有權勢，則多爲民造福，獎掖後進，不要仗勢欺人，亂整人，羞辱人，以顯示「權力的傲慢」，否則一旦失勢，必遭報應，遠者如乾隆皇帝之「權臣」和珅，抄家賜死，近者如前總統李登輝之跟前「紅人」劉泰英，前總統陳水扁及其身邊之親信權臣如邱義仁、陳哲男、馬永成、林德訓、余政憲、葉盛茂等「昔日爲座上客，今爲階下囚」。當老師者，多鼓勵學生，幫助學生，不要整學生，亂「當」學生（有能力助人而願助人是有福者），當學生者，應盡本分，用功讀書（有書可讀而努力讀書是有福者），以爲將來經世濟民之用，「存好心，說好話，做好事」，行善積德，福慧雙修，自能「五福臨門」（妻（夫）財子祿俱全，長壽健康平安，謂之五福）（註一），「五子登科」（妻（夫）子、兒子、房子、車子、金子），最後謹以一副對聯與同學共勉之：

古今來許多世家無非積德

天地間第一等事還是讀書

註釋

註一：五福首見於《尚書》〈洪範〉篇，原文爲：「五福：一曰壽，二曰富，三曰康寧，四曰攸好德，五曰考終命。」即長壽，富貴，平安健康，行善積德，壽終正寢。

附錄一　測字與靈異趣談

余常爲人測字，然並無刻意保存資料，現僅就記憶所及，略述十五則與讀者分享。

甲、測字趣談

1. 民國六十七年余任教於台北市立中正高中，某一男同學書一「字」字，問當年大學聯考能否上榜，余曰：「可」。解：「字」拆開爲「宀」與「子」，「宀」像一頂學士帽，有學士帽可戴，「子」古時對有學問者之尊稱，如孔子、孟子、老子、莊子、荀子，不僅能上榜且可上國立大學。（該生考上政大外交系）。

2. 某一先生書「來」字問感情，余曰：「三角習題」，問：「結局如何？」，答曰：「有一人須犧牲自己，成全他人」。

解：「來」字有三人，可知是三角戀愛，有一人釘在十字架上，耶穌被釘在十字架上，犧牲自己，拯救世人，是以知有一人須犧牲自己，成全其他兩人，後該先生果退出情場。

3. 某一先生偕女友書「如」字，問應徵工作能否上榜？余問其女友直覺如何？該小姐答：「恐怕沒什麼希望。」。

余曰：「那就沒什麼希望了。」

解：「如」字拆開爲「女」「口」，「女人之口」，出自女人之口即答案，後果落榜。

4. 某一進修部男同學書「錢」字，問能否賺大錢？余曰：「不能且不小心會有血光之災，因女色而起。」

解：「錢」字拆開爲「金」與「戔」，「戔」者細小也，即僅能賺到少少的金子，發不了大財，又「戔」爲兩把戈，戈爲兵器，是殺人凶器，是以知有血光之災，該生將「戈」寫成像「女」字，故知因女色而惹禍。

該生曰：現有三個女人跟他「哥哥纏」（該生已結婚），余曰：「趕快揮慧劍斬情絲」，「奈何天天來電」，「換掉電話號碼，斬斷孽緣，才能避禍。」

5.某一女同學書「謙」字，問能否考上研究所，余曰：「可」。解：「謙」，拆開爲「言」與「兼」，「言」字爲「文」之頭，「吉」之尾，「兼」者，加倍也，即二也，意爲除學士文憑外，尚有碩士文憑，且此事乃吉祥的，故能考上。

旁邊一男同學曰：「也要以『謙字』問感情。」，余曰：「與女朋友已有親密關係，且不止一次」，旁邊另一男同學拍手大笑：「老師講的很準」，余問那一系女同學，該生笑而不答。

6.民國九十年（辛巳），某一男同學書「怡」字，問追女友能否追上，曰：「可」。解：辛巳年爲蛇年，蛇性喜吃肉、鑽洞，「怡」字有肉「忄」，有洞（口），是以可追上，後果追上。

7.某一男同學書「需」字，問與女友感情如何？余曰：「會分手」。解「需」字拆開爲「雨」與「而」，「雨」爲水，水性流動不穩，意爲感情不穩，「而」，破「面」也，面子都撕破了，還能如何？果分手。

8.某一女同學書「彰」字，問與男友之緣份如何？余曰：「認識已有一段時間了」，「認識二年多了，結局如何？」，曰：「不吉」。

解：「彰」字之「章」，拆開爲「立」「早」二字，是以知認識已有一段時日，再拆開爲「音」「十」二字，耶穌被釘在十字架，犧牲生命，「彡」則爲不成「形」，故知不吉。

該生曰：「與男友已分手，男友前二日剛往生，即將火化。」（不成形，形體已滅）。

9.某一女同學書「摔」字問感情，余曰：「男友比妳年輕」，答曰：「是，結局如何？」曰：「不吉」。

解：「摔」字左邊爲「手」，手在八卦中屬「艮」卦，艮卦代表人物爲少男，是以知男友年紀較輕，「摔」者「甩也」，又有十字，十字架代表犧牲，故知不吉。

又書「角」字以確定是否不吉，余曰：「角字更不吉」，「角」字爲刀上用，《三國演義》中有言，魏延曾夢見頭上長角，解夢者解曰：「角者，刀上用，魏延將會被砍頭」，諸葛亮逝後，魏延果反（魏延有反骨—腦後見腮），被馬岱所追殺，是爲「魏延反，馬岱斬。」，問：「是我砍男友的頭，或男友砍我的頭？」答曰：「當然是妳砍男友的頭」，因該女同學性格外向開朗，乃女強人型，男友則內向拘謹。問為何會寫「摔角」二字，答曰：因是在「摔角社」認識的。

10.民國九十二年（癸未）初，某一小姐書「走」字，問能否找到新工作，余曰：「可」，「何時？」，「農曆四月」。解：「走」字為「吉」字頭，「定」字尾，故知能順利找到工作，加「巳」為「起」字，巳為農曆四月，即農曆四月將會有「起色」，又今年為癸未年，癸之天乙貴人在巳，農曆四月將會遇貴人，後果於農曆四月遇貴人順利找到工作。

11.某一女同學書「緣」字問感情，言有一男同學欲追她，問是否為良緣？余曰：「今年農曆十月會對妳展開熱烈攻勢，但非良緣。」解：今年（九十二）為癸未年，緣字有豕，豕為亥，亥未三合，故知農曆十月攻勢加緊（事實如此），但緣左邊為「糸」，單糸不成「絲」，不能成雙，明年（九十三）為甲申年，申、亥相害，即使勉強結合，明年還是會吹掉。生曰：「聽老師之言，余當拒絕其追求。」「為何？」「因他有點花心，感覺對我不是真心的。」

12.某一女同學書一「柔」字問感情，余曰：「對方很喜歡妳，農曆十月會在一起，明年是歡喜冤家，後年會分手，要有心理準備，懂得保護自己，不要吃虧，把甚麼都給人家。」

解：「柔」拆開爲「矛」與「木」，矛爲兵器，五行爲金，木爲卯，今年（九十二）年爲癸未年，金生癸水，卯未半三合，農曆十月爲亥，成亥卯未三合，故知男孩很喜歡妳，農曆十月會接受其感情在一起（事實如此），明年爲甲申年，申爲金，與木相剋，但申藏庚，木（卯）藏乙，乙庚相合，有剋有合，故知是歡喜冤家，後年爲乙酉年，卯酉正沖，勢必分手。

13. 某一男同學書「吹」字問與女朋友之感情發展如何？余曰：「女友比你年青？」「是學妹，進展如何？」「會吹掉。」

解：「吹」字左爲「口」，口在八卦爲兌（近取諸身），在人物爲少女，右邊爲「欠」，欠者缺也，合解爲缺少女，即女友會跑掉，後果吹掉。

14. 某一男同學書「雯」字問欲追某一女同學可好？余曰：「不好」。

解：「雯」字上爲「雨」，雨爲水，水性流動不定，意即該女同學不易掌握，下爲「文」，「乂」爲撇腳，動物逃命狀，十二生肖均不喜歡，又爲「凶」字體，故不吉，生曰：「某一通靈人告訴我，那位女同學不能追，追了會有災禍（與人爭風吃醋）。」

15.某一女同學書「感」字，問男友是否會移情別戀，余曰：「會。」「何時？」，「農曆九月。」

解：今年（九十二）年爲癸未年，未爲羊，「感」字下爲「心」，心爲肉，羊不吃肉，看得到吃不到，上爲「咸」，咸字有「戈」，戈爲兵器，代表爭執，「戈」字藏「狗」，狗爲「戌」，戌、未相刑，戌爲農曆九月，知農曆九月感情爲變質，男友果於農曆九月移情於另一女同學，該生很是傷心，余慰之曰：「感情的事不要太執著，要拿得起，放得下，一切隨緣，緣聚緣散，有緣當情侶，無緣就當同學，好聚好散，談戀愛就像水蜜桃一樣很甜蜜，但當感情變質後，就如水蜜桃爛了，已經不能吃了，只有扔掉，再交另一男友就好，天下男人多得是，何必單戀一支草，下一個男人會更好。」

16.二〇〇八年三月有一食品科學系女同學書一「中」字，問能否考上研究所，余曰今年爲「戊子」年，老鼠喜鑽洞，「中」有西個洞，必能考上，該女同學果考上「台大農化所」。

乙、靈異趣談

余宗教緣深，感應力強，睡覺常被干擾（不分日夜），也常做夢，夢中預示均能實現，八字以食神為用神，食神坐文昌、學堂、天乙貴人，日干得天德貴人、月干得月德貴人，暗合天上三奇（年己、日癸、時乙，暗合甲、戊、庚天上三奇），又生於十靈日。紫微斗數，天同守命，天粱化科於遷移（身），太陰、文昌、文曲於福德。手相有明顯之佛眼（孔子眼），神秘十字紋（即靈夢紋，夢境常能應驗）、沖天紋、水星丘（坤卦）豐滿，異路線、感情絡、事業線結成大三角形，頭骨有明顯華陽骨，此皆宗教緣深，能從事五術玄學之研究，亦常有靈異經驗，玆將筆者之靈異經驗略述於後，以饗讀者。

*1.*民國五十五年筆者高一下學期，家母生病，高二時整年躺在床上，骨瘦如柴，看遍西醫均查不出病因，心、肺、肝、膽、胃均有問題，就是無法對症下藥，西醫不行看中醫，中醫不行，嘗試偏方，偏方無效，求助靈媒作法也亦無效，後經友人提醒是否祖靈出問題，家父乃至嘉義市民權路「靜德佛堂」問靈媒，此佛堂乃專事「牽亡」，請來先祖父、先祖母（靈媒將先祖父、先祖母名字寫在銀紙

上），先祖父責怪家父爲何不安祖先牌位，不拜祖先，叫我們不要再信基督教（當時筆者與家母、舍弟、妹均信基督教），家父乃回北港先伯父家分靈，請祖先牌位回大林家中供奉，未幾家母即檢查出病因，乃甲狀線出問題（脖子無腫大），心、肺、肝、膽、胃之病變，乃甲狀線異常所引起之併發症，醫生對症下藥，以碘治好，當時親友對家母之病情均不樂觀，供奉祖先後，奇蹟式的復原，現高齡八十五，身體硬朗，煮飯、洗衣等家事均能應付裕如，可知吾人身心狀況與祖靈、風水息息相關，身體有病，卻查不出原因，乃因祖靈風水出問題（或因果病）。

2. 民國五十七年余就讀台灣師大大一時，全班至觀音山郊遊，在一間主祀觀世音菩薩寺廟休息時，突來一陣靈感，要改信佛教，因基督教教義與中華文化格格不入，尤其不能拜祖先，使筆者產生排斥心理，乃向觀世音菩薩上香，稟告菩薩弟子原信基督教，現要改信佛教，菩薩如要弟子信奉，就必須展現法力讓弟子信服，乃擲茭杯請示，弟子與菩薩是否有緣，結果連續三個聖杯，再問弟子命好不好，結果也連續三個聖杯表示命好，至此筆者已心動，但仍要再考驗菩薩法力，即稟告菩薩，如要弟子信奉，就展現法力連續九個聖杯，結果一連擲出九次聖杯，至此筆者完全心服，乃改信佛教，開始研讀有關佛教、道教、民間信仰之書刊，民國七十五年買「嘉農新村」房子，七十六即安奉觀世音菩薩鎮宅保平安。

3. 民國七十六年余教嘉義農專農管科（農場管理科，乃當時農林廳廳長余玉賢先生爲推行「八萬農業大軍」政策，欲培植核心農民所委託嘉義農專成立之科系，學生均爲公費生，經費由農林廳支應，男性須服完兵役方能就讀）時，發現一學生經常閉目養神，仔細一看，不似睡覺，卻像神遊，看其名字爲「張天寶」，好個名字，與張天師差一字，上天賜的寶物，數日後該生問余曰：「老師是否睡覺時常受干擾？」，「是的，你爲何知道？」「老師第一天上課我即知道，學生感到很納悶，像您被干擾怎麼嚴重的，不發精神病，也要送「龍發堂」（專門收集精神病患之佛堂），爲何能讀到碩士，當到講師（筆者當時爲碩士講師），乃下地府去查您的前世，發現您前世做了一些虧心事，所以會被干擾，但也作了不少善事，因此今世福報還不錯。」，乃出示名片爲「地靈師」，其人能靈魂出竅，上天入地（吾人生生世世所作所爲在地府均有詳細紀錄）。

4. 某日與「地靈師」閒談，余曰：「是否眞的有龍？佛經上有記載，金庸武俠小說《天龍八部》即出自佛經。」「地靈師」答曰：「眞的有龍，每次我看到龍在天上飛舞，不久即下雨。」余曰：「下次你看到龍時，請指給我看。」「老師看不到，因龍是神物，老師是凡眼，是以看不到。」

5. 某日與「地靈師」對談中國精通天文地理之歷史人物，談及劉伯溫，「地靈師」曰：「劉伯溫還在，現在崑崙山修道。」余曰：「史書記載劉伯溫被明太祖宰相胡惟庸所毒殺，為何說劉伯溫還在？」「被胡惟庸所毒殺者乃劉伯溫之替身，劉伯溫早就訓練一與其相貌身材相似之分身留在明太祖身邊，其本尊於輔佐朱元璋登基後即隱居於崑崙山修道，其鬍子長到地上了。」「那有六百多歲了，你們倆是否見過面？」「見過」，「你到崑崙山見劉伯溫，還是劉伯溫到台灣來見你？」「都有」，「到台灣時在那裡相見？」「就在蔡老師您的客廳。」「我怎麼不知道。」「劉伯溫來時都在半夜，老師在睡覺。」「下次劉伯溫來時叫醒我，我要跟劉伯溫見面。」「劉伯溫即使站在老師前面，您也看不到，因其已修鍊至無形。」「你們倆有否交談？」「沒有。」「為何？」「機緣未到。」

6. 某日「地靈師」曰：「蔡老師我不懂命理，也不會手、面相，但就會替人算命，只要有名字、地址，不論其人住那裡，我均能查得到他(她)。」為試其功力，乃請其至嘉義某一西餐廳吃飯，彼時余與內人僅見過二次面，乃寫內人之名字於紙上，「地靈師」曰：「還須地址」，余曰：「不知地址」，「沒有地址，無法查到。」，余乃畫一地圖，內人住景美舊橋畔，行政區域屬新店，詳細地址不知。「地靈師」半閉眼睛，一分鐘後即睜眼，余問「內人身高多少？」「一六〇公分」，「頭髮長或短？」「普通。」「普通是多長？」「到肩膀。」「胖或瘦？」，「瘦，眼睛很漂亮，雙眼皮，牙齒有二顆不齊。」「余只注意到一顆不齊。」「下次見面仔細看，有二顆不齊，有酒窩。」彼時「地靈師」眼注視內人名字侃侃而談，余驚呼「看名字就能知道這麼多，這招要教我。」「蔡教師您以為我真的這麼厲害，看名字就能知道這麼多。」「那你如何得知？」「您自己想想。」「你去看她了。」「是的。」「沒有地址你如何查得到？」「您再想想。」「你請土地公帶你去。」「是的。」「她在上班不在家，你如何看？」「看氣。」（內人身高一六〇公分，彼時頭髮到肩膀，四十六公斤，雙眼皮，有酒窩，牙齒真的有二顆不齊。土地公相當於人間之村里長，對該村里之人事物均瞭若指掌。）

7. 余於民國七十七年二月經長輩介紹與內人認識，五月初岳父母從宜蘭至台北與筆者見面，赴約前筆者心想，此次見面不知能否順利？岳父母是否中意？乃抬頭看日曆，「五月七日」，即發出會心微笑，此次會面必是吉祥如意，蓋「五七」諧音為「吾妻」，內人注定為「吾妻」，果然「丈母娘看女婿，越看越中意。」七月即訂婚，十月結婚。

8.民國七十七年十月與內人結婚，到阿里山蜜月旅行，至時為下午三點，辦完旅館住宿登記，即至附近散步，附近有墳墓，余提內人不要亂說話，內人不信邪，說了一句開玩笑的話，余知要糟，是晚睡至半夜，內人搖醒我，說做了一個夢，夢中有一老頭子要拉她的手，內人抗拒不從，很是害怕，頻呼我的名字，我都沒應，掙扎好久才醒來，余知是下午說了不該說的話惹來麻煩，即在心中罵道：「混蛋、王八蛋，你這老不修竟敢調戲俺老婆，有種來找我。」，即安慰內人不要怕繼續睡，老頭果真來找我，壓我胸部不讓我睡，余掙扎醒來，問內人有否再干擾她，答曰沒有，即繼續睡，剛一入睡即又來壓胸部，如此折騰到天亮，余均無法入睡。第二天到瑞里大飯店，至時也是下午三點，當時其他觀光客尚未到，余與內人即先行步下山谷尋幽訪勝，越往下走，越覺陰氣森森，內人亦覺得不對勁，乃往回走回旅館，此時余聽到右後方有人呼吸的聲音，余回頭看，四周空無一人，余要內人先行往上走，右後方呼吸聲音仍在，余確定有靈界朋友在附近，乃在心中曰：「靈界的朋友，我們無冤無仇，我也無法力渡化您，您去找觀世音菩薩渡化。」於是在心中默唸「嗡嘛呢叭咪吽」觀世音菩薩六字大明咒，未幾該呼吸聲即消失。

9.民國七十五年、七十六年「大家樂」賭風風行全台，名之為「瘋狂大家樂」亦不為過，其玩法是根據台灣銀行所發行的愛國獎券第八獎，八獎有三組二個數字（十位數），如獎券號碼末二位數字與第八獎三組字中任一組相同，即得二百元獎金，大家樂玩法是從00至99一百組數字任你簽（對第八獎三組號碼），一支三百元，如簽中，少則五、六千元，多則七、八千元，即在一百組號碼只會出現三組號碼，機率是百分之三，每月開三期，全台瘋狂，每期開獎前夕，各處神壇、陰廟（大廟除外，如北港朝天宮、新港奉天宮、萬華龍山寺、行天宮、關渡宮正神坐鎮，不開明牌）人聲鼎沸，爭相看乩童開明牌。余當時也用陰陽五行九星八卦算明牌，看看能否算準，嘗試手氣，第一次簽牌前夕（愛國獎券於下午二點開獎，組頭於中午十二時截止簽牌，余均在開獎當日上午才去簽牌）做了一夢，夢中有人告訴我22會出來，余半信半疑，天亮後即去簽了一支，果然22出來了。第二次開獎前三天，夢中出現11、22、33、44、55五組號碼，開獎前夕，夢中又出現22號碼，乃去簽了二支22，果然22又出來（連續二期）。第三次開獎前夕，夢中出現27一組號碼，乃去簽了三支27，又中獎了；第四次開獎前一天，余在宿舍睡午覺，醒來時耳邊傳來一陣細微但極清晰的聲音，重複說著「35！35！」（靈界朋友告訴我的），乃去簽了五支35，又中獎了。第五次開獎前三天，余夢見在一河中游泳，突然出現了二條蛇，余推測蛇在地支中排行第六，二條蛇應是26，開獎前夕，與朋友至中埔鄉一濟公壇看乩童開牌，乩童首先開出之號碼即為26（陸續又開出幾組其他號碼），益增吾之信心，乃簽了十支26，又中獎了。第六次夢境不準，余就不再玩了，以後也就不再夢見號碼（余八字身旺劫財重，無財，是以發不了大財，不能從事投機行為，否則偷雞不成蝕把米，血本無歸，因此僅是小玩，見好就收，此之謂「知命」、「掌運」，每次中獎均捐出一部分彩金予慈善機構，七五年為丙寅年，丙為余八字癸水日主之正財，正財坐長生，又為喜用神，故能發點小財。）

10. 「大家樂」有一種「特尾」的玩法，即根據愛國獎券第一特獎號碼末三字對獎，簽中即得五百倍彩金，每支五百元，簽中可得二十五萬元，與組頭對賭。民國七十六年十二月五日那一期「特尾」號碼竟然與當時「嘉義農專」校長座車車牌號碼末三字相同，余突發奇想，十二月十五日那一期特尾號碼應該會與余摩托車車牌號碼末三字相同，開獎結果，果然一字不差，余再想十二月二十五日那一期特尾號碼會與我的摩托車車牌號碼倒數第二、三、四三個數字相同（即往前推一個數字），開獎結果，又是一字不差，余一連猜中二期特尾號碼，但都沒有去簽注，乃因當時愛國獎券要停止發行，大家樂沒得玩了，即使簽中，也拿不到彩金，因組頭沒生意可作會避而不見，不僅拿不到彩金，連五百元（相當現在一千五百元）本金也會泡湯，此即應驗「命裡有時終須有，命裡無時莫強求」，無發財命，算得再準，也是惘然。

11.民國七十六年十一月，余想考驗家中所供奉觀世音菩薩法力之高低，乃上香稟告觀世音菩薩請指示當期會開出之大家樂號碼，然後一字排開插上三支香，香燒至一半，余往前觀看，左邊那一支香香灰掉落，中間那一支支香香灰沒掉，形成「1」字，右邊那一支香香灰則捲成「5」，形成「15」之數字，當期果真開出「15」，觀世音菩薩果眞法力無邊。

12.民國五十二年六月余讀初一（國一），某一星期日上午九時多，余出門找同學溫習功課，當日晴空萬里，無一絲風，當余走至離家五十公尺處，地面突然起了一陣小小龍捲風，余甚訝異，乃目注龍捲風走向，在龍捲風消失處，赫然發現二張十元紙鈔（當時面值最大之紙鈔，相當於現在五百元），余看四下無人，又不知是誰遺失的，乃撿起回家，家父正百無聊賴的躺在床上（身上無半毛錢），余拿給家父告知是路上撿到的，家父一陣驚喜，父子倆乃共騎腳踏車至離家三公里的鎮上，各叫了一客蘿蔔糕大快朵頤，當時的羅蘿糕富裕人家才吃得起，普通人家只有過年時才吃得到（自己炊製），現今回想，那一陣龍捲風應是靈界的朋友所引起，目的在告訴筆者那裡有錢可撿。

13.在嘉義往北港的北港路左側一公里處（行政區域屬太保市），有一供奉「三菩薩」（觀世音菩薩三姊妹）之「聖恩宮」，此宮在嘉義頗有名，前法務部長蕭天讚，前嘉義縣長涂德錡，常去該宮請示觀世音菩薩指點，住持（乩童）乃是位六十歲左右（民國七十六年時）之先生，不識字，瘦瘦小小，看起來像個典型的鄉巴佬，但當菩薩附身時，其所寫的毛筆字，非常娟秀，余常去參拜，通常菩薩在下午九時起駕，指示信徒迷津。民國七十六年九月某日，筆者遇到一位小學同學簡耀嘉先生也來請示（經菩薩指點在台北縣石門鄉富貴角開渡假旅館，生意興隆，年收入爲教授之六、七倍），但九點到時，菩薩並未降駕，隨著時光流逝，九點半，十點，十點半，至十一點，乩童仍無動靜，小學同學乃曰：「蔡老師您去上香，請菩薩趕快降駕。」余剛上完香，乩童即開始唱歌（女人聲音，類似歌仔戲之腔調），不久起身，一面唱歌一面比手勢走向正殿，乩童平時爲一典型之鄉下巴，但當菩薩附身時，其唱腔之悅耳，身段之曼妙，筆者看了那麼多的歌仔戲、黃梅調、歌舞片、綜藝節目，沒有一位歌星、明星之聲調、身段有如此之優美（感覺就像仙女下凡），眞是不可思議，菩薩說他不是三菩薩（觀世音菩薩）是二菩薩，三菩薩到日本去辦事，現在已辦完，正在趕回，二十分鐘即可到達，因怕信衆等得太久，要她先起駕告訴信衆，說完又一面唱歌一面比手勢，走回偏殿，二十分鐘後觀世音菩薩果眞趕回，才又降駕。

14. 民進黨於民國七十五年九月二十八日正式成立，彼時尚是戒嚴時期，實施黨禁，民進黨黃信介等創黨元老，決定衝破黨禁，強行組黨，蔣經國先生豁達大度，默許之，並未下令取締，在二十八日前幾天，三家電視台密集打出廣告「民主進步黨將於九月二十八日正式成立。」，彼時筆者即感應「九月二十八日」應是「明牌」，當期的大家樂必會開出09、28二支號碼，後果如此。（大家樂盛行時，謠傳有所謂的「明牌」，即台灣銀行的搖獎機可控制裕如，可開出任何想開的號碼，有門路的人，即可事先知道而下注，尤其是省議員，三家電視台密集打出廣告，即在暗示知情人士09、28爲「明牌」）。

15. 大林往梅山的半路上有一「大埔美」村莊，該村有一座神壇，住持是位和尙，法力高強，有透視眼，用肉眼即可看出信衆內臟的毛病，筆者曾經前往請教有關靈障（睡覺常作惡夢，被壓胸部、掐脖子）的事，告知是前世因果，應予化解，民國七十三年中元節，筆者參加普渡法會，超渡前世冤親債主，信衆超渡的紙錢是集中燃燒，是日下午三點，廟方工作人員將紙錢集中於廟前廣場的草地上，該住持左手持一長竹竿，竹竿前端綁著一面黑色令旗，右手作搧風狀，口唸咒語，繞著堆積如山的紙錢作法，十分鐘後紙錢即開始冒煙，繼而著火，由小火成爲熊熊烈火，三十分鐘即全部燒完，此事爲筆者親眼所見，決非虛構，天下之大，無奇不有。

16. 余副教授、教授報教育部送審論文，在審查通過前日都有作夢，兩次都夢見同一位同事在夢中告訴筆者：「蔡老師恭喜你，你的論文已通過。」第二天教育部即傳來消息，論文審查過關，該同事與筆者並不接近，爲何兩次均夢見他在夢中告訴筆者好消息，乃因其名子爲「天令」，天令者，上天命令也，即「天意」。

17. 民國七十八年三月有一天回家，赫然發現客廳有隻蟑螂，余拿拍子準備打了，仔細一看，不是蟑螂而是「蟋蟀」，余即不打，因是好預兆，表示筆者副教授送審論文會通過，蓋「蟋蟀」諧音爲「希帥」，希者，希望也，帥者，最高指揮官，即希望能達成，妙的是，該蟋蟀只有在客廳與臥房徘徊，其他地方都不去，持續二個多月，五月中旬教育部傳來論文已通過消息，該蟋蟀即不再出現，余將此事告知同事，同事均嘖嘖稱奇，因筆者住三樓，蟋蟀何能爬那麼高，且持續二個多月，易曰：「天垂象，見吉凶。」即此之謂，吉凶之來，先有徵兆。

18. 台南縣新化鎮有一名為「心佛堂」之寺院，該寺院主祀之觀世音菩薩法力無邊，民國七十八年三月筆者前往請示菩薩（附身在住持身上），筆者副教授送審論文能否通過，答曰：「一定通過。」，「博士班能否考上？」「一定考上。」後果應驗，余常前往參拜，民國八十年八月余再度請示菩薩教授送審論文能否通過，答曰：「十一月初即有好消息。」，果真於十一月初通過。

19. 民國七八年三月「心佛堂」觀世音菩薩指示筆者副教授送審論文將於五月中旬通過，五月中旬某日午夜，筆者睡夢正甜，突感一陣壓迫感，筆者醒來一看時鐘，正好三點，心想：「菩薩指示這幾天副教授送審論文即會通過，為何於此時來干擾（有壓迫感），難道沒有通過？」耳畔隨即傳來一陣細小但極清晰的聲音：「通過了，通過了。」第二天教育部即通知學校筆者送審論文已審查通過。

20. 算命眞正厲害的是所謂的「通靈神算」，常能說出命理所看不出的問題，因命理有其極限，不論是子平八字或紫微斗數都無法論的很深入，全台灣通靈神算最出名的有三位，一是嘉義縣民雄鄉的柳得男先生（瞎子），二是新竹縣關西鎮的徐興杰先生（瞎子），三是新竹縣湖口鄉的陳隆添先生（青光眼），三人都負有盛名，算過的人不計其數，政商名流更是競相前往請教，筆者於民國九十一年十二月前往請教陳隆添先生，九十二年七月請教徐興杰先生，因所預言的事尚未應驗，在此姑予保留（不能洩漏天機），柳得男先生筆者則曾七次前往請教，第一次是民國五十九年筆者讀大三時，當余報完生辰八字後，柳大相士問：「住那裡？」答曰：「住大林。」柳大相士說：「你住在大林糖廠，令尊在大林糖廠作事，你現在在師大讀書。」令筆者震驚莫名，筆者住那裡（大林那麼大），家父任職於何機關，就讀那所大學都能一言道出，一般命理師那有此能耐，此非「神算」莫能。第六次是民國七十二年，柳大相士說：「你現在是碩士講師，你能升到教授，也能讀到博士，你現在很瘦，將來會胖。」余曰：「讀到博士，當到教授我相信，因這是我的人生目標，我會努力達成，但你說我會胖，我不相信，自我有印象以來一直都很瘦。」「你不要跟我爭，我說你會胖就會胖。」「什麼時候？」「中年。」「中年是幾歲？」「你結婚後。」，此三件事都應驗，筆者於民國七十七年升副教授，七十八年考上博士班，八十年升教授，八十四年博士班畢業，七十七年二月認識內人時只有五十一公斤，認識內人後每月胖一公斤，七月訂婚時五十六公斤，十月結婚時五十九公斤，現在是七十二公斤。第七次是九十二年三月（內容保留，不能洩漏天機），在柳大相士吃飯時閒聊，柳大相士說：公元二〇〇〇年總統大選時，「扁媽」（陳水扁總統的母親）曾到他那裡跪求衆神保佑阿扁能順利當選（柳大相士算命在三樓，二樓供奉觀世音菩薩、天上聖母、九天玄女娘娘、臨水夫人陳靖姑、註生娘娘），余問：「明年總統大選阿扁能否當選連任？」「我幫他他就能當選。」「你會幫他嗎？」柳大相士默而不答。

21. 台南縣新化鎭「心佛堂」觀世音菩薩曾指點筆者，謂犬子與筆者的因緣極深，是筆者的徒弟，在上界是「師徒」，轉世爲「父子」，犬子日柱「戊午」與筆者日柱「癸未」乃天干五合，地支六合，均生於「十靈日」，皆以食神洩秀爲用，都有天德、月德、天乙貴人、文昌、學堂、學士，犬子更生於「六秀」日，所謂「不是一家人，不進一家門。」今世六親（父、母、兄弟、姊妹、夫妻、子女）在前世均與本人有因緣，今生才能成爲一家人。

22. 景美福德宮距筆者住家僅一百五十公尺，筆者常去參拜，祈求庇佑，民國九十七年二月某一日，筆者在書上看到某位信徒唸《福德正神金經》受庇佑之靈驗經驗，筆者乃於當天唸《福德正神金經》以試其是否如書上所言，當天晚上筆者於睡覺中即夢見一土地公（造形如景美福德宮之土地公）右手拿著枴杖守在筆者臥室門口，彼時，有一約三十幾歲婦女欲入侵筆者臥室，土地公即用枴杖打她，彼即消失，此乃土地公向筆者示現，唸《福德正神金經》即會受其保佑。

23.家母高壽九十二歲（民國七年生），身體硬朗，耳聰目明，聲音宏亮，由於筆者及內人兄弟姊妹均工作繁忙，乃將家母安置於景美「恆愛養護所」，該所距筆者住家僅一千五百公尺，筆者與內人能常去探望，且該所設備與服務均甚佳，家母亦甚喜歡該處，常有人陪其聊天、看電視，照顧身體，讓筆者與內人及兄弟姊妹均能安心工作，民國九十八年春節期間，筆者將家母接回住家共渡除夕圍爐與春節，家母言民國九十七年十一月某一日家母於睡覺中，夢見一雍容華貴之婦女向家母言：「我是觀世音菩薩」，然後用右手隔空在家母身上加持，此乃筆者信奉觀世音菩薩甚誠，且天天唸佛經，祈求觀世音菩薩保佑家母平安、健康、長命百歲（當然亦有祈求觀世音菩薩保佑蔡氏家族均能平安如意，及蔡家列祖列宗均能早日修成正果，超生佛國淨土）之靈驗感應。

附錄二　推背圖解說

東西世界均有關於人類歷史發展之預言，在西方最有名的是《聖經密碼》（The Bible Code, Michael Dronsnin著，杜默譯，大塊文化，一九九七年），及十六世紀法國預言家諸斯德拉得穆斯（Nostradamus,1503-1566）的《諸世紀》（les centries），在中國有名的預言共有七種：〈周呂望萬年歌〉、〈蜀漢諸葛亮馬前歌〉、〈唐袁天罡李淳風推背圖〉、〈唐李淳風藏頭詩〉、〈宋邵康節梅花詩〉、〈明劉伯溫燒餅歌〉、〈清黃蘗禪師詩〉，均收錄於《中國二千年之預言》（一九七〇年，文力印書館），其中最有名的是〈推背圖〉，〈推背圖〉共有三種版本（請參閱《李居明談推背圖》，一九九二年，香港，奇聞雜誌），其中最流行的是收錄在《中國二千年之預言》的版本，有金聖嘆及張文襄公批註，〈推背圖〉乃唐太宗二位欽天監袁天罡、李淳風所合著，共有六十象，每一象除卦象外，由「圖」、「讖」、「頌」所組成，第一象金聖嘆批曰：「此象主古今治亂相因」，第六十象爲一人在前，一人在後相推背，頌曰：「萬萬千千說不盡，不如推背去歸休」，因第五十九象主「世界大同」，是以至六十象即不再預言，以其二人相推背，故稱〈推背圖〉。

第一象

推背圖　　唐司天監袁天罡李淳風撰

第一象　甲子　☰☰　乾下乾上　乾

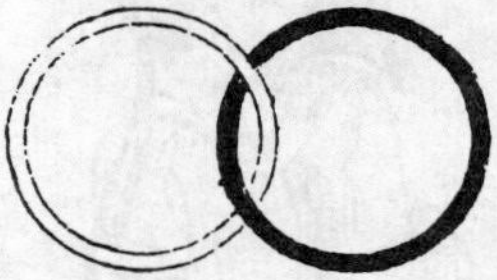

讖曰

茫茫天地。不知所止。

日月循環。周而復始。

頌曰

自從盤古迄希夷。虎鬥龍爭事正奇。

悟得循環眞諦在。試於唐後論元機。

聖歎曰。此象主古今治亂相因。如日月往來陰陽遞嬗。即孔子百世可知之意。紅者爲日。白者爲月。有日月而後有晝夜而後寒暑判。有寒暑而後曆數定。有曆數而後統系分。有統系而後興亡見矣。

第六十象

大同者。仍於戰。氣於可。吉地出。則今日。然角不可不讀。美此言。非此人。向以荒唐之言而廢棄之。

第六十象 癸亥

☷☱ 坤下兌上 萃

讖曰

一陰一陽。無終無始。

終者自終。始者自始。

頌曰

茫茫天數此中求。世道興衰不自由。

萬萬千千說不盡。不如推背去歸休。

聖歎曰。一人在前。一人在後。有往無來。無獨有偶。以此殿圖。其寓意至深遠焉。無象之象。勝於有象。我亦以不解解之。著者有知。當亦許可。

〈推背圖〉第一象從唐朝開始論起，第三十九象言「八年抗日戰爭」，日本戰敗，第四十二言國民政府遷台後之兩岸關係，然坊間註解〈推背圖〉的書，自四十二象之後均不解說，筆者不才，試解說以就教於高明讀者。

第四十二象

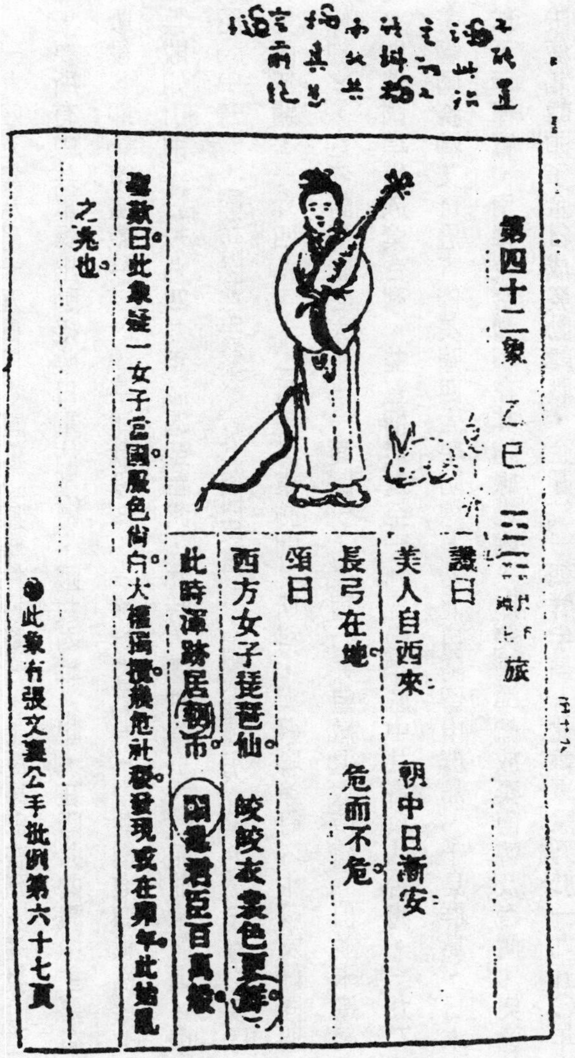

第四十二象　乙巳　巽下離上　旅

讖曰

美人自西來　朝中日漸安

長弓在地　危而不危

頌曰

西方女子琵琶仙　皎皎衣裳色更鮮

此時渾跡居朝市　鬧鬧君臣百萬般

聖歎曰：此象疑一女子當國，服色尚白，大權獨攬，幾危社稷，發現或在卯年，此始亂之兆也。

●此象有張文襄公手批，例第六十七頁

此象言「韓戰」爆發後，「美」國「人自西」半球到遠東「來」協防台灣，因此「朝中日漸安」，「長弓」（意指「台灣」，台灣地形像弓）「在地」球上，表面「危」險，「而」實際並「不危」險，圖中兔子，乃指十二生肖（地支）兔年，即民國四十年（辛卯），此象乃指民國四十年前後的事。

一九四五年八月十五日日本宣佈「無條件投降」，毛澤東即在延安連發七道命令，要所有中共軍隊出動接收日軍佔領區，國共內戰乃起，在國共內戰中主要有三大戰役，即「遼瀋戰役」、「平津戰役」、「徐蚌會戰」（中共稱淮海戰役），國軍兵敗如山倒，於一九四九年撤退至台灣，此時美國駐南京大使館並未撤退，準備承認「中共」，國務院甚至發表「外交白皮書」，謂大陸之失守，乃國民黨之腐敗，與美國無關，一九四九年十二月毛澤東訪問莫斯科，與蘇聯簽訂〈中蘇友好同盟互助條約〉，宣佈對蘇聯老大哥「一面倒」，美國乃失望撤退大使館，但並未遷至台北，即美國準備放棄台灣，並宣稱最遲至一九五〇年底中共將攻佔台灣。一九五〇年美國國務卿艾奇遜宣佈美國西太平防線，乃北自阿留申群島、千島群島、日本、琉球至菲律賓，南韓及台灣不在其防線之內，即美國準備放棄南韓及台灣，史達林乃唆使北韓頭子金日成發動韓戰，企圖統一朝鮮半島，北韓軍隊乃於一九五〇年六月廿五日越過三十八度線攻擊南韓，韓戰一起，美國緊張，因南韓如「赤化」，日本亦將「赤化」，落入共產黨之手（美國打韓戰主要是防日本赤化），乃透過聯合國出兵，以麥克阿瑟將軍爲聯軍統帥，出兵朝鮮半島。又爲防中共攻打台灣，杜魯門總統乃宣佈第七艦隊「巡弋」台灣海峽，此即「美人自西來，朝中日漸安」，但台灣眞正安全有保障乃在一九五四年十二月〈中美共同防禦條約〉簽訂後，第七艦隊「協防」台灣海峽，中美正式成爲軍事同盟，彼時民主與共產集團壁壘分明，民主集團對共產集團採取「圍堵」政策，台灣成爲美國北起阿留申群島、千島群島、日本、琉球，南至菲律賓西太平洋防線的樞紐地帶，反共的前哨站，「不沈的航空母艦」（麥克阿瑟將軍語），台灣在美國的保護下，「危而不危」。若無「韓戰」，台灣早就成爲「中華人民共和國」的「一部份」，那還有「中華民國」立足之地。

圖中一女子手抱琵琶，在唐朝時是爲「歌妓」，因此此一女子當出身自演藝界，即毛澤東第四任妻子「江青」，「江青」是電影明星出身，藝名「藍蘋」，且在一九六六年至一九七六年中共「文化大革命」中爲「四人幫」（江青、王洪文、姚文元、張春橋）之首，在毛澤東的撐腰下，囂張跋扈，鬥人無數，「鬧亂君臣百萬般」，連國家主席劉少奇、國務院副總理鄧小平均被其鬥死（劉少奇）、鬥垮（鄧小平下鄉勞改），一九七六年九月毛澤東蒙主寵召，鄧小平乃聯合華國峰總理、「三八四一」警衛部隊司令汪東興、國防部長許世友等發動政變，將「四人幫」下獄，最後江青因熬不住獄中之苦，乃在獄中上吊自殺，結束其罪惡之一生。

第四十三象

第四十三象　丙午　鼎
讖曰
君非君。　臣非臣。
始艱危。　終克定。
頌曰
黑兔走入青龍穴。　欲盡不盡不可說。
惟有外邊根樹上。　三十年中子孫結。
金聖歎曰。此象疑前象女子亂國未終君臣出狩有一傑出之人。爲之底定然必在三十年後。

此象為一對父子行色匆匆，乃指蔣中正、蔣經國父子自大陸撤退至台灣，在台灣勵精圖治，創造「經濟奇蹟」及維繫中華文化之命脈。「君非君，臣非臣」，乃指毛澤東與蔣中正先生之關係，毛澤東雖佔據大陸，成立「中華人民共和國」，但在蔣中正先生眼中，「中共」是「叛亂團體」，是「亂臣賊子」，此即「君非君」，而蔣中正先生雖撤退至台灣一隅，但仍維繫「中華民國」之正統，「中華民國」是中國唯一合法政權，在聯合國代表中國席次，及安理會五常任理事國之一，至一九七二年才被中共取代，蔣中正先生並未向毛澤東稱臣，並堅持「漢賊不兩立」之基本國策，此即「臣非臣」。「始艱危，終克定」，指剛撤退台灣時，國勢岌岌可危，但〈中美共同防禦防約〉簽訂後，在美國的保護下，局面終於穩定。

「黑兔走入青龍穴」，乃指蔣中正先生於兔年（民國64年，乙卯年）歸天，毛澤東於龍年（民國65年，丙辰年）去世，「欲盡不盡不可說，惟有外邊根樹上，三十年中子孫結」，指蔣氏父子統治台灣的三十幾年中（一九五〇年至一九八七年，蔣介石總統於一九五〇年三月一日在台北復行視事，蔣經國先生於一九八八年一月十三日歸天），雖有中共的武力威脅，但仍屹立東南沿海，撐起半邊天，且中共統治大陸後，先後發起「三反」、「五反」、「三面紅旗」（人民公社、生產大躍進、社會主義建設總路線）及「文化大革命」（一九六六年至一九七六年）等清算、鬧爭運動，破壞中華傳統文化，人民死傷無數，而台灣則在蔣氏父子的勵精圖治下，不僅創造「亞洲四小龍」的「經濟奇蹟」，且發起「中華文化復興運動」，維繫中華文化命脈於海外，此即「欲盡不盡不可說，惟有外邊根樹上，三十年中子孫結。」

第四十四象

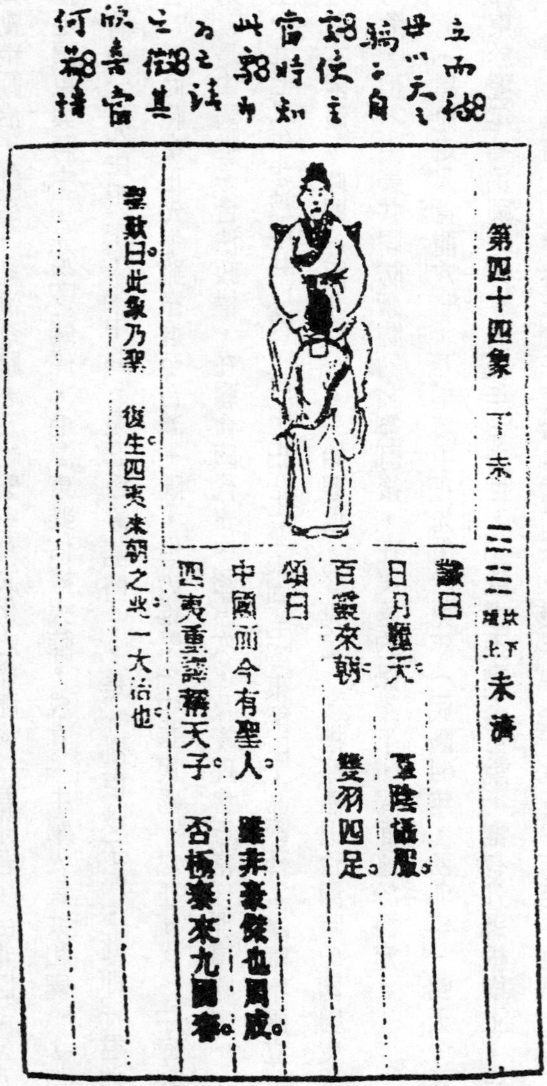
第四十四象 丁未 ䷿ 坎下離上 未濟

讖曰

日月麗天　羣陰懾服

百靈來朝　雙羽四足

頌曰

中國而今有聖人　雖非豪傑也周成

四夷重譯稱天子　否極泰來九國春

金聖歎曰：此象乃聖人復生，四夷來朝之兆，一大治也。

此象言海峽兩岸統一，中國取代美國成爲世界第一富強國家。圖中一人「南面而王」，另一人向其朝貢，背上背一「弓」，此「弓」指「台灣」，即海峽兩岸將以聯邦模式統一，台灣成爲中國的九個聯邦中的一個邦（或經濟特區）。

「日月麗天，群陰懾服，百靈來朝，雙羽四足」，指中國國勢達於鼎盛，如日正當中，成爲世界政治地位的龍頭，「中國而今有聖人，雖非豪傑也周成，四夷重譯稱天下，否極泰來九國春」，指中國將會出現一位偉人，統一中國，並取代美國成爲世界的盟主，就如唐太宗被四周蠻貊之邦尊稱爲「天可汗」（推背圖成於唐太宗時）一樣，「四夷來朝」，「萬國衣冠拜冕旒」，中國一切災難都已過去，統一後的中國將是「聯邦」（九個邦），此九個邦分爲「台灣」、「港澳」、「東北」、「內蒙」、「新疆」、「西藏」、「華北」、「華中」、「華南」；或是「台灣」、「港澳」、「東北」、「內蒙」、「新疆」、「西藏」、「華東」、「華中」、「華西」；或是分爲九個經濟區的「聯邦國」（註一）。

至於中國何時取代美國成爲世界第一富強，筆者推斷約在公元二〇二六年左右，所謂「日月麗天，群陰懾服」，乃指中國國勢如「日正當中」，萬國拜服，「日正當中」乃陽氣最旺之時，在天干爲「丙」，在地支爲「午」，因此乃指「丙午」年，

「丙午」年爲公元二〇二六年（註二）。

註一：中國宣布自二〇〇六年開始的第十一個五年計畫，將把全國分爲八大經濟區域，其中泛珠三角洲經濟區將把港澳納入（陳競新，〈經濟，是最高政治〉，聯合報，中華民國九十四年十月六日，A15），再加上統一後的「台灣」，即成九大經濟區（否極泰來九國春）。

註二：美國克萊蒙大學政治學教授、國際研究學會前任會長古格樂（Jacek Kugler）及美國波特蘭大學政府學院院長譚門（Ronald Tamen）在合著的〈台灣對全球戰略的衝擊〉一文中指出「在二〇二〇年至二〇五〇年間，中國國力將與美國並駕齊驅，屆時雙方心懷芥蒂，互別苗頭，美國的全球政治龍頭地位勢必遭受嚴重挑戰」（蘋果日報，二〇〇五年九月二七日，A18）。

第四十五象

此象乃指第六次「中日戰爭」，日本亡國。

歷史上中日有過五次戰爭，大多爲朝鮮問題而起，因日本地狹人稠，資源缺乏，國勢強時，就會向外擴張，以征服中國爲目標，而朝鮮半島則成爲日本侵略中國的跳板。

第四十五象 戊申 坎下離上
讖曰
有客西來 至東而止
木火金水 洗此大恥
頌曰
炎運宏開世界同 金烏隱匿白洋中
從今不敢稱雄長 兵氣全銷運已終
聖歎曰此象于太平之世復見兵戎當在海洋之上自此之後更無憂患矣
按此象有張文襄公手批例第六十八頁
中國預言
五十九

第一次中日戰爭是在唐高宗時，日本侵略朝鮮，朝鮮當時爲中日的屬國，向中國求救，被名將劉仁軌大敗於錦江口（漢江口）。

第二次中日戰爭是在元朝，元世祖滅宋後，挾戰勝餘戰，三次發兵東征日本，但都遇颶風（颱風），無功而返，元朝征日雖失敗，但已讓日本全國震動，聞風喪膽，因三次均遇颱風，日本人認爲有天神保佑，因此就把颱風稱爲「神風」，此即第二次大戰日本自殺飛機「神風特攻隊」的由來。

第三次中日戰爭是在明神宗萬曆年間，豐臣秀吉統一日本後，野心勃勃，乃發兵侵韓，朝鮮向中國求救，此次中日之戰持續七年，互有勝負，後豐臣秀吉病歿，日本撤軍，結束長達七年的中日之戰。

第四次是「日清甲午戰爭」，清廷戰敗，被迫簽訂〈馬關條約〉，割讓台澎，賠債二萬萬兩鉅額軍費，此舉予中國人極大的刺激，因日本有「明治維新」，中國有「自強運動」，且中國「自強運動」早「明治維新」八年，中國敗於英法，尚可稱技不如人，但甲午戰爭卻敗於一向臣服於中國的「小日本」，實中國之奇恥大辱，因此有識之士，乃奮臂急呼，以「救亡圖存」，而有國父孫中山先生領導的「國民革命」，及康有爲、梁啓超的「戊戌變法」。

第五次中日戰爭是「八年抗戰」，「明治維新」後日本制定「北進」與「南進」向外擴張策略，「北進」是擊敗中、俄，征服中國與西伯利亞，「南進」是攻佔琉球與台灣，征服南洋各國，以完成「大東亞共榮國」的雄圖霸業，「日清甲午戰爭」，清廷戰敗，割讓台灣、澎湖，准許朝鮮獨立成爲日本保護國，日本同時在「北進」與「南進」中取得根據地。一九〇四年又發動「日俄戰爭」，擊敗俄國，勢力進入中國東北，之後即積極的執行「北進政策」（即「大陸政策」），而有民國二十年的「九一八事變」，成立「僞滿洲國」，民國二十一年的「一二八事變」，進攻上海，及民國二十六年的「七七事變」，終至引起中國全面抗戰，初期日軍勢如破竹，中國則以「空間換取時間」，迨至民國三十年十二月八日，日軍偷襲「珍珠港」，引起美國參戰，日本乃注定敗亡之命運，於一九四五年，八月六日（廣島）、八月九日（長崎）吃了美國二顆原子彈，蘇聯則於八月十日對日宣戰，進攻中國東北日軍，日本裕仁天皇乃於八月十五日宣佈「無條件」投降，結束第五次中日戰爭。

圖中二位軍人拿鎗刺「太陽」，「太陽」代表日本（日本國旗、軍旗均有太陽），顯示第六次中日戰爭非中國單獨對日作戰，「木火金水，洗此大辱」，木爲東，火爲南，金爲西，水爲北，即中國聯合西方的美國、北方的俄羅斯、南方的印度、澳大利亞攻打日本，「金烏隱匿白洋中，從此不敢稱雄長，兵氣全銷運已終」，「金烏」指「太陽」（「玉兔」指「月亮」），即第六次中日戰爭後，日本太陽旗將永遠沈沒於太平洋而亡國。

一九四五年八月十五日日本宣佈「無條件投降」，歸還台、澎於中國，但日本並不承認被中國打敗，而是吃了二顆美國原子彈，不得不投降，日本始終未能忘情於曾統治台灣五十年，一有機會將再度侵佔台灣，觀近年日本右翼份子之提倡廢除日本憲法中的「非戰條款」，及日本首相小泉不顧中、韓及東南亞各國之反對，數度參拜「靖國神社」，對「釣魚台」主權之宣示，及東海油田之爭議，顯示日本「軍國主義」終將復活，鑑於日本對「釣魚台」之野心，及暗中支持「皇民化」的「台獨人士」進行「台獨」活動，第六次中日之戰將不可免。「炎運宏開世界同」，「炎運」意為「日正當中」，因此第六次中日戰爭可能是「丙午年」（二〇二六年）。二〇〇五年九月的日本媒體披露日本最新的「防衛警計劃」，乃從以往的「重視北方」轉為「重視西南」，前者是防範俄羅斯進犯北海道，後者則更重視中國的威脅，二〇〇四年十一月日本共同社即曾釋放消息，指日本防衛廳官員在一次的內部會議上推出中國襲擊日本之三種假想：（一）如果台海爆發戰爭，解放軍可能襲擊日本，（二）中國可能以武力奪取釣魚台，（三）中國可能不擇手段保護東海利益（引自二〇〇五年九月廿七日〈蘋果日報〉AA2，〈日本防衛絕密計劃〉—防衛轉向爭油氣，東海資源爭議，假想中國是敵人）。

至於第四十六象及其後諸象，筆者不才，無法解出，尚祈有高明讀者不吝賜教。

附錄三 呂蒙正感嘆賦

蓋自混沌以來，三才始分，乃成於世。是以從此聖人者出，故有皇帝創造甲子，伏羲、文王先後劃卦，孔子而作易經，斯時也五術俱興，惟命理有鬼谷子、袁天綱、李淳風，管輅、君平，斷易玄機，堪稱未卜先知，神仙氣象流傳於萬世之用。然而今日五術之道，知書達理者，欽遵古聖，未之學者反爲虛談。由此觀之，自皇帝以至卿相，原有興衰之日。勿論士子商紳以及庶民，各有榮枯得失之別，若以貧困之苦，孰能居之？噫！世人命運優劣分明，一語可窺全貌矣。視古鑑今，取人而言，鳥獸而論，蜈蚣百足，行不及蛇。斑鳩兩翼，飛不及鴉；馬有千里之程，非人無以自往；人有沖天之志，無運不能自通。常聞人生在世，富貴不能淫，貧賤不能移者，鮮矣！文章蓋世，孔子尚困於陳邦；武略超群，太公曾釣魚渭水。顏淵短命，亦非兇惡之徒；盜跖長生，豈是善良之輩。堯帝至聖，卻生不肖之子；瞽叟愚頑，反生大孝之兒。晏子身長五尺，爲齊首相；孔明力無縛雞，作蜀軍師。張良原是布衣，蕭何曾爲縣吏。李廣有射虎之威，到老無封；馮唐有安邦之志，終身不遇。楚霸英雄，敗於烏江自刎；漢王軟弱，竟有萬里江山。韓信未遇，受於跨下之辱，時逢運達，腰掛三齊之印，統領百萬雄兵，一旦時衰，死於陰人之手。有老盛而少衰，有先貧而後富，青春美女，卻招愚鈍之夫；俊秀才郎，反配醜陋之婦。青樓妓女，時來配作夫人；深院宮娥，運去反爲娼妓。才疏學淺，少年登科及第；滿腹文章，到老終身不中。蛟龍未遇，潛於魚鱉之間；君子失時，拱手小人之下。衣服雖破，常存儀禮之容；面目雖憂，每抱懷安之量。時運未通，只宜守己安分，心若不欺，自有榮華之日。天不得時，則日月無光；地不得時，則草木不生；水不得時，則風浪不靜；人不得時，則限運不通。昔也！吾在洛陽之時，日吃僧寺，夜宿破窯，思食不能濟饑，思衣不能遮體，上人憎，下人惡，人謂我賤矣！非我賤也！此乃時也、命也、運也。時遇之日，位列三公之職，居於萬人之上，躬於一人之下，衣有羅絹千箱，饌有珍饈百味，上之寵，下之擁，人道我貴，我非貴也！此亦時也、命也、運也，非人之所能強也。人生在世，富貴不可盡用，貧賤不可盡欺，天理循環，週而復始者焉，一生皆是命，半點不由人。

附錄四　劉伯溫醒世文

父母不親誰是親　不重父母重何人　你若重他十六兩　後代兒孫還一斤
千兩黃金萬兩銀　有錢難買父娘身　在堂父母百年稀　生時不孝死徒悲
在生之時不敬重　死後空勞拜孤墳　在家不可言相激　一旦拋離更不回
要見面時難得見　要他歸時難得歸　若要父母重見面　除非三魂夢裡隨
勸君趁早行孝道　定保兒孫世代芳　心不明來點甚燈　意不公平誦甚經
大斗小秤吃甚素　不孝父母齋甚僧　眞藥難醫冤孽病　橫財不富命窮人
利己害人促壽算　積善修行裕子孫　人惡人怕天不怕　人善人欺天不欺
行惡之人有大難　行善之家可保全　吾將善惡分兩體　莫把好人受屈冤
上皇念吾勤行善　施恩准吾又下凡　兒女成群難替死　啼哭悲哀痛斷腸
看來世事皆如夢　何必貪求日日忙　貧窮富貴天排定　安樂無憂自主張
忠奸善惡隨心轉　急早調和一點心　善惡到頭終有報　久後自然見分明
男學湘子立大志　女學妙善別紅塵　斬斷多利恩和愛　一心慕道去修行

枕上讒言不可聽　順妻逆母也逆天　縱然姑嫂有不著　也須看著父母前
妻子言語為聖旨　不念父母恩情重　未娶妻前眞孝順　各娶妻後多冤愆
因財失義無上下　又怒父母有私偏　爺娘聽著心中怒　不如無子誥神仙
早知今日不和合　出世打死免冤愆　堂上交椅輪流坐　日後莫嫌子不賢
只想分家長久富　多有分後不如前　不信但看分家輩　忠厚之人有福緣
一勸善信急早修　莫在紅塵浪裡遊　世事如花開易謝　光陰似箭不能留
昔日容顏今日老　今日容顏易白頭　爭名奪利成何用　勞碌奔波苦憂愁
一朝大限無常到　萬般事務一齊休　多結良緣少結怨　必須行善不行凶
善信若是早回頭　逍遙快樂永無憂　暗中陰騭分明有　遠在兒孫近在身
守口莫談人過短　自短何曾告與人　生事事生君莫怨　害人人害汝休瞋
欺心折盡平心福　行短天教一世貧　高山平地有黃金　只恐為人不用心
天下群洲行過了　勤苦節用莫求人　空手求人像問壁　求人像吞三寸劍
靠人如上九重天，百般口語不如錢　貧人莫去求富親　富親見我是別人
不信但見筵中席　杯杯盞盞敬有錢　父母不好誰是親　不孝父母敬何人
一年一月一日新　三年勝敗幾多人　若問此文何人撰　自心隱者勸世人

附錄五　張道台判決文

昔時文生沈仲仁，武生沈仲義，兄弟兩人相爭家產，致使向官訴訟在案。張道台登堂審問，判語云：竊謂丹鳳呼兒，烏鴉反哺，仁也。鹿得草而成群，蟻得食而共聚，義也。蜂回窩而敘君臣，雁奮飛而列行序，禮也。雀巢低而知風，蛙聲鬧而知雨，智也。燕非時而弗至，雞非曉而弗鳴，信也。昆蟲鳥獸尚知五常，況於人乎？唐虞遜位平治天下，夷齊讓國餓死首陽。爾等兄弟既無管鮑之心，尚存吳越之志，蓋世每為多聽婦人之言，以致兄弟失愛，為分爭多少之利，而傷骨肉之情，兄通經典全無教弟之心，弟識武略反有傷兄之意，沈仲仁眞不仁，沈仲義眞不義，無兄無弟損天理之宏規，不仁不義絕人倫之大禮，本官判筆無私，莫為此犯罪而不和解，我今勸爾兄弟和氣，云爾：兄弟同胞一氣生　祖宗家業不須爭

一回相見一回老　能得幾時作弟兄

附錄六　般若波羅密多心經

唐三藏法師玄奘譯

觀自在菩薩，行深般若波羅密多時，照見五蘊皆空，度一切苦厄。舍利子！色不異空，空不異色，色即是空，空即是色；受想行識，亦復如是。舍利子！是諸法空相：不生不滅，不垢不淨，不增不減。是故空中無色，無受想行識。無眼耳鼻舌身意；無色聲香味觸法。無眼界，乃至無意識界。無無明，亦無無明盡；乃至無老死，亦無老死盡。無苦集滅道。無智，亦無得。以無所得故！菩提薩埵，依般若波羅密多故，心無罣礙，無罣礙故，無有恐怖，遠離顛倒、夢想，究竟涅槃。三世諸佛，依般若波羅密多故，得阿耨多羅三藐三菩提！故知般若波羅密多，是大神咒，是大明咒，是無上咒，是無等等咒。能除一切苦！眞實不虛！故說般若波羅密多咒，即說咒曰：羯諦，羯諦，波羅羯諦，波羅僧羯諦，菩提娑婆訶！

附錄五　張道台判決文

昔時文生沈仲仁，武生沈仲義，兄弟兩人相爭家產，致使向官訴訟在案。張道台登堂審問，判語云：竊謂丹鳳呼兒，烏鴉反哺，仁也。鹿得草而成群，蟻得食而共聚，義也。蜂回窩而敘君臣，雁奮飛而列行序，禮也。雀巢低而知風，蛙聲鬧而知雨，智也。燕非時而弗至，雞非曉而弗鳴，信也。昆蟲鳥獸尚知五常，況於人乎？唐虞遜位平治天下，夷齊讓國餓死首陽。爾等兄弟既無管鮑之心，尚存吳越之志，蓋世每為多聽婦人之言，以致兄弟失愛，為分爭多少之利，而傷骨肉之情，兄通經典全無教弟之心，弟識武略反有傷兄之意，沈仲仁真不仁，沈仲義真不義，無兄無弟損天理之宏規，不仁不義絕人倫之大禮，本官判筆無私，莫為此犯罪而不和解，我今勸爾兄弟和氣，云爾：兄弟同胞一氣生　祖宗家業不須爭

一回相見一回老　能得幾時作弟兄

附錄六　般若波羅蜜多心經註解

1.般若：古梵語音譯，「智慧」之意，此智慧非指世俗之智慧，乃指「佛性之眞智妙慧」（成佛之智慧）。

2.波羅蜜多：亦稱「波羅蜜」，古梵語音譯，「到彼岸」之意，「此岸」乃指吾人所居之地球，稱「娑婆世界」，乃有痛苦煩惱之世界，「彼岸」則指不生不滅超脫生死輪迴之世界，即阿彌陀佛之開悟、涅槃之「極樂世界」，佛國淨土。

3.心經：心者，人心之本源也。經者，記載古聖賢思想學說之書，如四書五經、佛經、聖經、可蘭經，又指「徑」也，即道路，「心經」，即爲「心要法門」之義。

4.唐：指唐太宗時期

5.三藏：指經藏、律藏、論藏。經藏仍佛陀之所言教法之典籍；所言之誡律爲律藏；論藏爲佛陀所言之法相問答及弟子或諸菩薩所解釋之經義，與辯論法相所纂集而成之典籍。

6. 玄奘：俗名陳禕，河南洛陽人，十三歲出家，唐太宗貞觀三年至天竺（印度）求法，貞觀十九年回國，因精通三藏，故稱三藏法師，唐太宗敕住弘福寺及玉華宮專事翻譯佛經，唐高宗麟德元年圓寂於長安西明寺享壽六十五，葬於向鹿原。

7. 觀自在：即「觀世音」，亦稱「觀音」，仍唐太宗時為避諱太宗「世民」名諱，故簡稱「觀音」。觀世音菩薩之修行乃從「觀」世間之法而證悟自在，故名「觀自在」菩薩。

8. 菩薩：古梵語，「菩提薩埵」之簡稱，「菩提」意為「覺悟」，「薩埵」意為「有情衆生」，「菩薩」之全意為「覺悟之有情衆生」，其基本修行條件為「上求佛道，下化衆生」，上求佛道為智慧之追求，下化衆生乃福德之培植，「觀世音」菩薩代表「慈悲」，「慈」為「與人快樂」，「悲」為「拔除痛苦」，故「觀世音菩薩」通稱為「大慈大悲救苦救難廣大靈感觀世音菩薩」。

9. 行：修行，修是「修心向道」，行乃「行善歸眞」，即「修德行善以得道歸眞」之義。

10. 深般若：深，幽微玄妙，徹骨徹髓處也；般若，智慧，「行深般若」，即修行幽微玄妙之智慧，乃大乘菩薩所修之「法空般若」（深妙智慧），能斷無明煩惱，滅變易生死，證就究竟涅槃。

11. 波羅蜜多：意爲「到彼岸」，乃從迷惘之世界（此岸）到開悟之世界（彼岸）之修行，修行「波羅蜜多」有六，六波羅蜜（多）亦譯爲「六度」，即從「此岸」到達「彼岸」之修行，六度爲佈施、持戒、忍辱、精進、禪定、般若。

12. 照見五蘊皆空：照，觀照，「照見」即是能看透事物之本質，而非僅能看見事物之表象。五蘊爲色、受、想、行、識。其意爲觀照到色、受、想、行、識此五蘊徒然使人沉淪生死，不得自在，其實均爲空相，緣生緣滅無實相。

13. 度一切苦厄：度化一切痛苦與災厄，即若得五蘊皆空，便出生死界，得免輪迴苦。

13. 舍利子：即舍利弗，乃釋迦牟尼佛十大弟子之一，智慧第一，俗知之目健連則爲神通第一，阿難陀爲多聞第一。

15. 色：指一切有形象與佔有空間之物質。

16. 不異：無不同。

17. 空：世間一切事物皆由因緣聚散而有生滅，究竟而無實體。

18. 受：感受，即吾人身體與外界（世界事物）接觸時所產生之苦、樂感覺。

19. 想：意念、思想，即吾人於善惡憎愛等境界中，取種種相，作種種想。

20. 行：行爲或造作，因「想」而生好惡之心，因好惡之心而行動去造作種種善業或惡業。

21. 識：吾人對世間一切的認識、分別、了解謂之識。「色」爲「物質」，「受、想、行、識」爲「精神」。

22. 亦復如是：受、想、行、識（精神）亦如色（物質）均爲「空」而無實體，乃不實存的。

23. 諸法空相：法，指一切事物與現象，有形者謂之「色法」，無形者謂之「心法」。世上所有之存在物與現象（諸法）均爲因緣和合而生，緣生緣滅究竟而無自性實體，最後均歸於「眞空」。

24. 不生不滅：本來不存在而今卻有謂之「生」，暫時存在而終歸消失謂之「滅」，世間一切現象如水中月，鏡中花，本來即不存在，故曰不生不滅。

25. 不垢不淨：「垢」爲障染，即爲煩惱之意。淨爲「清淨」，無垢即爲淨。

26. 不增不減：「增」爲增長，「滅」爲減損，因諸法不生不滅，故亦不增不減。

27. 空中無色：因諸法之實相爲空相，是以在空相中自無物質與現象。

28. 眼耳鼻舌身意：即「六根」，爲吾人之生理活動。

29. 色聲香味觸法：即「六塵」，爲吾人之心理活動。耳之對象爲聲音（音），眼之對象爲顏色（色），鼻之對象爲氣味（香），舌之對象爲味道（味），身體之對象爲觸感（觸），心之對象爲法。「六塵」又名「六境」，即「六根」所緣、所對之外境。

30. 無眼界，乃至無意識界：界爲界限，即六根六塵各有其界限，「六根」與「六塵」合稱「十二入」，加上眼、耳、鼻、舌、身、意「六識」，合稱「十八界」，「眼界」爲「十八界」之第一界，「乃至」爲文章省略法，僅舉最初之「眼界」及最後之「意識界」，而省略其中之十六界，即萬象皆空，無色（肉體），亦無受想行識（精神作用），無感覺器官之「六根」，無對象之「六塵」，亦無意志之「六識」，人生不過是永恆之一瞬間，緣生緣滅。

31. 無無明：無明，不明世界之眞理，不明是非，即無知與愚昧，無無明者，沒有無明之意，即萬緣不生也。而「無無明」之義在破「十二因緣法」，是以「無無明」應解爲「無有十二因緣法」。此「十二因緣」爲

十二因緣與三世因果

- 過去二因
  - 1.無明（貪嗔癡等煩惱）
  - 2.行（造作諸業）
- 現在五果
  - 3.識（業識投胎）
  - 4.名色（但有胎形六根未具）
  - 5.六入（長成眼等六根人形）
  - 6.觸（出胎與外境接觸）
  - 7.受（與外接觸生苦樂感受）
- 現在三因
  - 8.愛（對境生愛欲）
  - 9.取（追求造作）
  - 10.有（成業因能招未來果報）
- 未來二果
  - 11.生（再受未來五蘊身）
  - 12.老死（未來之身又漸老而死）

1與2爲前世之原因，3至7爲現世之結果，8至10爲造成來世之原因，而11及12乃是未來之結果，此之謂「三世二重因果」

32.苦集滅道：即所謂之「四聖諦」，苦—衆生在三界中所受之痛苦與煩惱。集—痛

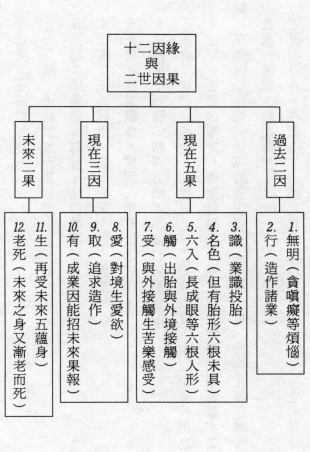

苦之因乃因貪嗔癡造成惡業累積而成。滅—斷除一切貪嗔癡便能脫出三界生死輪迴而達涅槃之境界。

道—要斷除貪嗔痴滅除苦集必須修行「八正道」，「八正道」爲：

1正見：正確之知見。

2正思維：正確思維而無妄念。

3正語：不妄語、惡言，使口業清淨。

4正業：正直行爲，離十惡業，修十善業。

5正命：正當職業，即對人類有益之工作。

6正精進：正確的精進方向，不向於邪魔外道。

7正念：正確之心念，即菩提心（菩提意爲覺，求取正覺成佛之心）

8正定：正確之禪定（禪意爲靜慮，禪定爲止觀不二或定慧不二之境界）。

33.無智亦無得：「智」指「般若正智」，「得」爲「證得正等正覺」，即進入涅槃（圓寂、解脫、超越時空之眞如境界，亦即不生不滅之意）境地之人，能以平靜之心看待一切事物。

33.無所得：無有一法可得，衆生本具圓滿無缺之佛性，是以不必向外求法。

35.心無罣礙：想念不斷，謂之罣，即「煩惱障」，著境不回謂之礙，即「所知障」，一切障礙吾人本來清淨之佛性均稱爲罣礙。

36.心無恐怖：恐怖，恐懼怖畏，既心無罣礙，眞常自然圓滿，自無恐怖之心

37.遠離顚倒夢想：永遠脫離迷妄顚倒與虛幼夢想。

38.究竟涅槃：究者，反自，窮究己身；竟者，盡也。即完全之涅槃。

39.三世諸佛：三世爲過去世、現在世、未來世。佛，梵語，義爲「覺者」，「覺」有三種。

（1）自覺：覺悟世間實相乃諸行無常，緣起性空，唯自性（佛性）不生不滅，不垢不淨，不增不滅。

（2）覺他：將此覺悟推廣，使無邊之執迷衆生，亦能有所覺悟。

（3）覺行圓滿：自覺與覺他均功德圓滿。

40.阿耨多羅三藐三菩提：梵語音譯，「阿」意爲「無」，「耨多羅」意爲「上」，「三藐」意爲「正等」，「三菩提」意爲「正覺」，統合之意爲「無上正等正覺」，指徹悟宇宙人生之一切眞理，達到圓滿之極至。

41.大神咒：「咒」為表示眞理之文字，即「眞言」，有「願」之義，大神咒即具大神力之眞言，「大神」譬喻其威力不可思議。
42.大明咒：能使自性大放光明，破除無明障礙，達到開悟之眞言。
43.無上咒：最高、最上、最妙最殊勝之眞言。
44.無等等咒：無以倫比之眞言。
45.羯諦：梵語音譯，亦譯為「揭諦」，意為「前往」。
46.婆羅羯諦：前往彼岸，（彼岸為究竟圓滿之佛國淨土）。
47.菩提：無上佛果。
48.薩婆訶：成就正等正覺，即諸佛究竟圓滿果位之大智慧。此梵語含意為，「吉祥」、「圓滿」、「成就」之意，乃念誦眞言時，最後必須加上一句話，可譯為「可喜可賀」或「大功告成」。
49.摩訶：古梵語音譯，「大」之意。
50.佛教四大基本精神：慈—與樂，悲—拔苦，喜—揚善，捨—平等。
51.觀自在：（1）表示「大智慧」，顯示她能完全「自在」地「觀」察事理無礙之境界。（2）表示「大慈悲」觀世音菩薩應機赴感，尋聲救苦，從心所欲，了無障礙。

52.觀世音：即「觀」人「世」苦難之「音」。祂法力無邊，神通廣大，於衆生受苦受難時稱誦其名號。即會「觀」到此聲音，立刻前往解救。聲音不用聽，而用「觀」即知，此名號顯示觀世音菩薩之大慈大悲與法力無邊神通廣大。以「眼」觀音，世俗之人未可理解，然佛教之教義有「六根互用」之說法，不但以眼可以「觀」音，還可「觀」香，「觀」味（味道）等。所謂「六根」即眼、耳、鼻、舌、身、意六種感官與其功能。「根」爲「能生」之義，如「眼根」能識色，「耳根」能聽聲，「鼻根」能嗅香，「舌根」能嘗味，「身根」能有所觸

53.千手千眼觀世音：「千手」表示遍護衆生；「千眼」表示遍觀世間，總之，度一切衆生，廣大圓滿而無礙，乃大慈大悲，救苦救難之表現。供養千手千眼觀世音菩薩，則被認爲可得到息災、增益、敬愛、降伏等四種成就法。

54.衆生：集衆緣所生。

55.涅槃—圓滿之果德。

56.摩訶般若波羅蜜多心經：修行從「此岸」（婆娑世界，即吾人所居之有痛苦煩惱之世界）到「彼岸」（超脫生死輪迴之佛國淨土）之大智慧（成佛之眞智妙慧）

之心要法門。

般若波羅蜜多心經白話譯文

應用佛智眞知妙慧到達超脫生死輪迴幸福彼岸之心要法門

觀自在菩薩在修行超脫生死輪迴到達幸福彼岸佛國淨土之法空智慧時，觀照到世間之色、受、想、行、識此五蘊均爲空而不實的，因而度過了一切苦難與災厄。

觀自在菩薩對舍利弗尊者曰：「色與空非是相異者，世間一切色相均爲空無，而空無中又有一些妙色，受、想、行、識亦是如此。」

觀自在菩薩對舍利弗尊者曰：「此五蘊等一切諸法均爲空而不實，無所謂緣聚則生、緣盡則滅；亦無隨流爲垢，出障爲淨；亦無悟時爲增，迷時爲滅等虛妄之相。」是以於眞空中無色、受、想、行、識五蘊，亦無眼、耳、鼻、舌、身、意六根，亦無色、身、香、味、觸、法六塵，沒有眼界，一直到沒有意識界等十八界。沒有無明，亦無需滅除無明，一直到沒有老死，也無需滅除老死之十二因緣法，沒有苦、集、滅、道之四聖諦修行法，沒有能觀之智，也沒有證得正等正覺之菩薩修行法。

用任何修行法，均無法證得正等正覺之緣故，菩薩依佛智眞知妙慧之修行而到達超脫生死輪迴幸福之彼岸，是以心中無任何牽掛與障礙，心中沒有罣礙，因此無三界果報之恐怖，因而遠離一切顚倒夢想等妄見，永遠脫離生死輪迴之苦海。

過去佛、現在佛、未來佛，均爲依佛智眞知妙慧修行到達脫離生死輪迴苦海之彼岸，而得到無上正等正覺之佛境，是以吾人得知修持般若佛智眞知妙慧到達脫離生死輪迴苦海之彼岸，乃是具大神力之眞言，乃是自性大放光明之眞言，乃是無任何法可超越其上之眞言，乃是無任何法可與其相比倫之眞言，此眞言能去除一切苦難，眞實而不虛假。因此宣說應用佛智眞知妙慧到達幸福彼岸之眞言，現在即宣說眞言曰：「去吧！去吧！到超脫生死輪迴幸福之彼岸去，大家一同去超脫生死輪迴幸福之彼岸，成就無上正等正覺之功德圓滿佛境。」

附錄七 瀧岡阡表

北宋 歐陽修

嗚呼！惟我皇考崇公，卜吉於瀧岡之六十年，其子修始克表於其阡，非敢緩也，蓋有待也。

修不幸，生四歲而孤。太夫人守節自誓；居窮，自力於衣食，以長以教，俾至於成人。太夫人告之曰：「汝父為吏，廉而好施與，喜賓客；其俸祿雖薄，常不使有餘。曰：「毋以是我為累。」故其亡也，無一瓦之覆，一壠之植，以庇而為生；吾何恃而能自守邪？吾於汝父，知其一二，以有待於汝也。自吾為汝家婦，不及事吾姑；然知汝父之能養也。汝孤而幼，吾不能知汝之必有立；然知汝父之必將有後也。吾之始歸也，汝父免於母喪方逾年，歲時祭祀，則必涕泣曰：「祭而豐，不如養之薄也！」間御酒食，則又涕泣曰：「昔常不足，而今有餘，其何及也！」吾始一二見之，以為新免於喪適然耳。既而其後常然，至其終身，未嘗不然。吾雖不及事姑，而以此知汝父之能養也。汝父為吏，嘗夜燭治官書，屢廢而歎。吾問之，則曰：「此死獄也，我求其生不得爾。」吾曰：「生可求乎？」曰：「求其生而不得，則死者與我皆無恨也；矧求而有得邪，以其有得，則知不求而死者有恨也。夫常求其生，猶失之死，而世常求其死也！」回顧乳者劍汝而立於旁，因指而歎曰：「術者謂我歲行在戌將死，使其言然，吾不及見兒之立也，後當以我語告之。」其平居教他子弟，常用此語，吾耳熟焉，故能詳也。其施於外事，吾不能知，其居于家，無所矜飾，而所爲如此，是眞發於中者邪！嗚呼！其心厚於仁者邪！此吾知汝父之必將有後也。汝其勉之！夫養不必豐，要於孝；利雖不得博於物，要其心之厚於仁。吾不能教汝，此汝父之志也。」修泣而志之，不敢忘。

先公少孤力學，咸平三年進士及第。爲道州判官，泗綿二州推官；又爲泰州判官。享年五十有九，葬沙溪之瀧岡。

太夫人姓鄭氏，考諱德儀，世爲江南名族。太夫人恭儉仁愛而有禮；初封福昌縣太君，進封樂安、安康、彭城三郡太君。自其家少微時，治其家以儉約，其後常不使過之。曰：「吾兒不能苟合於世，儉薄所以居患難也。」其後修貶夷陵，太夫人言笑自若曰：「汝家故貧賤也，吾處之有素矣。汝能安之，吾亦安矣。」

自先公之亡二十年，修始得祿而養。又十有二年，列官於朝，始得贈封其親。

又十年，修爲龍圖閣直學士、尚書吏部郎中，留守南京，太夫人以疾終於官舍，享年七十有二。又八年，修以非才入副樞密，遂參政事，又七年而罷。自登二府，天子推恩，褒其三世；蓋自嘉祐以來，逢國大慶，必加寵錫。皇曾祖府君，累贈金紫光祿大夫、太師、中書令；曾祖妣累封楚國太夫人。皇祖府君累贈金紫光祿大夫、太師、中書令兼尚書令；祖妣累封吳國太夫人。皇考崇公，累贈金紫光祿大夫、太師、中書令兼尚書令；皇妣累封越國太夫人，今上初郊，皇考賜爵爲崇國公，太夫人進號魏國。

於是小子修泣而言曰：「嗚呼！爲善無不報，而遲速有時，此理之常也。惟我祖考，積善成德，宜享其隆，雖不克有於其躬，而賜爵受封，顯榮褒大，實有三朝之錫命，是足以表見於後世，而庇賴其子孫矣。」乃列其世譜，具刻于碑，既又載我皇考崇公之遺訓，太夫人之所以教，而有待於修者，並揭於阡。俾知夫小子修之德薄能鮮，遭時竊位，而幸全大節，不辱其先者，其來有自。

熙寧三年，歲次庚戌、四月辛酉朔十有五日乙亥，男推誠保德崇仁翊戴功臣、觀文殿學士、特進行兵部尚書、知青州軍州事、兼管內勸農使、充京東東路安撫使、上柱國、樂安郡開國公、食邑四千三百戶、食實封一千二百戶、修表。

附錄八　中國山川大勢簡述

大明國師誠意伯劉伯溫曾謂：「崑崙山為中國之太祖山」，崑崙山位於新疆與西藏及印度之間，為世界第二高山（八六一一公尺，聖母峰為八八五〇公尺），層巒疊嶂，上徹雲霄，該山分為南北二大幹，而由五系出脈，除北大幹阿爾泰山系入蒙古等處，天山系至新疆省，而延入蘇俄暨西歐各國外，南大幹則由陰山系、秦嶺系、南嶺系入我國遍佈各省。正所謂：「崑崙山五龍出脈，二龍至歐洲，三龍入中國」。蓋世界之龍脈大者，於東大都東西橫列，於西大都南北縱走，大地以名山為輔佐，石為骨，河川為脈，草木為毛，土為肉。

尋龍之法，當原其所始，故先察祖宗山。經云：「尋龍須尋祖與宗，不辨祖宗何是話？」蓋山之有祖，亦如樹之有根，水之有源，根大則枝遠，源深則流長，此自然之理也。山法云：「只要源流來處好，起家須是好公婆。」所謂公婆，即祖山也。卜氏曰：「祖宗聳拔者，子孫必賢。」子孫，即穴也，此古語皆謂有特異祖龍，必結富貴大地。所謂太祖山乃其遠者而名之，亦曰始祖，以其去受穴者遠，如人之有始祖遠宗也。歷代開國君主，多有以太祖為諡號者，如宋太祖、明太祖、清太祖。

凡兩山夾行，中間必有水，兩水夾行，中間必有山，水行即龍行，水會即龍止，此一定之理也。崑崙山既從南北兩大幹分出，則水源所注，自應從東西兩派分流，獨南龍入中國。我國山川大勢自北南來，南前北後，東左西右，水源則有四處大水，為長江、黃河、珠江、黑龍江，考長江與珠江夾南幹山脈盡於南海岸，黃河與長江夾中幹山脈盡於東海岸，黃河與黑龍江夾北幹山脈盡於遼海岸，此為水源極長遠之幹脈而言也，然其分幹之山脈甚多，難以盡舉。

吳文定公云：「崑崙為西極太祖，分脈三幹而入中國。」

三幹者，青、甘、寧夏、綏遠、晉、冀、察哈爾、熱河，及東北九省是北幹，為陰山系；陝、豫、皖、魯、川、鄂等省是中幹，為秦嶺系；西康、滇、黔、桂、粵、湘、贛、蘇、浙、閩、台灣等省是南幹，為南嶺系。入中國之龍行程數萬里，山高水長，大氣磅礴，大祖大宗儲蓄豐厚，得天地嚴凝兼溫厚正氣，超群拔眾，氣象軒昂，於是都邑州縣鄉鎮大小龍穴，莫不合孕焉，胚胎焉。蓋不孕不胎，則龍不結穴，然龍至山聚水會之處，則為陰陽交媾而為結穴之所，界水則止也，是以三大幹龍分枝劈脈行至各省各州縣者，必有山聚水會結穴之處，因有大聚、中聚、小聚之殊，故有大結、中結、小結之異。大結者爲首都或省垣，中結者爲州縣，小結者爲鄉鎮及宅墳，廖公云：「建都山水必大聚，中聚爲城市，墳宅宜居小聚中。」是也。

一、北幹陰山系

陰山系稱北幹，由崑崙山發脈，經青海、甘肅、寧夏、綏遠，至太行山，長不可測，橫亘千餘里，星峰磊落，踴躍奔騰，氣勢宏偉，昔黃帝建都有熊（河南新鄭），堯都平陽（山西省），舜都永濟，禹都安邑（山西省），皆在太行山麓，黃河經之，河東之水緯之，故自黃帝、堯、舜、禹、湯、文、武以來，歷代帝王皆建都西北；蓋西北多山，得天地嚴凝正氣，其龍最垂久遠，形勝完全，上鍾三垣吉氣，宜乎英雄出其中也，楊筠松云：「自古英雄出西北。」確至論也。

太行山自西北而來，紆盤山西河北之境者，重關疊阜，聳入霄漢，大同在燕然山後曰「雲」，北京在燕然山前曰「燕」，北京爲陰山系之幹結，昔周封召公于燕，自漢以後，幽燕皆爲重鎮，元、明、清皆建都燕京，即今之北京（明成祖遷都於此），北京自建都迄今已有一千多年的歷史，古跡甚多，如故宮、天壇、西山、三海、頤和園、碧雲寺、蘆溝橋等名勝馳名中外，左界通州清河，右界蘆溝濁河，一清一濁殊具造化之妙；北京前朝渤海，後倚燕然山，南襟河濟，北枕居庸，遼寧省侍於左為青龍砂，山東省衛於右為白虎砂，韓國遶抱於前，又為青龍砂過案，日本環拱於外為遠朝，朝案重疊，堂局圓淨，藏風聚氣，風水之美，各省無出其右者。朱子謂：「冀都正是天地間好個大風水。」《地方輿要》謂：「冀都東濱大海，南控三齊，西阻恒岱，北屆沙漠。士風宣暢，百物阜安，鉅勢強形，號稱天府，洵北幹崇隆之氣所盤鬱而融結。」《金史》謂：「若坐堂皇而府視庭于。」皆言河北形勢之概也。然，地靈人傑，人傑地靈，互為因果，為政在人，有德易以王，無德易以亡，史實昭然，可為殷鑑。溯自明成祖建北京城以來，惟有毛澤東一人於中元五運入主北京，數也。

我國歷代國難皆發自西北，於今尤甚！如建都南方則邊情難明，且有鞭長莫及之慮，蓋遠統不如近防，若建都北京得時時提高警覺，整軍經武，可近防外患以策安全，況該處為北部鐵路中心樞紐，鄰近天津又通海運，陸海空交通均甚便利，確為我國建都最佳之地。

北京之形勢完全符合風水學上「兩邊有抱，背後有靠，前面有照」之格局，因此歷代建都於北京之朝代，如遼、金、元、明、清，開國前期，國勢均極鼎盛，現今中共「和平崛起」，早則在二〇二〇年，晚則在二〇五〇年必能達成全球強權之目標。根據《推背圖》之預言，是在公元二〇二六年。（請參閱附錄二推背圖之解說）。

太行山一支自長城獨石口外多倫諾爾東界而起至大興安嶺及小興安嶺及長白山，結黑龍江與安東等九省，由安東省一支延至韓國，由合江省一支延至蘇俄伯力，復沿混同江北行渡海至庫頁島，而延至日本等處。陰山系一支盤旋於東北九省境內者，萬山環疊，雄峙東陲，得天地嚴凝正氣，鬱鬱葱葱，磅礡萬里，正脈腰落於長白山，餘氣盡於韓國，長白山綿亘千餘里，白雲峰高二六九一公尺，為東北最高峰，山頂四時積雪如玉，上有天池，源深流廣，為鴨綠江、圖門江、松花江發源地，三江孕奇，毓秀產珠，為世寶重；山風勁氣酷寒，人參靈藥，應候挺生，長白丘陵，煤鐵豐富，以我國儲鐵地區而言，則長白區占全國總儲量百分之六四點三八，該處既富鐵礦，復富煤礦，故成為鋼鐵工業發展地區，加以東北九省土地肥沃、森林、農產等資源富冠全國，故東北九省關係我國富強安危者，至深且鉅矣，日本自「明治維新」後，即以征服中國為基本國策，因此擬定「大陸政策」，以征服「滿蒙」為第一目標，〈田中奏摺〉有云：「欲統治世界，必先征服中國，欲征服中國，必先征服滿蒙」。因此於一八九四年發動「日清甲午戰爭」，割取台澎，一九〇四年發動「日俄戰爭」，勢力進入東北，民國二十年發動「九一八事變」，成立「僞滿州國」，民國二十一年發動「一二八事變」，進攻上海，民國二十六年發動「七七事變」，而激起我國全面抗戰，民國三十年又「偷襲珍珠港」，激起美國參戰，終致自食惡果，於民國三十四年八月六日（廣島）及八月九日（長崎）吃了二顆原子彈，八月十五日宣佈「無條件投降」。東北龍氣於四百多年前蔭生怒爾哈赤，崛起於中元五運，此後入主中原二六八年，至一九一一年上元三運而終。二〇〇四年下元八運起，艮卦管運，氣旺東北，斯時又有一番新局面出現。中國幅員遼闊，位居歐亞大陸東北方、東方及東南方，橫跨艮卦、震卦、巽卦，東北方爲艮卦，因此自二〇〇四年下元八運（二〇〇四~二〇二三）起（艮卦主八運），中國將在全球權力的「大棋盤」中扮演重要的角色。後天艮卦爲先天震卦，後天震卦爲先天離卦，離卦爲九運（二〇二四~二〇四三），因此中國在九運亦得運，後天巽卦爲先天兌卦，後天兌卦爲先天坎卦，坎卦爲一運（二〇四四~二〇六三），因此中國在一運亦得運，先天巽卦爲後天坤卦，坤卦爲二運（二〇六四~二〇八三），即中國在八運、九運、一運、二運均得運，接下三運爲震卦主運（二〇八四~二一〇三），四運爲巽卦主運（二一〇四~二一二三），因此中國開創的第三週期「漢唐盛世」將維持一二〇左右。即中國在八運、九運、一運、二運、三運、四運中均得運，因此中國早則在二〇三〇年之前，晚則在二〇五〇年之前必能成爲全球性之強權，取代美國爲世界第一富強。（美國克萊蒙大學政治學教授、國際研究學會前任會長古格樂（Jacek Kugler）及美國波特蘭大學政府學院院長譚門（Ronald Tamen）在合著的〈台灣對全球戰略的衝擊〉一文中指出「在二〇二〇年至二〇五〇年間，中國國力將與美國並駕齊驅，屆時雙方心懷芥蒂，互別苗頭，美國的全球政治龍頭地位勢必遭受嚴重挑戰」（蘋果日報，二〇〇五年九月二十七日，A18）。

二、中幹秦嶺系

秦嶺系稱中幹，脈出崑崙，越清海，經甘肅，出天水，辭樓巍峨，綿亘磅礴，入陝西太白山（三七六七公尺），至子午鎮撒落平洋結長安，即今之省會西安。朱子謂：「盡關中一支。」即指此也。婁敬謂：「被山帶河，四塞爲固。」蓋東有函谷關，南有嶢關、武關，西有大散關，北有蕭關，長安居四關之中故曰「關中」，易守難攻，周、秦、漢、唐皆建都於此，國勢鼎盛。周公輔武王爲政，忠恭勤慎，實行封建，劃分井田，制禮作樂，潛移默化，官民咸宜，國內大治，周有天下，八百餘載，享國悠久。距長安百餘里爲終南山，由終南山東行至華陰縣，華山挺然天表，秀峰鼎立，端偉雄奇，雲霧瀰漫，氣象萬千，自此踴躍奔騰，越函谷關後，一路頓伏，直至河南熊耳出脈，漸落低平而結洛陽，洛陽前據伊川，後依孟津，左偃右澗，洛水貫其中。《史記》載武王言：「我南望三塗，北望嶽鄙，顧瞻有河，粤瞻洛伊，具此天威，毋遠王室。」當時周都設于長安，周公營洛，以召諸侯王朝，取四方道里適均也；迨平王東遷洛邑，周室日衰，長安雖名爲天府，緣文王、武王之餘德尚存，民不忍忘，天下宗周者，猶四百餘年。（東漢、西晉、北魏，亦建都洛陽。）東漢建都洛邑，則在周都河之間，又隔伊水，劉秀長於田間，復通儒術，頗知民生疾苦與爲治之道，勤求民隱，注意輿情，整飭吏治，敦名實，重節義，政治教化允稱盛世，光武中興，文治武功輝煌宇內，古今共仰。

由熊耳山再前行至登封縣結中嶽嵩山，嵩山萃華夏之秀，居四方之中，巍峨卓立，形方氣厚。自此逶迤東趨而結開封，即今河南省會，平原廣闊，四通八達，爲古戰場，不得河北則患在背，不得關中則患在噤吭，自古迄今無異轍也。（北宋建都開封，湯都則在開封之東商邱縣。）宋建都開封者，因當時幽燕不隸中土矣！迨徽宗、欽宗之世，金人渡河南侵，開封莫保，厥後高宗南渡，建都臨安，即今浙江省會杭州是也，僅足偏安。

中幹盡結為東嶽，自河南開封經考城蜿蜒低伏，行至山東濟寧，崩洪渡峽，平原散漫，一望無際，在運河跌斷處，地勢微茫，由此逶迤東行，數百里間，漸起漸高，至泰安而結泰山；北界黃河，南界長江，有如束帶，兩大界水夾送至海；居中國大地正中，得天獨厚，大抵途經沃野，無大山重阻；泰山嶐然特起，陽極生陰，此類大形大勢，結作最鉅，況博厚隆重，群山翼帶，拱衛南北，堪稱莊嚴宏偉。孔子曰：「登泰山而小天下。」令人嚮往！泰山為五嶽之長，正脈由濟寧中間抽出嫩枝，行至曲阜，山有尼峰之秀拔，水有洙泗之逆流，左界黃河，右引長江，極風水之大觀，鍾山川之靈秀，川嶽呈祥，地靈人傑，故能誕生孔聖。

孔子崛起布衣，講學闕里，繼往開來，德參天地，道冠古今，師表萬世，學子三千，而有七十二子之賢，一時應運而興者，為生民以來所未有也，較之北幹僅得嚴凝，南幹僅得溫厚者，其力量又自不同，此中幹正龍之大結作也。

中幹一支自甘肅來，左東行為鳳翔，中東行為西安，右南行為岷山，而岷山一支則結四川全省。四川古稱西蜀，水有岷江、沱江、嘉陵江、長江四大川，故名四川省，其水分別在宜賓、瀘縣、合川及重慶會流注於長江，大江經白帝城由巫峽七百餘里屈曲出口，峽山兩邊壁立，江流狹窄，截留去水，反氣歸堂，內氣旺盛，故物富民殷，自古稱爲「天府之國」。秦漢以後，素爲西南政治，經濟、文化、軍事中心，三國時，劉備稱帝於蜀，得丞相諸葛孔明英忠輔佐，整飭內政，獎勵生產，息民練兵，夜不閉戶，道不拾遺，政治軍事，均有輝煌建樹，雄視吳、魏，而成鼎足之勢。諸葛武侯謂：「益州險阻，沃野千里。」天府之區，取其形勝完固也。

岷山一支由松潘、廣漢、安岳、璧山至重慶，地當嘉陵江及長江爲盡結；重慶古名渝州，簡稱渝，民國二十六年「七七」蘆溝橋事變，政府遷都重慶，全國軍民擁護政府決策，對日作長期抗戰，堅苦奮鬥，卒獲最後勝利，民國三十五年五月還都南京，我中華民國成爲世界五強之一，川省對復興大業，貢獻殊鉅，雖事在人爲，然亦山川鍾靈之助焉。

峨眉山爲佛教四大名山聖地之一，有「峨眉天下秀」之稱，最高峰之萬佛頂，海拔三〇九九公尺。汶縣西南青城山，東漢張道陵曾建道教於此，被封爲「張天師」，爲道教南宗之「正一教」，北宗爲「全眞教」，乃王重陽所創。

三、南幹南嶺系

南嶺系稱南幹，亦發脈崑崙，經青海、西康，趨大雪山，而南行者結雲南全省，又東折婁山，結貴州全省；由此東南行至廣西，復北行者結桂林。桂林水秀山奇，如獨秀峰、老君洞、伏波岩、象鼻山、七星岩等，秀峭奇特。所謂：「桂林山水甲天下。」名符其實。昔有「三步一秀，五步一舉」之說，入桂一支盤旋湘、粵、贛之境，奠五嶺之表，其中大庾嶺，在廣東南雄縣與江西信豐與三南等縣界，在定南縣太極山等處者，鎢礦最豐，馳名中外；南行之脈經南雄、曲江、從化，踴躍奔騰，千形萬狀，活動莫測；至番禺白雲山，橫列錦屏，中心出脈，蜿蜒起伏，左右周密；將至結作之際，而觀音山復頓起圓頂，撒落平洋而結廣州市；東西北三江大水會注其間，珠江環繞，山水大聚，加以虎門鎮鎖水口，融結益旺。廣東香山蔭生孫中山，爲中華民國國父，九龍百花林葬楊太夫人，百日後革命成功。梅縣人文蔚起，爲華僑之鄉；陰那山於唐朝時，有慚愧祖師潘了拳得道於此，爲嶺南靈鷲。南宋明師賴布衣尋龍至廣東，留下許多佳扦。

五嶺之龍由桂入湘者，蜿蜒湘、資二水之間，獨衡山秀起，盤旋衡陽、衡山、湘潭（毛澤東故里）、長沙、湘鄉（曾國藩故里）、湘陰（左宗棠故里）之間，而延至湖北漢陽爲盡結：衡山最高者爲祝融、紫蓋、天柱、石廩、芙蓉五峰，杜甫詩所謂：「衡陽五峰尊」，即指此也。湘水北流會注洞庭湖，萬流滙聚，沃野千里，湖濱米產最鉅，諺云：「兩湖熟，天下足。」惟豐歉之關鍵則在湖濱也。

湖北之龍，聚秦嶺系，南嶺系之精英，分別由陝西、四川、湖南三處而來，會於漢口、漢陽、武昌之間，地當長江與平漢、粵漢鐵路交通樞紐，四通八達，形勢重要，爲兵家必爭之地，辛亥革命、武昌起義，全國響應，一舉而推翻滿清，結束數千年帝制，創立民國，厥功甚偉。

五嶺一支由江西南康經吉安（歐陽修、文天祥故里）、臨川（王安石故里）、德興（出神仙及地理名師甚多），至安徽婺源縣（朱熹、胡宗憲、胡適、胡錦濤之祖居地），經徽州、黃山、廣德入江蘇金壇，經茅山至句容，復西北行至紫金山，撒落平洋結江寧，即今之南京，中華民國政府以南京爲首都。戰國楚威王時，以該地有王氣，特埋金以鎮之，故稱「金陵」，漢改「秣陵」，吳曰：「建業」，晉曰：「建康」。金陵山脈自東南溯江而西，數百里而止，蜿蜒磅礴，既翕復張。鍾山峙其東，石城繞於西，大江迴抱，秦淮河、玄武湖，左右映帶，勝境天然，諸葛孔明謂：「鍾山龍蟠，石城虎踞，眞帝王都。」三國時，吳建都金陵，傳四世，東晉亦建都該處，傳十一世，歷百餘年。南朝（宋、齊、梁、陳）皆建都金陵而年代不永，蓋以其雖合垣局，惜北部下關一帶無大山護衛，風吹爲患，且垣氣多洩使然。楊筠松謂：「長江環外有三結，垣前中水列，垣中已是帝王郡，只是垣城氣多泄。」是也。若以形勝論之，則江限南北，古今恃爲天險，劉伯溫謂：「襟帶長江，勢甚險固。」論形勢是英雄用武之地，可以駕馭四方號令天下，而興王業，但以地理家言之，雖合紫微垣局，奈垣氣多泄，故明成祖再建都燕京，期爲久遠之基，良有因也！

南幹所結之次要城垣，爲浙江之杭州，即今之省會。其龍來自徽州，至浙省天目山境，辭樓巍峨，再東趨，其幹脈經餘杭而結杭州；城西西湖，丘陵圍繞，峰巒挺秀，水清如鏡，名勝有「三潭印月」，「雙峰插雲」，「蘇堤春曉」，「平湖秋月」等，風景幽美，冠於全國，且馳名天下；宋高宗遷都於此，曰「臨安府」，隔錢塘江之東爲會稽（禹陵在會稽山），春秋時爲越王勾踐舊都，越王爲報復吳仇，臥薪嘗膽，十年生聚教訓，國富民強，終達到滅吳雪恥目的，足資垂教百世。浙江自仙霞嶺屈曲北流，至錢塘江入海，水秀山清，文風甚熾，人才蔚起，於今尤盛。

仙霞嶺一支沿閩江左東南行者，綿延福建浦城、建陽（朱熹生於尤溪）、南平之境，層巒聳萃，氣勢雄厚，復東行，踴躍奔馳，盤旋融會而結仙遊（北宋狀元、端明殿大學士蔡襄出生地）、福州市及閩侯縣等吉地，前國民政府主席林森誕生於此（鑑湖女俠秋瑾亦生於閩侯）。朱文公曰：「江西之山皆是五嶺贛上來，自南而北，故皆逆，閩中卻是自北而南，故皆順。」又曰：「閩中山多自北來，水皆東南流，江浙之山多自南來，水多北流，故江浙冬寒夏熱，江西山水秀拔，英豪輩出，荆襄山川平曠，得天地之中，有中原氣象，爲東南交會處，耆舊人物多，最好卜居，但有剛，則正是兵交之衝。」此爲朱子評論南龍形氣也。

四、台灣之龍

台灣之龍自仙霞嶺經武夷山，而邵武、永安、漳平、龍溪，渡海峽至廈門、金門、澎湖，朋山共水而來，至玉山起頂，龍樓寶殿，氣勢宏偉，爲台省祖宗山。中央山脈綿亘南北之境，其龍東趨者至花蓮、台東，南行者至高雄、屏東，西奔者至雲林、嘉義、台南，西北行者至南投、彰化、台中，而日月潭適居全省中央，碧水青山，風景天然，又爲養蔭龍池，氣盛之徵，具天成兼人爲之功，亦造化之妙也。玉山北行之脈，蜿蜒合歡山、次高山之間，由此西趨者至苗栗、新竹，東北行者至宜蘭，北奔由烏來左行者至桃園、台北兩縣，右行者經屈尺、新店至台北市爲盡結。

此入局擁從重疊，諸山羅列如城垣，左右基隆河、淡水河繞抱，且深澄平緩，迨二水交流出口處，則兩山緊閉如葫蘆喉，成獅象捍門，內寬外聚，使水得以久注而漸出，水口間截流之山，得觀音山、大屯山高聳雲霄，華表捍門，外氣愈固，如此山水大聚，眞羅城水口之至貴者也，劉銘傳撫台，省垣設於台北市，日據時期總督府亦設於台北市，國民政府遷台後，改日本總督府爲總統府。

五、台灣之命運

據云南宋大儒朱熹曾在福州鼓山海邊遙望大陸之山脈，千里逶迤而來，辭樓下殿，宛轉曲折，起伏頓跌，宛如蒼龍，至海邊忽而不見，彼時即曾預言：「龍渡滄海，五百年後，海外當有百萬人之郡。」

台灣著名古刹台北市龍山寺柱上有對聯曰：

龍渡滄海而東，五百年來成桑土；

山環瀛洲之地，大千世界闢沙門。

上聯即引用朱熹所預言者。

台灣本島像「鯤魚」，古稱「鯤鯓」，「鯤鯓」之一詞源自《莊子》〈逍遙遊〉：

北冥（通溟，訓爲海）有魚，其名爲鯤，鯤之大不知其幾千里也。化而爲鳥，其名爲鵬，鵬之背，不知其幾千里也。怒（同努，振奮之意）而飛，其翼若垂天之雲。是鳥也，海運（海風動，今颶風也）則將徙於南冥，南冥者，天池也。……鵬之徙於南冥也，水擊（意激）三千里，摶（拍）扶搖（海中颶風）而上者九萬里……窮髮（不毛之地，髮，草木）之北有冥海者，天池也。有魚焉，其廣數千里，未有知其修（長）者，其名爲鯤。有鳥焉，其名爲鵬，背若太山（泰山），翼若垂天之雲，摶扶搖羊角（旋風）而上者九萬里，絕雲氣，負青天，然後圖南，具適南冥也。

台灣像鯤魚（鯨魚，相傳鄭成功爲東海大鯨轉世投胎），基隆像魚頭，淡水、八里像魚嘴，關渡獅子頭像魚喉，枋寮像魚尾，東部像魚背，西部像魚腹，中央山脈像魚脊柱，台北盆地像魚眼，高雄像魚臍，澎湖、小琉球、蘭嶼等皆魚卵。全島爲一眞龍活穴，四周環海，來水便是去水，去水便是來水。天柱山由玉山發脈層層下降，統御全島之山脈，而大陸之天柱山爲崑崙山，正好在台北盆地「魚眼」的正西北方，因而形成「迴龍顧祖，子投母懷」的格局。

台北盆地爲魚眼之部位，乃全島精氣神所聚，其眼眶四周之山川亦成山環水抱之形。左有發自新店安康、南勢角、圓通寺、林口台地、觀音山之青龍砂，砂邊有新店溪，山川相貼，生動有力；右有發自基隆、南港、內湖、七星山、大屯山之白虎護砂，砂邊有基隆河之玄九曲而來，至圓山「龍珠」案山處（動物園故址）再開第二明堂，左右龍虎將台北盆地收鎖得緊緊密密，氣勢磅礡，無比壯麗，明堂水（見於戌乾亥三方），淡水河在圓山外與基隆河相會於「穴心位」正前方約八公里處，曲折而去，出海口左逢觀音山脈（獅形），右逢大屯山脈（象形），鎖緊台北盆地水口，使成一天然之箝口形，且兩河之會口有「圓山」爲案山，爲龍珠，坐鎮水口，皆爲天成之貴相格局。

台北盆地形勢天成，「山管人丁水管財」，台北盆地山環水抱，因此一九五〇年國民政府遷台，在蔣介石、蔣經國父子二位總統領導下勵精圖治，卒能開創「經濟奇蹟」，躋身亞洲「四小龍」之一，並在中共文化大革命（一九六六年－一九七六年）期間，致力於中華文化之復興，維繫中華文化之命脈，惜由於基隆河截灣取直，及淡水河口入海處之「羅星」之炸毀，台北盆地風水已被破壞，因此無法再創造第二次「經濟奇蹟」。根據經濟學人智庫（EIU）在二〇〇五年十一月所發表的《二〇〇六年全球經濟展望》一書中預測，經過購買力平減，二〇一七年中國大陸經濟規模將超越美國，成爲全球第一經濟強權。二〇二六年地緣政治將轉爲美國、歐洲、中國與俄羅斯、回教國四極分立（中國時報，民國九十四年十一月廿一日A7）。台灣與中國大陸的經貿關係將愈趨緊密，台灣無法自外於「大中華經濟圈」之外，唯有海峽兩岸統一，台灣才能繼續維持經濟的繁榮。

台灣之地理形勢與中國大陸形成「迴龍顧祖，子投母懷」之格局，因此台灣與中國合則兩利，分則兩害，中國歷史上雖有分裂的時期，但最後均歸於統一，從中國歷史經驗的省察，兩岸終將統一，再開創第三週期的「漢唐盛世」，其時間約在公元二〇二六年左右（請參閱〈推背圖解說〉第四十四象之解說）。

註：本文參考下列諸書撰述而成。

一、王啓燊，《地靈人傑》，新竹，竹林書局，一九六二。
二、韓雨墨，《台灣風水集錦》，台北，武陵，一九八八。
三、鍾義明，《增訂台灣地理圖記》，台北，武陵，一九九三。
四、李子源，《富貴風水圖記》，台北，益群，二〇〇二。
五、吳彰裕，《開運陽宅》，台北，時報文化，二〇〇五。

附錄九　「嘉義大學蘭花節」緣由

通識教育中心主任　蔡憲昌

西哲笛卡爾云：「我思故我在」，後人引申其義，反其道曰：「我在故我思」，此指「意識」與「存在」乃相對統一，相反相成，如鳥之雙翼，缺一不可，故曰：「凡存在必有其價值」，萬物之存在皆有其「起點」，此「起點」乃指「生命」（人類、社團、國家）之「發凡」，因此個人有「生日」，學校有「校慶」，國家有「國慶」，皆有其特殊之意義。

全國一百六十餘所大學校院之校慶，無不別出心裁，各具特色，其中少數學校配合學校所在地之自然人文景觀或歷史淵源有其特殊之「節目」，如台灣師大之「西瓜節」，華梵大學之「風車節」，淡江大學之「蛋捲節」，元智大學之「麵包節」，台北市立教育大學之「蘋果節」，新竹教育大學之「草莓節」，靜宜大學之

「荔枝節」，中正大學之「鳳梨文化節」，嘉義大學於民國八十九年二月一日由嘉義技術學院與嘉義師範學院合併而成，今年已邁入第六年，爲免前述學校專美於前，乃在今年之校慶配合「蘭花節」盛大舉辦，以彰顯「嘉大」之特色。

嘉義大學之所以配合校慶舉辦「蘭花節」，乃有其緣由，茲略述於後。

1. 台灣爲蘭花之鄉，有蝴蝶蘭王國之稱，嘉義大學之「園藝技藝中心」所培植之蘭花不僅在國內享有盛名，且榮獲國際蘭花協會之肯定，在全國大學校院中堪稱首屈一指，乃嘉義大學足以傲人特色之一。

2. 嘉義大學行政中心位於風光明媚的「蘭潭」湖畔，「蘭潭夕照」爲古時「諸羅八景」之一。嘉義縣縣花爲「玉蘭花」（取其「玉潔冰清、蘭心蕙質之意」），嘉義市於民國七十一年之前仍屬於嘉義縣，民國七十一年升格爲省轄市，縣市才分家（市花爲「紫荊花」），然縣市本一體，因此嘉義人（不論縣市）對「蘭」之一字有特殊之感情，本校行政中心位於「蘭潭」湖畔，對蘭花之喜愛更是無庸置疑。

3. 每一種花均有其代表之意義，如玫瑰花表示「愛情」；康乃馨代表「母愛」（西洋母親節以康乃馨爲代表，中國傳統則以「萱草」爲代表，即俗稱的「金針花」，一名「忘憂草」，因金針花有使人忘憂之功效，子女在母親之庇蔭下足以忘憂，故以萱草代表母愛），菊花代表「隱士」，晉朝詩人陶淵明獨愛菊花，有「採菊東籬下，悠然見南山」之名句；佛教則以「蓮花」爲其代表，象徵「清淨世界」，取其「出污泥而不染」，北宋大儒周敦頤有〈愛蓮說〉佳文；一般人則愛「牡丹花」，象徵「富貴」，以洛陽「牡丹節」最出名；士人則愛「茶花」，以「十八學士」（同時開出十八朵花）最名貴，茶花以雲南大理最有名；「梅花」代表堅貞，以其「越冷越開花」，爲中華民國之「國花」，代表中國人堅忍不拔，愈挫愈奮之民族性，因此中國方能綿延五千年之歷史，開創博大精深之中華文化，並將於廿一世紀前期再創第三周期的「漢唐盛世」。於所有花卉中，中國人對「蘭花」情有獨鍾，以蘭花有「王者之香」、「天香」之美稱，乃花中之王，孔子家語中有云：「芝蘭生於深林，不以無人而不芳；君子修德至道，不爲窮困而改節」，中國古人將蘭花比之爲「君子」、「德人」、「賢友」、「美人」等等，凡與「蘭」字有關者均是好詞，如「蘭玉」（芝蘭與玉樹，讚美他人子弟之詞，或形容女子之貞德），「蘭交」（氣味相投之至交），「蘭兆」（生男之預兆），「蘭桂」（好子孫），「蘭夢」（生子之預兆），「蘭章」（美好之文辭），「蘭心蕙質」（形容女子體質芳潔、心地美慧），「蘭薰桂馥」（像蘭桂一樣潔美芳香，喻世德流芳）。

基於上述之緣由，因此本校配合第六屆之校慶舉辦「蘭花節」，結合雲嘉南地區花農舉行「蘭花展」，「蘭花義賣」，並選拔「蘭花大使」作爲本校校慶的接待大使。

由於蘭花有「王者之香」、「天香」之美稱，因此選出數種蘭花代表男女同學之間的感情狀況，美其名曰：「蘭情花語」，感情穩定者以「蝴蝶蘭」爲代表，如女同學失戀則以「一葉蘭」爲代表，男同學失戀以「紅花春劍蘭」爲代表，男同學向女同學表白仰慕之意以「嘉德麗雅蘭」爲代表，女同學孤芳自賞則以「空谷幽蘭」爲代表。

1. 蝴蝶蘭：代表感情穩定的情侶，以蝴蝶蘭狀如蝴蝶雙翅，相輔相成，出雙入對，詩云：「蝴蝶比翼，枝結連理，雙雙對對，萬年富貴」。

2. 一葉蘭：代表失戀的女同學，單親媽媽有「一葉蘭協會」，表示偉大的女性，雖是單親，但並不被命運擊倒，反而發揮女性堅貞的婦德，負起母兼父職的重責大任，養育、教育、培育子女成材，引申其意，女同學如不幸失戀，要效法「一葉蘭」堅貞的美德，詩云：「一枝挺秀，葉青根深，蘭薰桂芬，志行堅忍」。

3. 紅花春劍蘭：代表失戀的男同學，詩云：「紅鬃烈馬，花好月圓，春意盎然，劍氣沖天」，男同學失戀，不能懷憂喪志，自暴自棄，應效法古時英雄豪傑，立沖天之志，踔厲奮發，用功讀書，成就一翻功業，俱有「三高」（高學歷、高職位、高收入）自能贏得佳人青睞「抱得美人歸」（書中自有顏玉如），修得正果，結成一段美好姻緣，使生命充滿春意。古時之讀書人均佩劍代表文武雙全（士爲文武雙全），因此「劍」象徵男人之「豪氣」（「玉」代表女性之「貞潔」）。

4. 嘉德麗雅蘭：代表男同學仰慕之女同學，詩云：「嘉言懿行，德福綿長，麗質天生，雅芳衆賞」，「窈窕淑女，君子好逑」，蘭心蕙質、秀外慧中之女同學，德福兼備，不僅是賢妻良母，且能旺夫益子，是所有男同學夢寐以求之「天使」，能成佳偶，乃是前世修來之福。

5. 空谷幽蘭：代表孤芳自賞的女同學，詩云：「空山解語，谷深人遠，幽靜嫻雅，蘭心待緣」，象徵男同學向女同學表示愛慕追求之意，而女同學認爲不「適配」予以婉拒，此詩顯示女同學爲善解人意之花，幽靜而嫻雅，然緣份未至，桃花未開，尚待有緣人。

本年校慶配合「蘭花節」盛大舉辦乃嘉大創校六年來之盛事，值得慶賀，茲以「嘉義大學蘭花節慶」八字嵌於句首作一讚詞如下：

嘉義大學蘭花節慶

謀行家海薰好孝福

宏可風波桂人勤日

圖貞範深芬馨敬昇

原載於中國民國九十四年十一月五日發行的〈國立嘉義大學校訊〉第二十六期「校慶特刊」。

附錄十 姓名吉數配合

姓氏二畫

卜刁 匕刀 力丁 、

外格	筆畫		總格
11 木	1	3 火	13 火
	2	3 火	
	1	11 木	
	10		

外格	筆畫		總格
5 土	1	3 火	15 土
	2	11 木	
	9	13 火	
	4		

外格	筆畫		總格
11 木	1	3 火	23 火
	2	13 火	
	11	21 木	
	10		

外格	筆畫		總格
5 土	1	3 火	25 火
	2	21 木	
	19	23 火	
	4		

外格	筆畫		總格
11 木	1	3 火	25 土
	2	15 土	
	13	23 火	
	10		

外格	筆畫		總格
11 木	1	3 火	15 土
	2	5 火	
	3	13 火	
	10		

姓氏
三畫
干山上
千子于
士

6 土	1	
		4 火
	3	
		16 土
	13	
		18 金
	5	
	21 木	

15 土	1	
		4 木
	3	
		21 木
	18	
		32 木
	14	
	35 土	

7 金	1	
		4 火
	3	
		15 土
	12	
		18 金
	6	
	21 木	

13 火	1	
		4 火
	3	
		6 土
	3	
		15 土
	12	
	18 金	

6 土	1	
		4 火
	3	
		11 木
	8	
		13 火
	5	
	16 土	

13 火	1	
		4 火
	3	
		23 火
	20	
		32 木
	12	
	35 土	

姓氏四畫

巴戈井　牛元火　毛文太　支仇卞　水尤尹　勾木公　孔王方

外格	筆畫	格數
5 土	1	
		5 火
	4	
		13 火
	9	
		13 火
	4	
總格 17 金		

外格	筆畫	格數
16 土	1	
		5 土
	4	
		24 火
	20	
		35 土
	15	
總格 39 水		

外格	筆畫	格數
13 火	1	
		5 土
	4	
		17 金
	13	
		25 土
	12	
總格 29 水		

外格	筆畫	格數
13 火	1	
		5 土
	4	
		13 火
	9	
		21 木
	12	
總格 25 火		

外格	筆畫	格數
13 火	1	
		5 土
	4	
		23 火
	19	
		31 木
	12	
總格 35 土		

外格	筆畫	格數
3 火	1	
		5 土
	4	
		13 火
	9	
		11 木
	2	
總格 15 土		

姓氏五畫

包田巨 玉由央 仲左古 丘平史 白申冉 令石井 皮司召 代世

5土 [1, 5, 20, 4]
- 6土
- 25土
- 24火

29水

25土 [1, 5, 8, 24]
- 6土
- 13火
- 32木

37金

5土 [1, 5, 12, 4]
- 6土
- 17金
- 16土

21木

6土 [1, 5, 8, 5]
- 6土
- 13火
- 13火

18金

15土 [1, 5, 18, 14]
- 6土
- 23火
- 32木

37金

7金 [1, 3, 10, 6]
- 4火
- 13火
- 16土

19水

六畫姓氏

朱 米 戎 向 牟 安
后 伊 羊 百 任 全
吉 伍 伏 年 同 匡

外格	數	格
15土	1	
		7金
	6	
		15土
	9	
		23火
	14	
總	29水	

外格	數	格
25土	1	
		7金
	6	
		17金
	11	
		35土
	24	
總	41木	

外格	數	格
7金	1	
		7金
	6	
		15土
	9	
		15土
	6	
總	21木	

外格	數	格
24火	1	
		7金
	6	
		18金
	12	
		35土
	23	
總	41木	

外格	數	格
5土	1	
		7金
	6	
		25土
	19	
		23火
	4	
總	29水	

外格	數	格
8金	1	
		7金
	6	
		16土
	10	
		17金
	7	
總	23火	

姓氏

七畫

系步貝

杞伯言

何車岑

江巫池

杜谷甫

宋辛利

吳余危

李呂成

外格	畫數	格
11 木	1	
		8 金
	7	
		15 土
	8	
		18 金
	10	
總格 25 土		

外格	畫數	格
15 土	1	
		8 金
	7	
		18 金
	11	
		25 土
	14	
總格 32 木		

外格	畫數	格
18 金	1	
		8 金
	7	
		15 土
	8	
		25 土
	17	
總格 32 木		

外格	畫數	格
16 土	1	
		8 金
	7	
		16 土
	9	
		24 火
	15	
總格 31 木		

外格	畫數	格
11 木	1	
		8 金
	7	
		29 水
	22	
		32 木
	10	
總格 39 水		

外格	畫數	格
17 金	1	
		8 金
	7	
		15 土
	8	
		24 火
	16	
總格 31 木		

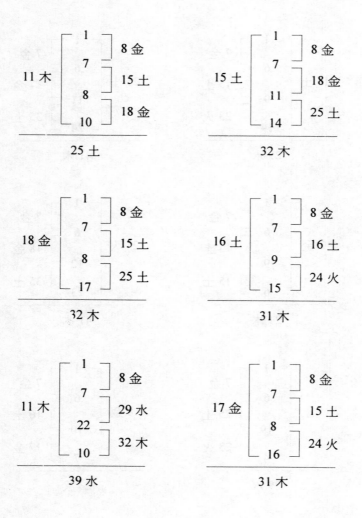

姓氏八畫

季 沙 易 周 牧 明 和 官 幸 屈
京 卓 金 武 狄 尚 沈 李 林
東 岳 宓 杭 宗 竺 孟 汪 居

外格	筆畫	格
17 金	1	
		4 火
	3	
		11 木
	8	
		24 火
	16	
總格 27 金		

外格	筆畫	格
8 金	1	
		9 水
	8	
		17 金
	9	
		16 土
	7	
總格 24 火		

外格	筆畫	格
13 火	1	
		9 水
	8	
		21 木
	13	
		25 土
	12	
總格 33 火		

外格	筆畫	格
7 金	1	
		9 水
	8	
		18 金
	10	
		16 土
	6	
總格 24 火		

外格	筆畫	格
17 金	1	
		9 水
	8	
		15 土
	7	
		23 火
	16	
總格 31 木		

外格	筆畫	格
13 火	1	
		9 水
	8	
		11 木
	3	
		15 土
	12	
總格 23 火		

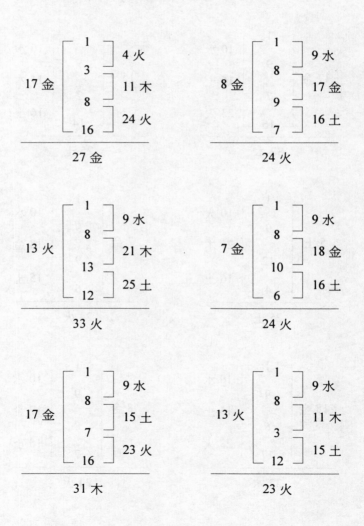

九畫姓氏

宣昭涂計紅姬姜姚封柏風
相泰風法柯侯狐查羿紀段
帥冠柳南柴咸秋施韋俞皇

外	筆畫	格
17金	1	
		10水
	9	
		16土
	7	
		23火
	16	
32木		

外	筆畫	格
15土	1	
		10水
	9	
		11木
	2	
		16土
	14	
25土		

外	筆畫	格
5土	1	
		10火
	9	
		21木
	12	
		16土
	4	
25土		

外	筆畫	格
7金	1	
		10水
	9	
		18金
	9	
		15土
	6	
24火		

外	筆畫	格
18金	1	
		10水
	9	
		15土
	6	
		23火
	17	
32木		

外	筆畫	格
8金	1	
		10水
	9	
		17金
	8	
		15土
	7	
24火		

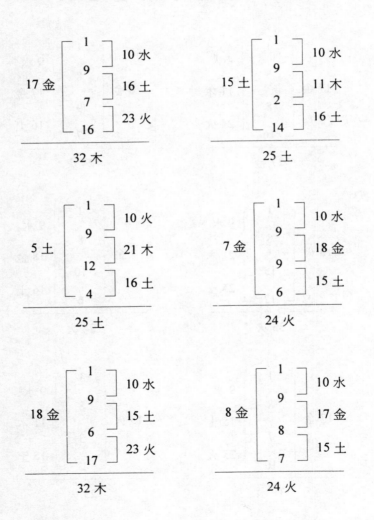

姓氏 十畫

展洛桓 倉唐師 宰容高 袁家孫 祝宮祖 晉凌夏 徐貢倪 殷秦花 席君班 杜翁烏 耿晁馬 柏時桑 洪

外格	筆畫	格數
11木	1	
		11木
	10	
		21木
	11	
		21木
	10	
	31木	

外格	筆畫	格數
3火	1	
		11木
	10	
		21木
	11	
		13火
	2	
	23火	

外格	筆畫	格數
13火	1	
		11木
	10	
		29水
	19	
		31木
	12	
	41木	

外格	筆畫	格數
13火	1	
		11水
	10	
		21木
	11	
		23火
	12	
	33火	

外格	筆畫	格數
21木	1	
		11木
	10	
		21木
	11	
		31木
	20	
	41木	

外格	筆畫	格數
13火	1	
		11木
	10	
		23火
	13	
		25土
	12	
	35土	

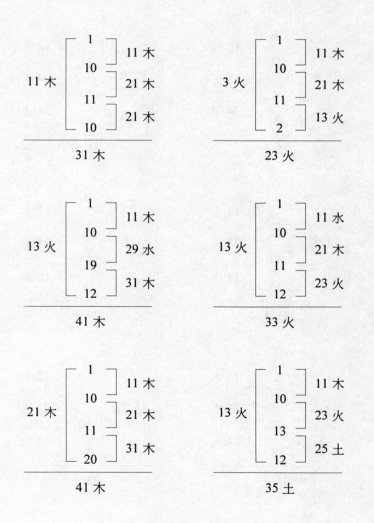

姓氏

十一畫

魚畢班
涂符茅
麻那商
寇從崖
常鹿習
英梅康
范章胡
麥邢苗
尉許張
曹梁浦

21 木
1, 11 → 12 木
11, 4 → 15 土
4, 20 → 24 火
35 土

12 木
1, 11 → 12 木
11, 13 → 24 火
13, 11 → 24 火
35 土

13 火
1, 11 → 12 木
11, 12 → 23 火
12, 12 → 24 火
35 土

5 土
1, 11 → 12 木
11, 14 → 25 土
14, 4 → 18 金
29 水

5 土
1, 11 → 12 木
11, 20 → 31 木
20, 4 → 24 火
35 土

15 土
1, 11 → 12 木
11, 10 → 21 木
10, 14 → 24 火
35 土

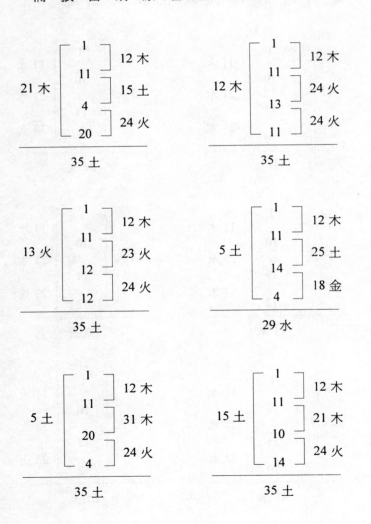

姓氏十二畫

單 庾 馮 賀 喻 傅 堵 程 焦 邵 閔 馮
部 越 景 邱 曾 景 雲 部 盛 荊 荀
鈕 富 甯 項 舒 費 阮 喬 童 黃 彭

外格	筆畫	格
	1	
		13 火
	12	
5 土		25 土
	13	
		17 金
	4	
總格	29 水	

外格	筆畫	格
	1	
		13 火
	12	
11 木		13 火
	1	
		11 木
	10	
總格	23 火	

外格	筆畫	格
	1	
		13 火
	12	
16 土		32 木
	20	
		35 土
	15	
總格	47 金	

外格	筆畫	格
	1	
		13 火
	12	
13 火		21 木
	9	
		21 木
	12	
總格	33 火	

外格	筆畫	格
	1	
		13 火
	12	
15 土		21 土
	9	
		23 火
	14	
總格	35 土	

外格	筆畫	格
	1	
		13 火
	12	
15 土		15 土
	3	
		17 金
	14	
總格	29 水	

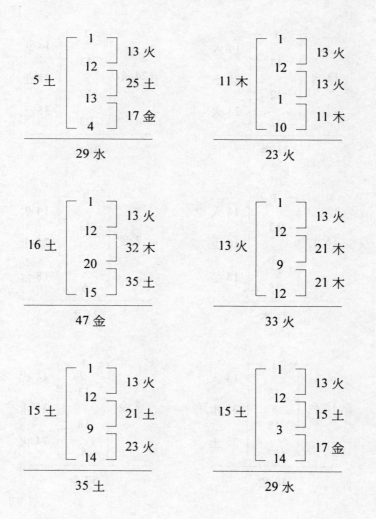

姓氏

十三畫

郁嵩解　莫農莫　雷廉湛　賈莊虞　楚裘雍　路溫詹　楊湯游

1
14 火
13
13 火　25 土
12
24 火
12

37 金

1
14 火
13
24 火　25 土
12
35 土
23

48 金

1
14 火
13
16 土　16 土
3
18 金
15

31 木

1
14 火
13
7 金　25 土
12
18 金
6

31 木

1
14 火
13
18 金　31 木
18
35 土
17

48 金

1
14 火
13
7 金　31 木
18
24 火
6

37 金

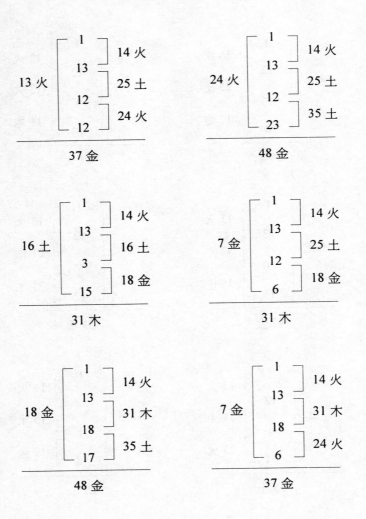

姓氏　十四畫

聞韶鳳　郜溫翟　管榮臺　壽郗赫　華趙熊　郤臧郎　塗廖裴　齊閭郝　連甄褚

外格	字	格
	1	
		15 土
	14	
16 土		24 火
	10	
		25 土
	15	
總格 39 水		

外格	字	格
	1	
		15 土
	14	
13 火		17 金
	3	
		15 土
	12	
總格 29 水		

外格	字	格
	1	
		15 土
	14	
15 土		23 火
	9	
		23 火
	14	
總格 37 金		

外格	字	格
	1	
		15 土
	14	
7 金		23 火
	9	
		15 土
	6	
總格 29 水		

外格	字	格
	1	
		15 土
	14	
13 火		25 土
	11	
		23 火
	12	
總格 37 金		

外格	字	格
	1	
		15 土
	14	
8 金		25 土
	11	
		18 金
	7	
總格 32 木		

姓氏十五畫

葛稽滿　黎談嬋　歐厲郭　盤褚樊　閭魯葉　樂劉萬　董

	1	
		16 土
	15	
24 火		24 火
	9	
		32 木
	23	
	47 金	

	1	
		16 土
	15	
8 金		25 土
	10	
		17 金
	7	
	32 木	

	1	
		16 土
	15	
8 金		24 火
	9	
		16 土
	7	
	31 木	

	1	
		16 土
	15	
15 土		17 金
	2	
		16 土
	14	
	31 木	

	1	
		16 土
	15	
5 土		35 土
	20	
		24 火
	4	
	39 水	

	1	
		16 土
	15	
25 土		23 火
	8	
		32 木
	24	
	47 金	

姓氏　十六畫

機 盧 燕　潘 穆 陶　諸 衛 龍　賴 閻 鮑　陸 霍 駱　陳 錢 蒲

```
        ┌ 1 ┐
        │   ├ 17金
        │16 ┤
8金     │   ├ 25土
        │ 9 ┤
        │   ├ 16土
        └ 7 ┘
──────────────
      32木
```

```
        ┌ 1 ┐
        │   ├ 17金
        │16 ┤
7金     │   ├ 35金
        │19 ┤
        │   ├ 25土
        └ 6 ┘
──────────────
      41木
```

```
        ┌ 1 ┐
        │   ├ 17金
        │16 ┤
5土     │   ├ 25土
        │ 9 ┤
        │   ├ 13火
        └ 4 ┘
──────────────
      29水
```

```
        ┌ 1 ┐
        │   ├ 17金
        │16 ┤
5土     │   ├ 29水
        │13 ┤
        │   ├ 17金
        └ 4 ┘
──────────────
      33火
```

```
        ┌ 1 ┐
        │   ├ 17金
        │16 ┤
15土    │   ├ 18金
        │ 2 ┤
        │   ├ 16土
        └14 ┘
──────────────
      32木
```

```
        ┌ 1 ┐
        │   ├ 17金
        │16 ┤
7金     │   ├ 25土
        │ 9 ┤
        │   ├ 15土
        └ 6 ┘
──────────────
      31木
```

姓氏

十七畫

陽鄔賽

蔡勵蔣

鍾蔚鄒

應隆謝

韓

1
17 — 18 金
8 — 25 土
16 — 24 火
17 金

41 木

1
17 — 18 金
20 — 27 金
15 — 35 土
16 土

53 木

1
17 — 18 金
8 — 25 土
7 — 16 土
8 金

32 木

1
17 — 18 金
12 — 29 水
6 — 18 金
7 金

35 土

1
17 — 18 金
8 — 25 土
10 — 18 金
11 木

35 土

1
17 — 18 金
18 — 35 土
6 — 24 火
7 金

41 木

姓氏
十八畫
隗 瞿 簡
濟 儲 戴
顏 魏 聶
豐 載 闕
鄢 薄 蕭

	1	
		19 水
	18	
7 金		25 土
	7	
		13 火
	6	

31 木

	1	
		19 水
	18	
11 木		25 土
	7	
		17 金
	10	

35 土

	1	
		19 水
	18	
11 木		37 金
	19	
		29 水
	10	

47 金

	1	
		19 水
	18	
11 木		29 水
	11	
		21 木
	10	

39 火

	1	
		19 水
	18	
13 火		21 木
	3	
		15 土
	12	

33 火

	1	
		19 水
	18	
8 金		32 木
	14	
		21 木
	7	

39 水

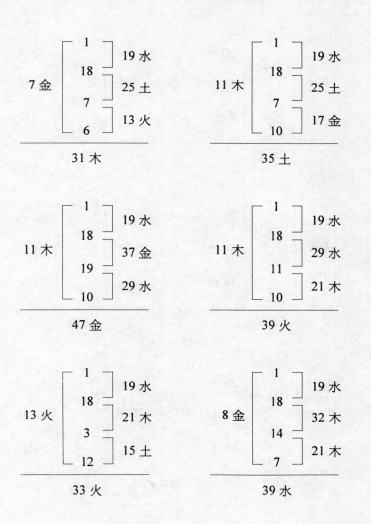

姓氏 十九畫

龐 薄 關

薛 禰 鄧

麗 贊 鄭

譚

```
        1
            20 水
        19
5 土        21 木
        2
            6 土
        4
─────────────
      25 土
```

```
        1
            20 水
        19
5 土        31 木
        12
            16 土
        4
─────────────
      35 土
```

```
        1
            20 水
        19
8 金        30 水
        11
            18 金
        7
─────────────
      37 木
```

```
        1
            20 水
        19
8 金        25 土
        6
            13 火
        7
─────────────
      32 木
```

```
        1
            20 水
        19
15 土       21 木
        2
            16 土
        14
─────────────
      35 土
```

```
        1
            20 水
        19
18 金       31 木
        12
            29 水
        17
─────────────
      48 金
```

二十畫姓氏

黨 闞 藉
屠 懷 釋
藍 籃 羅
繼 薩 鐘
龐

	1	
		21木
	20	
13火		21木
	1	
		13火
	12	

33火

	1	
		21木
	20	
15土		31木
	11	
		25土
	14	

45土

	1	
		21木
	20	
24火		29水
	9	
		32木
	23	

52木

	1	
		21水
	20	
13火		23火
	3	
		15土
	12	

35土

	1	
		21木
	20	
5土		31木
	11	
		15土
	4	

33土

	1	
		21木
	20	
21木		32木
	12	
		32木
	20	

52木

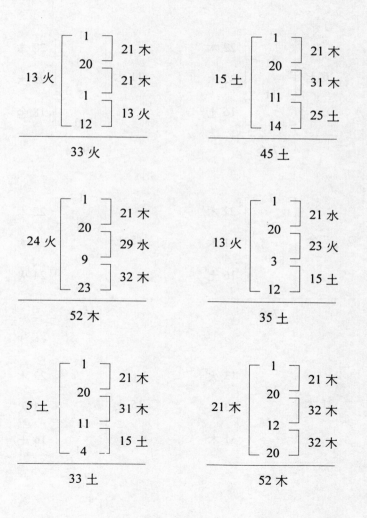

姓氏二十一畫

轟鐵顧　瓏饒藤　隱霸鐳　巍

1
21 — 22木
11 — 32木
5 — 16土
6土
37金

1
21 — 22木
8 — 29水
10 — 18金
11木
39水

1
21 — 22木
10 — 31木
6 — 16土
7金
37金

1
21 — 22木
10 — 31木
14 — 24火
15土
45土

1
12 — 13火
11 — 23火
20 — 31木
21木
43火

1
21 — 22木
2 — 23火
14 — 16土
15土
37金

姓氏 二十二畫

蘇 龔 權 藺 欕

	1	
		23 火
	22	
15		25 土
	3	
		17 金
	14	
	39 水	

	1	
		23 火
	22	
3 火		35 土
	13	
		15 土
	2	
	37 金	

	1	
		23 火
	22	
5 土		33 土
	11	
		15 土
	4	
	37 金	

	1	
		23 火
	22	
13 火		35 土
	13	
		25 土
	12	
	47 金	

	1	
		23 火
	22	
15 土		33 土
	11	
		25 土
	14	
	47 金	

	1	
		23 火
	22	
13 火		25 土
	3	
		15 土
	12	
	37 金	

姓氏二十三畫

欒

1
24 火
23
24 火　25 土
2
25 土
23

48 金

1
24 火
23
23 火　25 土
2
24 火
22

47 金

1
24 火
23
16 土　33 土
10
25 土
15

48 金

1
24 火
23
5 土　35 土
12
16 土
4

39 水

1
24 火
23
7 金　35 土
12
18 金
6

41 木

1
24 火
23
13 火　35 土
12
24 火
12

47 金

參考書目

1. 班固，《漢書》，台北，鼎文，一九九一。
2. 孔穎達，《周易正義》，台北，中華，一九八六。
3. 《易緯》，台北，老古，一九八一。
4. 胡自逢，《先秦諸子易說通考》，台北，文史哲，一九七四。
5. 高明等著，《易學論著選集》，台北，長安，一九八五。
6. 方東美，《生生之德》，台北，黎明，一九八七。
7. 羅光，《生命哲學》，台北，學生，一九八八。
8. 唐君毅，《中國人文精神之發展》，台北，學生，一九七四。
9. 林尹註譯，《周禮今註今譯》，台北，商務，一九九二。
10. 胡自逢，《周易鄭氏學》，台北，文史哲，一九九〇。
11. 程石泉，《易學新探》，台北，黎明，一九八九。
12. 屈萬里註譯，《尚書今註今譯》，台北，商務，一九九三。

13.陳立夫主編，《易學運用之研究》（1—3輯），台北，中華，一九八六。
14.王夫之，《船山易學》，台北，廣文，一九八一。
15.韓康伯，《周易王韓注》，台北，中華，一九八五。
16.南懷瑾，《易經雜說》，台北，老古，一九八七。
17.《大易類聚初集》，台北，新文豐，一九八三。
18.毛奇齡，《仲氏易》，台北，廣文，一九七四。
19.方東美，《中國人的人生觀》（the Chinese view of life），馮滬祥譯，台北，幼獅，一九八八。
20.方東美著，孫智燊譯，《中國哲學之精神及其發展》，台北，成均，一九八四。
21.李光地，《周易折中》台北，武陵，一九八九。
22.王弼，《周易王韓注》，台北，中華，一九八五。
23.惠棟，《惠氏易學》，台北，廣文，一九八一。
24.程頤，《易程傳》，台北，文津，一九九〇。
25.王夫之，《讀通鑑論》，台北，里仁，一九八五。
26.朱熹，《朱子語類》，台北，文津，一九八六。

27. 方東美，《原始儒家道家哲學》，台北，黎明，一九八七。
28. 陳兆榮，《中庸探微》，台北，正中，一九七五。
29. 朱天正註譯，《中庸今註今譯》，台北，商務，一九九一。
30. 《淮南子》，台北，中華，一九九三。
31. 嚴靈峰，《易學新論》，台北，正中，一九八四。
32. 陸象山，《陸象山全集》，台北，中華，一九八七。
33. 張行成，《皇極經世觀物外篇衍義》，台北，武陵，一九九一。
34. 曾春海，《儒家哲學論集》，台北，文津，一九八九。
35. 曹敏等著，《學易淺論》，台北，黎明，一九八六。
36. 高懷民，《大易哲學論》，台北，自行出版，一九八八。
37. 李科儒，《中國易數的應用》，一九八二，大坤書局。
38. 李科儒，《李氏陽宅學》，一九九三，武陵。
39. 李科儒，《奇門遁甲選時占驗應用》，一九八三，武陵。
40. 李科儒，《八字批判要領》，一九八六，王家。
41. 李科儒，《梅花易數體用大全》，一九九三，武陵。

42. 楊定睿，《居家篇，風水一點靈》，一九九九，阿含文化。
43. 楊定睿，《你也懂風水》，一九九九，阿含文化。
44. 楊定睿，《辦公，風水一點靈》，一九九九，阿含文化。
45. 劉福農，《甲骨福農姓名學》，一九九七，上碩出版。
46. 劉福農，《甲骨姓名學》，一九九七，華視。
47. 龍琳居士，《命名改名開福運》，一九九九，知青頻道。
48. 鄭宇寰，《好名，好運，好名》，一九九〇，益群。
49. 莊正賢，《姓名大師換你做》，二〇〇〇，麗文文化。
50. 吳豐隆，《吳豐隆姓名學》，二〇〇二，林鬱。
51. 陳安茂，《名情財姓名學》，一九九五，葳森文化。
52. 陳道隱，《八字特殊格局彙解》，一九九五，武陵。
53. 陸致極，《八字命理新論》，一九九六，益群。
54. 鍾益明，《紫微隨筆》，一九九四，武陵。
55. 盧勝彥，《陽宅地靈闡微》，二〇〇三，大燈文化。
56. 陳安茂，《陳安茂五術講》，二〇〇〇，葳森文化。

57.天機上人，《地理洩天機》，一九九三，益群。
58.程靈凡，《白話陽宅入門》，一九八三，武陵。
59.盧尙，《風水創造財富》，一九九五，大日。
60.盧尙，《房地風水致富》，一九九一，大日出版。
61.吳豐隆，《自己動手看陽宅》，一九九八，林鬱文化。
62.吳豐隆，《幸福陽宅居家術》，二〇〇二，林鬱文化。
63.張旭初，《從風水透視政壇名人運勢》，一九九七，金菠蘿文化。
64.張旭初講述，顏兆鴻編著，《張旭初風水傳奇》，一九九九，金菠蘿文化。
65.林果宣，《好風水好運到》，一九九五，方智。
66.邱彰，《解讀三世姻緣的密碼》，一九八三，躍影文化。
67.吳明修，《陽宅眞義》，一九九八，武陵。
68.金聖子，《現代風水實錄》，一九八八，王家出版社。
69.法山堂主人，《易經陽宅學》，一九九七，世一。
70.黃福程，《陽宅算運不求人》，二〇〇一，易中仙。
71.陳澧謀，《玄空風水導讀》，二〇〇三，武陵。

72. 黃春發，《玄空風水突破要訣》，二〇〇二，武陵。
73. 玄眞子邱豐森，《祖先靈風水命運》，二〇〇三，觀自在出版社。
74. 李鐵筆，《八字命學範例》，一九八七，益群。
75. 南懷瑾、徐芹庭註譯，《周易今註今譯》，一九九〇，商務。
76. 徐芹庭，《風水詳談》（上、下），一九九八，聖環圖書。
77. 黃慶萱，《周易縱橫談》，一九九五，東大。
78. 黃沛榮編，《易學論著選集》，一九九一，長安。
79. 孫元昊，《易之道》，一九九四，中華民國易經學會。
80. 林尹等著，《易經研究論集》，一九八一，黎明。
81. 陳品宏，《預言命學眞解》，一九九〇，王家。
82. 洪陵，《斗數秘儀今論》，一九九〇，武陵。
83. 鍾義明，《古今名人命運鑑賞》，一九九一，武陵。
84. 潘子漁，《紫微斗數研究》，一九八四，宇宙人生。
85. 韋千里，《八字提要》，一九七五，大衆。
86. 李居璋，《現代八字雜談》，一九八二，王家。

87. 黃友輔，《實用子平闡微》，一九九三，武陵。
88. 黃文輔，《實用子平眞詮》，一九九九，武陵。
89. 楊雨龍，《四柱八字綜合教學》，一九九六，武陵。
90. 鍾易遠，《八字花甲五行通論》，一九九五，跨世紀。
91. 顏昭博，《子平八字大突破》，一九八五，武陵。
92. 張立夫，《周易與儒道墨》，一九九一，東大。
93. 唐力權，《周易與懷德海之間》，一九八九，黎明。
94. 吳牧文，《易經探源與人生》，一九九二，龝巨。
95. 張廷榮，《易經講義》（上、下），一九八九，易學研究雜誌社。
96. 朱伯崑，《易學哲學史》（上、中、下），一九八八，北京大學。
97. 黃壽祺、張善文，《周易研究論文集》（一～三輯），一九八七，北京師範大學。
98. 雷珍妮·徐老師，《崑崙山生命奇葩》（上、下），二〇〇三，寶佳利。
99. 張逸堂，《拜出好運來》，一九九九，研智。
100. 《莊子今註今譯》，陳鼓應註譯，一九九二，台灣商務印書館。
101. 韓雨墨，《靈山秀水探氣秘笈》，一九九八，武陵。

102. 韓雨墨，《台灣風水集錦》，一九八八，武陵。
103. 韓雨墨，《現代名人命相研究》，一九九〇，武陵。
104. 徐樂吾，《古今名人命鑑》，一九七三，樂天。
105. 郭木樑，《八字神機妙卦》，二〇〇三，武陵。
106. 沈朝合，《命理傳世錄》，二〇〇〇，武陵。
107. 于樂，《古今風水徵例》，一九九七，宋林。
108. 鐘義明，《增訂台灣地理圖記》，一九九三，武陵。
109. 李子源，《富貴風水圖記》，二〇〇二，益群。
110. 吳彰裕，《開運陽宅》，二〇〇五，時報文化。
111. 王啓燊，《地靈人傑》，一九六二，竹林。
112. 王居恭，《周易旁通》，一九九二，文史哲。
113. 許羽賢，《子平也瘋狂》，二〇〇一，武陵。
114. 吳明修，《陽宅眞義》，一九九八，武陵。
115. 謝武藤，《風水的玄機》，二〇〇一，武陵。
116. 宋英成，《八字眞訣啓文錄》（風、火、雷、電，四集），一九九一，武陵。

117. 宋英成，《命理風水人間事》，一九九九，武陵。
118. 陳文遙，《頂極八字解析》，一九九五，頂淵。
119. 陳文遙，《頂極八字點竅》，一九九五，頂淵。
120. 王迺微，《風水、相法、密術》，一九九六，添翼文化。
121. 張琦平，《星命術語專辭》，一九九四，王家。
122. 竹溪老人，《命造春秋》，一九八九，武陵。
123. 何宗陽，《地球珠璣集》，一九九〇，武陵。
124. 盧勝彥，《陰宅地靈玄機》，一九八七，青山。
125. 王松寒，《地靈奇譚》，一九九六，武陵。
126. 黎國雄，《解讀靈魂異象》，一九九五，希代。
127. 貝瑪南傑，《生命密碼》，二〇〇一，廣河堂。
128. 陳品宏、吳明憲，《擇婚秘笈》，二〇〇一，西北。
129. 東方德，《先祖供養70法則》，二〇〇一，信宏。
130. 李秀娥，《祀天祭地》，一九九九，博揚。
131. 韋千里，《命相的故事》（一－三），一九九六，武陵。

132. 金聖嘆、張文襄公批註，《中國二千年之預言》，一九七〇，文力。
133. 吳仰天，《中國預言評釋》，一九九六，台灣商務印書館。
134. 張清淵，《第一次學陽宅風水就上手》二〇〇四，知青頻道。
135. 李居明，《李居明談推背圖》，一九九二，香港，奇聞雜誌。
136. 洪正忠，《怎樣用羅盤看風水》二〇〇二，知青頻道。
137. 李輔人，《古預言，新解釋》，二〇〇三，玄同文化。
138. 陳冠宇，《四季發財》二〇〇五，鴻運。
139. 黃恆堉，《學八字這本最好用》，二〇〇五，知青頻道。
140. 余雪鴻，《面相學與桃花運》，二〇〇二，水月文化。
141. 李鐵筆，《八字實批精華》，一九九一，大坤。
142. 硯雲居士，《觀人於微續集》，一九九二，宏業。
143. 飛雲山人，《看相的故事續集》，一九八七，時報文化。
144. 戴勇吉，《相命生活錄》，二〇〇二，武陵。
145. 天一居士，《簡易觀人術，手相篇》，二〇〇四，禾馬文化。
146. 蕭湘居士，《蕭湘手相學》，一九九六，聯經總經銷。

147. 林眞邑，《姓名學秘密》，一九九九，金大縣。
148. 蔡明宏，《紫微斗數飛星秘儀》，一九九〇，正道。
149. 吳明修，《周天易盤羅經用法正解》，一九九五，武陵。
150. 陳安茂，《東霖五術與人生》，二〇〇〇，葳森文化。
151. 許正鴻，《地理眞訣啓示錄》，一九九三，武陵。
152. 陳安茂，《神準測宗密碼書（上）》，二〇〇四，葳森文化。
153. 陳繁夫，《王德薰地理眞傳》，一九九四，武陵。
154. 竹溪老人，《命造千秋》，一九八九，武陵。
155. 李然，《起個好名好運一生》，二〇〇四，林鬱。
156. 陳冠宇，《求財小撇步》，二〇〇三，鴻運。
157. 陳冠宇，《成功店面設計學》，二〇〇四，鴻運。
158. 陳冠宇，《風水聖經》，二〇〇五，大河文化。
159. 陳冠宇，《風水，自然環境學》，二〇〇四，大河文化。
160. 蔡上機，《桃花開運好風水》，二〇〇四，春光。
161. 任俊華，《易學與儒學》，二〇〇三，大展。

162. 王仲堯，《中國佛教與周易》，二〇〇三，大展。
163. 詹石窗，《易學與道教符號揭秘》，二〇〇三，大展。
164. 謝沅瑾，《居家風水》，二〇〇五，柏實科技藝術。
165. 謝沅瑾，《居家風水外煞篇》，二〇〇五，柏實科技藝術。
166. 徐樂吾，《古今名人命鑑》，一九七三，台北樂天。
167. 陳冠宇，《吉祥畫幫你開創人生》，二〇〇三，鴻運。
168. 黃友輔，《居家開運好風水》，二〇〇二，春光。
169. 黃友輔，《陽宅開運好人生》，二〇〇五，春光。
170. 余雪鴻，《陽宅開運實例》，二〇〇六，水月文化。
171. 孟東籬，《宅運》，二〇〇五，天府書屋。
172. 謝沅瑾，《福，祈福寶典》，二〇〇七，科寶文化。
173. 謝沅瑾，《祿，升官寶典》，二〇〇七，科寶文化。
174. 謝沅瑾，《壽，健康寶典》，二〇〇七，科寶文化。
175. 謝沅瑾，《喜，桃花寶典》，二〇〇七，科寶文化。
176. 謝沅瑾，《一瞬間改變命運》，二〇〇八，科寶文化。

177. 張清淵，《學陽宅風水，這本最好用》，二〇〇六，知青頻道。
178. 張清淵、彭鐘樺，《天下第一風水地理書》，二〇〇六，知青頻道。
179. 張旭初，《開運大秘笈，簡易風水ＤＩＹ》，二〇〇五，尖端出版。
180. 松溪道人，《心經註解》，一九九三，高雄市玄道學會。
181. 吳吉霖（果悟），《般若波羅蜜多心經導讀》，二〇〇七，桃園市阿彌陀佛教育功德會。
182. 花山勝友，《一看就懂讀心經》，二〇〇七，大石。
183. 黃壽祺、張善文，《周易譯註》，一九八九，上海，上海古籍出版社。
184. 梁超，《形勢研究》，二〇〇三，九龍，中國哲學文化協進會。
185. 衡山國際教育委員會編著，《靈學寶典》，二〇〇五，台中雙英文化。
186. 馬書田，《中國佛教諸神》，二〇〇一，台北，國家出版社。
187. 竺摩法師鑑定，陳義孝居士編，《佛學常用詞彙》，二〇〇二，台北縣汐止，大千出版社。
188. 洪啓嵩，《如觀自在，千手觀音與大悲咒的實修心要》，二〇〇六，台北，全佛文化事業。